龙游抒怀

余怀根 著

浙江工商大学出版社
ZHEJIANG GONGSHANG UNIVERSITY PRESS
·杭州·

总序一

　　早就听说龙游是一个历史悠久的古县，有着深厚的文化积淀。到龙游工作后，随着了解的深入，我对这个城市有了深刻的印象。这里有将近一万年前人类生活的遗址；春秋时期是姑蔑国的中心区域，现在的县城就是当时的姑蔑城所在；秦始皇统一六国之后，在姑蔑地建大末县，成为浙江省境内最早设立的县治之一，屈指一数，建县历史已有2200多年。

　　历史悠久，文化积淀当然丰厚：一大批凝聚着龙游人民智慧和汗水的地方戏曲、民间舞蹈、匠作工艺、民俗饮食等地方文化结晶，演绎了独具魅力的龙游区域文化。千古之谜龙游石窟，为龙游一方故土增添了神秘色彩。龙游民居苑古建筑，见证着龙游商帮的历史荣耀，讴歌了"无远弗届"的创业精神，谱写了"遍地龙游"的千古佳话。傍着县城东流的衢江，曾是历史上的一条交通干线，有不少骚人墨客，受龙游山水风光的感染而写下锦词丽句，使得这段水道成了历史上又一条"唐诗之路"。2018年，更有建于元代的姜席堰入选世界灌溉工程遗产，再一次证明了龙游人民改造自然的优良传统和不凡的创造能力，成为龙游地方文化的又一张"金名片"。当我在加拿大萨斯卡通现场接过"世界灌溉工程遗产"牌匾之际，一种自豪感油然而生，我为龙游骄傲，为龙游人民骄傲。

　　龙游的历史上，曾有《文心雕龙》的作者刘勰、"初唐四杰"之一的杨炯、抗金名将宗泽等在此任地方官，也涌现出不少出生龙游、名载史籍的文化名人，如南朝以"箬叶学书"传为佳话的学者徐伯珍、唐代诗人徐安贞、宋代"南渡名宰"余端礼、元代天文奇才赵友钦、明代天台宗师释传灯、近代方志学家余绍宋、革命战士兼学者的华岗等,为我们留下宝贵的精神财富。更有无数龙游先贤撰著了一批儒学、宗教、天文、历史、医学、工器、类书等方面的著作,创作了大量立意深远、讴歌家乡山水风光的诗词歌赋。这一切,为这片古老大地赢得了"儒风甲于一郡"的美誉,既是无比珍贵的文化遗产,也是我们回顾历史、开展地方文化研究的水之源、木之本。由于时空更迭、沧海桑田,不少珍贵的文化遗产已湮没在历史的尘埃之中,留存至今的也被深藏于国内外各图书馆的善本书库之中,在我们龙游,反而是难以寻觅了。

文化是一个地方的血脉渊源和精神家园,为此我们遵循党的十九大精神,本着传承优秀文化,增强文化软实力的初衷,启动了龙游文库文化工程。一方面是通过历史文献的整理重印,让这些古籍回到家乡,使龙游百姓和后代子孙得以亲睹先贤著作,使尘封已久的文化瑰宝为现实的生产建设提供丰富的精神食粮,使人民看得见历史、记得住乡愁。我们通过影印本的形式,在国家图书馆出版社的支持下,《龙游历史文献集成》8 函 74 册古籍已于 2017 年得以重印出版。另一方面,一些比较重要的前贤诗文集和各种旧县志,为了方便大家阅读,县史志办公室进行点校整理,由中华书局出版发行。

文化需要传承,更需要创新。龙游文库文化工程的历史文化研究系列,重点围绕新时代改革发展的大环境,编著出版一批新的地方文化著述,以新视野、新观点、新角度,赋予龙游地方文化新的内涵。通过梳理完善,将原先分散的文化亮点串连起来,使龙游的文脉更加完整更加清晰,从而发挥整体效应和时代效应,紧密结合社会主义核心价值体系建设,坚定发展信念,为全县经济社会科学发展注入新的活力,凝聚更多文化认同,汇聚更大精神力量。

习近平总书记说:"坚定文化自信,离不开对中华民族历史的认知和运用。历史是一面镜子,从历史中,我们能够更好看清世界、参透生活、认识自己;历史也是一位智者,同历史对话,我们能够更好认识过去、把握当下、面向未来"。我相信,通过《龙游文库》

这个载体，对龙游地方文化全面、系统、扎实的整理和研究，必将有效提升龙游文化软实力，助力区域明珠型城市建设，为全面建设"活力新衢州、美丽大花园"做出贡献。对此，我愿与各方关注龙游文化的有识之士共勉。是为序。

中共龙游县委书记　刘晓晖

2019 年 1 月 18 日

总序二

　　龙游，历史悠久、人文荟萃，素有"姑蔑故都、万年文明"之誉。源远流长的历史，留下了丰厚的文化积淀。从史前文化到古代文明，从近代变革到当代发展，龙游历经千百年的传承与创新，形成了具有鲜明龙游特色、深厚历史底蕴、丰富思想内涵的龙游商帮、姜席堰等一批地域文化，这是龙游人民共同创造的物质财富和精神财富的结晶，是龙游文化发展的动力和源泉。

　　习近平总书记曾指出："从区域文化入手，对一地文化的历史和现状展开全面、系统、扎实、有序的研究，一方面可以借此梳理和弘扬当地的历史传统和文化资料，繁荣和丰富当代的先进文化建设活动，规划和指导未来的文化发展蓝图，增强文化软实力，为全面建设小康社会、加快推进社会主义现代化提供思想保证、精神动力、智力支持和舆论力量；另一方面，这也是深入了解中国文化、研究中国文化、发展中国文化、创新中国文化的重要途径之一。"我们今天实施龙游文库的编撰工作，其目的和意义也在于此。

　　如何让龙游历史文化的深厚底蕴、优良传统为当代所用，为县域发展服务，这是历史传承给我们的一项艰巨任务，也是历史赋予我们的一项神圣使命。在这件工作上，时代是出卷人，我们是答卷人，人民是阅卷人。2014年，龙游文库编写工作正式启动，它将深藏于国内外各图书馆中涉及龙游历史的古籍进行收集、整理，或影印，或点校，采用适合当代人阅读的方式进行系统出版，此为文献整理；同时又组织县内外的专家学者，对历史文化中的重点领域进行课题式研究，此为专著编撰。

这两大类书籍的出版，必将丰富、发展龙游文化的外延，进一步增强龙游文化的创新能力、整体实力、综合竞争力，发挥文化在促进龙游经济、政治和社会建设中的作用，这是当今龙游人的文化自觉和责任担当，具有重要的现实意义和深远的历史意义。

文章合而时为作。《龙游文库》的编撰，是对龙游区域文化历史和全景风貌的展示，既能让人看到文化发展脉络的延续，同时也能让人感受到它的发展方向，因此，文库在史料性、知识性、学术性、创新性、时代性、可读性等方面都要有所体现，其编撰难度可想而知。我来龙游后，抽空也认真阅读了一些有关龙游历史文化的书籍，真切地感受到大家对龙游文化的热爱，以及编写者对历史的高度负责态度和严谨学术精神。正是有这样一批辛勤奉献的文化人，才使龙游的历史文化得以精彩地展现，也正是有史志办等相关部门的共同努力，才会使龙游文库变得更加厚重丰实。当然，总体来说我们的研究还刚刚起步，面对万年龙游的深厚积淀，还需要一个持续、长远的坚持。同时，也由于研究力量相对薄弱，完成时间相对紧张，一些作品中难免还有一些失漏、讹误等遗憾。对于这些问题，也希望广大学者和读者能够批评指正。相信，随着研究力量的增强和研究水平的提升，龙游文库的作品一定会越来越好。

当前，龙游文化建设正站在一个新的历史起点上，面临千载难逢的机遇，也面临十分严峻的挑战。如何抓住机遇，迎接挑战，始终保持龙游文化旺盛的生命力，真正走在衢州乃至全省的前列，力争上游，是需要我们认真研究、不断探索的重大课题。我们要以习近平新时代中国特色社会主义思想为指导，以更深刻的认识、更开阔的思路、更有力的措施，大力推进龙游文库研究工程，努力实现在文史研究上"多作贡献、走在前列、当好表率"。

奋斗创造幸福，实干成就梦想。我们期待有更多的优秀成果问世，以展示龙游文化的实力，使龙游文化强县建设更上一个新的台阶。

中共龙游县委副书记
龙游县人民政府县长

2019 年 1 月 18 日

自 序

蛰居小城,长期从事文字工作。退休赋闲以来,时间宽裕,心情轻松,于是洒了些剩墨,凑成些闲文。数量甚微,就那么几板斧。只是怀着一片责任心,几分使命感,思考县邑的人文历史价值。文章从内容到形式,追求短而不浅,少而不俗。史实与抒情对照,热情与清淡兼容,努力去叙述过去发生在龙游大地的真实故事,抒发我对这块土地的朴素情怀。

有人会问我为什么写作。我是这样想的:在独立思考的前提下,我要写出蕴含善良的文字,传播充满人性的良知,铺张温暖包容的情愫,表白真情,拒绝浮躁与世俗。一个美好的时代会点燃人们内在的激情和活力,激活人们的想象力和表达力,拓宽人们的思想空间和创造空间。一个美好的时代一定是温暖的,真诚的,向上向善的。美好的时代,会让人充分意识到自己存在的理由和价值。这,也许就是我写作的动因。

生活,是文学作品取之不竭、用之不尽的源头活水。数十年来,我脚踩龙游这块古老丰厚的土地,背靠传统,面向未来,食人间烟火,视人世波澜。跋山涉水,勤勉耕作,挖掘创作的富矿。我用手中的笔,记录城乡的面貌,复原消逝的旧物与人事,叙述农业生产方式与现代文明的冲撞,描绘龙游沧桑变迁的轨迹。从俗世中来,到灵魂里去,尽力采集文雅和美感,激活灵魂对俗世的觉悟。内容有古有今,有人有事,基本上是写一个点,一个局部,一个片段。写古村落的历史打磨,写乡贤与命运的抗争,也写自己经历过的往事。底层人的命运,具有那个时代的共性。其实,个人的命运是与时代的命运和民族的命运紧密相连的。他们才是龙游历史的真正创造者。

　　我始终关注着时代的变迁，记下那些被时间收纳和消逝的事物。它们的退隐是新旧的更迭与替换，是生活的融入与接纳，是大地上的承接与延续。时光流逝，许多事情都已忘却，唯有文字的记录不会真正消失。倘若这些文字能为龙游历史人文的绵延传承做点补充，我会感到欣慰。

　　文章之作，在乎性情之说。情来，兴来，神来。我以自己的真诚独白，直抵灵魂深处。或豪放，或婉约，或工细，或开阔，致力于短而深刻，小而博大，写出自己的感悟，写出自己的喜怒哀乐，传递自己的禀赋、素养和思索，抛弃伪装和粉饰。尽管思想肤浅，学识单薄，却一直义无反顾，孜孜以求。

　　我也努力追求文字的老到考究，文辞的精练传神。文学是语言的艺术，叙事抒情，力求文辞优美，流畅通达，文采斐然，飘洒婉转。这种境界，我向往之，我敬仰之，未敢忽也。

　　选编自己的拙作，零碎合为一集出版，是几个月前的事。县档案馆将其乔入"龙游文库"，我深表谢忱，又诚惶诚恐，深感不安，担心伤及文库的品位。很希望有缘的读者都成为同道，并给予批评和激励。

　　是为序。

2020 年 11 月 22 日

目　　录

瀫水流深

古村掇英

乡贤笔记

瀫水流深

姜席堰放歌

清清灵山江，在我们到来之前就已经是水，水在流入良田美畴阡陌村舍之前，也已经是水。但是，在姜席堰，灵山江水究竟发生了什么变异，有多少故事令人们神往。

年幼时，我只知道姜席堰是灵山江上的一道古堰，百年千年灌溉万亩农田。其余一无所知。1984年8月，我才真正认识了姜席堰，当时我在县委报道组任职。《浙江日报》推出"浙江一县"栏目，向县里约稿，用半个版面介绍县情。领导点名要有姜席堰的内容。接受任务后，我骑着自行车，由寺后乡文化员小姜带路赶到姜席堰采访，首次领略古堰丰采，记忆颇深。只可惜文字资料太少，难以成文。县文联劳乃强先生点拨我翻阅县志。我立马找来余绍宋编撰的《龙游县志》，果然从中挖出了许多故事。

志曰："达鲁花赤察儿可马，导处州源之水，筑席村堰，其所注自十一都，六都至二都，溉田二万余亩，虽大旱不竭。"达鲁花赤相当于县令，察儿可马是人名，蒙古族人。蒙古族是马背上的民族，逐草放牧，择水而居是其基本生活方式。800年前，他们的先祖忽必烈从蒙古草原金戈铁马一路拼杀过来，建立元朝。我们猜想，察儿可马刚到龙游时，其生活习性也是像北方一样马放南山，无须考虑治水这一招的。但是现实很残酷，种植水稻是当地百姓主业，丰歉全在于水，水利是大民生，遇旱则灾。为了巩固政权，赢得民心，造福民生，南乡旱灾成了他避不开的难题。这位蒙古人还真行，在1330年前后，一改草原大漠的生活习俗，带着南方人大兴水利去了。县财政无财，他找地方上姜、席两位有钱人，命其出资，出力，各主管一块工程；县里无地，他用蒙古族人独特的方法，即在马尾巴上系上石灰包，策马狂跑，撒下一条石灰线，这就是施工线路；他不懂治水，便力邀乡绅工匠，献计献策。如此，灵山江上，姜席堰灌溉工程摆开架势，干了起来，而且干成功了。

今天，春风春雨中，我走在姜席堰畔，看青山苍翠，听江水汩汩。古堰巍然屹立，雄姿不减。清水长注，惠泽吾邑，自流灌溉着寺后、占家和西门三个大畈的数万亩农田，这是龙游古人治水智慧的结晶，也是龙游古人治水精神的丰碑，演绎成为龙游人心目中的"都江堰"。

元人治水，不能忘怀。在历史的岁月里，县人一直不断地维护修缮着姜席堰，县志有记载的就达数十次。故事多多，令后人敬佩。李渔所撰县令卢灿修水利之事，无不让后人感叹。康熙十六年（1677），灵山江西岸一条引水渠的渠首被大水冲毁。由于当时正是改朝换代之际，士绅们多次商议修筑，终因工费浩繁，民力维艰而难以动工。一天，当地的百姓迎神赛会，戏台就搭在渠首附近，卢灿知道演戏娱神，观看者肯定特别多，便事先准备了草鞋以及大量木桩、草包、土筐等物。正当大家看戏的时候，他却穿上草鞋跳入水渠中安置木桩，于是前来看戏的老百姓个个跟从，或挑箩筐，或扛草包，"咸以争先为荣，稍后为辱，不半日而功成"，为后人留下一段治水佳话。三年后，灵山江洪水暴发，南乡竹木，激荡而下，姜席堰遭遇水毁堰塞，灌溉工程成一片废墟。又是这个知县卢灿，体察民情，闻讯后即发动县人乡民捐资出力，组织民工修浚，身先士卒造福一方百姓。这两则故事均录入当地县志。李渔老夫子为之撰文，歌颂其"功乃真功，德为实德"。

1990年，龙游大旱。7月31日下午5时，时任省长的沈祖伦风尘仆仆赶到姜席堰。一眼望去，灵山江江水断流，河床朝天，昔日可以自流灌溉3万多亩农田的水利设施，现在只能勉强保住1000余亩农田。站在乱石滩上，省长问正在值班的老电工方柏生："这种旱象你见过吗？""我没有见过像今年这样的旱灾。"省长又问："依你看，有什么能解决水源？""办法倒是有的，就是从衢江提水，但要三级甚至四级提水，难度很大，没有党和政府的支持是办不到的。"半个小时后，在半爿月村的村头，省长沈祖伦听说这个1100多人的村庄饮水发生困难，便催促村民主任赖梅花赶快带他去看看。省长走家串户，一连看了四五口井，井水都是混浊不清。一位妇女正拿着木桶轻轻荡开漂浮在水面上的杂质，打水取回家饮用。看到这个场面，省长心情十分沉重。他说，我们当领导的，一定要关心群众的生活，千方百计解决清洁卫生的饮用水。事后，高层传出消息，说这次沈祖伦省长的旱区之行，坚定了他建设"乌引工程"的决心，对工程早日开工也起到了推动作用。

"乌引工程"是今人治水的成功范例之一，它由西至东飞越姜席堰上空，引衢水入龙游，与姜席堰组成一个立体水系，从根本上解决了龙南地区用水难题。而在我眼中，它是姜席堰灌溉工程的配套与延伸。元人治水，旧县令治水，当代人治水，都是龙游人民治水精神的发扬光大，这是一幅千年长卷，描绘出龙游民众所祈求的风调雨顺、水土滋润的千年梦想。

时光流逝，进入一个新的千年，姜席堰依然不辱使命，清清江水持续流入我们的家园，创造着新的丰收美景，联合国有关组织也开始关注这道古堰，专家现场考察评审，认定符合申报世界灌溉工程遗产条件，2018年8月，将接受在加拿大举行的国际评审。世界灌溉工程遗产是与世界文化遗产、世界自然遗产并称的世界遗产。这是何等高规格的荣耀和名誉啊，如是，姜席堰必将成为龙游地方形象的新品牌、新名片。我要为之纵情歌唱。

2016年暮春，知名诗人洪加祥探访姜席堰。蒙蒙细雨中，诗人以他特有的浪漫情怀吟诵道：

在龙游，我分明看到
有一股古老的激流逆水而上
那是元杂剧中的张生在翻墙
能用崔莺莺那纤细颀长的玉臂
滑润、白皙地横亘在灵山江上
任清流倾吐着丝绸般缠绵的雪花
如臂腕上滑落一弯新月

在诗人眼里，姜席堰是一弯新月。他继续写道，因为有了姜席堰，爱恨情仇分流就可以久别无悲伤，可以敞开心扉直叙衷肠让江水随风起伏雨天中。我愿在五水共治的衢水上筑起更多的姜席堰，分水自然，送水潇洒给久渴的城市、大地和人生。

诗人用梦幻与现实交替的手法，为我们描绘姜席堰的前世今生，再现了古人奇迹，更讴歌今人的伟业，一幅壮美的治水立体巨画啊。诗人的诗绪如江水奔涌，一江清泉，我独伫堰头竹林，折一支翠竹，面对两条道路般的江流，信手做一支横箫，让月光流淌在箫孔的音节里，捞起木排下自由走动的水声，甚至让我忘情地用双手暂时揿灭天空，吹奏一曲《春江花月夜》，直到姜席堰的古鹅卵石在身后呼唤我，那是两岸岁月的庄稼在一季季吐芬芳。

> 啊，我的姜席堰你流淌的激情
> 竟然，能芬芳我的月色和怀古的泪水
> 它随时在向古城输送幸福的同时
> 也在向我那遍体鳞伤的神情
> 注入古堰清泉般的温暖
> 让我和这里的村民知道
> 一代代人之所以可以生活于此
> 繁衍于此，幸福于此
> 是因为有了分水的姜席堰

然而，我还是要在这里大声歌颂姜席堰，歌颂这种天人合一、因势利导的治水理念，歌颂追求人与自然和谐相处的目标。因为这些正是我们这个时代所需要的，不与自然对抗，不去破坏自然的平衡，不违背水的自然本性，达到人们引水用水之目的，这是无比高超的治水哲学。于是乎，看清清水流，细细浸润，节节延伸，看我们脚下的这片土地稻花飘香，年年丰收，百姓安康。

衢江水岸年年红

　　龙游县的红木小镇，是一个传奇。一座由红木为基本元素，集宏伟建筑群和精品家具之大成的文化景区，当你徜徉于曲折的红木长廊，漫步于神圣的红木殿堂，一下子就会进入岁月的记忆。面对气势恢宏、瑰丽生动的红木大观园，你仿佛听到心灵与千年红木的对话。

　　红木最能打动人的地方，是它的历史沧桑感和无与伦比的美妙肌理，每一个肌理都是一场轮回。被刨平的部分才是精华。每块红木都拥有属于自己的故事，把属于自己的故事保留下来，传递红木的质朴厚重，让人心安、感受人情暖意，是工匠的主旨。

　　与红木对话，造心由境。让红木在设计中重生，使艺术凝固在木纹里，跳跃在榫卯间。这是民营企业家金樟溪毕生的追求。十多年前，曹垄村还是一块不毛之地，交通闭塞，土地贫瘠。人丁不满三百，世居叶氏乃为大姓，代代务农。然而，在金樟溪眼里，却是个上风上水的滨江之地，他带领他的能工巧匠们，和红木有缘汇聚。十年创业，十年砥砺，以传承和弘扬中国传统文化为主题的红木小镇英姿初展。日华承露锦屏春暖百花香，天藻建霞画栋晓浮千树色。游客纷至沓来，流连忘返，陶醉在用红木精心打造的亭台楼阁里，浸润在五千年传统文化的漫长旅途中。

　　走进旃檀木舍，你能看到年年红集团的红木家具展，富丽堂皇。这些红木家具不用一根铁钉，而是统统采用榫卯结构而成。榫卯是流淌在红木里头的灵魂。一榫一卯之间，一转一折之际，凝聚着几千年红木传统家具文化的精华，沉淀着时光回旋中的复合传承。

　　榫，剡木入窍，俗谓之榫头，亦称笋头。榫卯是在两个木构件上采用的一种凹凸结合的连接方式。凸出的部分称为榫，凹进去的部分称为卯。这是古代中国家具的主要结构方式。金樟溪与他的工匠们，墨斗画线，角尺测量，用手中的锯子、凿子、刨子，细心地劳作。工匠们从头到脚都被刨花和木屑包围着，一刨一凿，不停修正，一丝不苟地做出了明榫、通榫、龙凤榫、燕尾榫，做出了穿销、走马销，还做出了十字枨、霸王枨，林林总总近百个结构。然后把这些结构组合，如圆柱丁字形接合、圆材方材闷榫接合、插肩榫结构、打槽装牙条等，从简单到复杂，最后打造出一件件精美绝伦的艺术珍品。

水天一色，梦想花开。初秋的清晨，驻足滨江红木小桥，静赏小镇内让你目不暇接的各式建筑，"云晴当槛碧，山晓入楼青"，脑海里不由得冒出一个词——奇迹。

在金樟溪眼里，红木滋养着中国精神文化的一片蓝天。红木之美在于质地，严密坚实，色泽沉穆雅致，花纹生动瑰丽。木之生长在于仁，生发条达，生机益然。木之养人在于寿，芳香濡染，氤氲人心。这也许是千百年来红木家具受人钟爱之故吧。可是，红木的自然生长远不敌大工业机械化生产的速度。若干年后，红木资源稀缺是必然的。这位专注于红木家居业的文化浙商，在把生意做精做强的同时，思想发生巨变，思考着"该给后人留下点什么"，这是金樟溪个人致富后找寻的梦想。他想到了做一个紫檀文化园，普及红木家具知识，这也就是后来的红木小镇的雏形。

金樟溪，一个五十出头的农民，一身灰色布衣，裤腿一只高一只低，脚上的皮鞋沾满黄泥，手心手背干裂粗糙，指甲缝里塞满泥屑。一张圆脸色如古铜，眉慈目善，厚实的嘴唇，饱满的双耳，外表温和敦厚谦恭。

但是，金樟溪又是一个与众不同的文化人，为人处世低调，行为务实笃定。有一次，金樟溪写了个"空"字，让大家分析其中的含意。他是信佛之人，穿布衣，食素食，貌似居士。因此他所写的"空"字，并非我们寻常理解的那个"空"，而应该是佛教中所说的"空"。我们观念中的"空"往往被定义为没有，而佛法当中的"空"，它非有非无，无边无垠，大无其外，小无其内。只有放下我们一切观意逻辑意识思维等一切业缘形成的障碍，才能真正地切入这种"空"性。

也许我们一时无法梳理金樟溪的思维逻辑，可是，他已用自己的行动诠释了这个"空"字的深奥内涵。

万事皆空善不空，红木非宝情为宝。千年红木，千年文化。红木小镇融艺术观赏、文化研究、工艺制作于一体，实景展现紫檀文化和国学文化，提倡孝道、感恩、仁义和爱国爱家的中华传统。红木小镇中矗立着的太姆殿，以壁画形式再现了周朝历史上太姜、太姒、太任三位伟大母亲，旨在阐述母德与母爱；育恩堂内，重点展示"孝道"文化主题；志诚楼，则是通过实物、雕塑、视频等形式展现儒家文化；水有源，树有根，万姓宗祠就是一个能让你在此寻根的地方。于小镇建筑建设而言，有股精神，就是老祖宗红木制造"丁是丁，卯是卯"的精雕细琢的工艺传承。在这里，触目可见、随手可摸的都是年年红集团数万员工的汗水结晶。

玉带般的江水滚滚东去，凤翔洲上的白鹭振翅而翔。红木长廊依江蜿蜒，使用传统的榫卯结构建筑工艺，长廊无惧江风河水，且因时光的打磨而更显光辉。在红木小镇，人们被这红木长廊所吸引，再也挪不开眼睛。看你艳羡惊叹，小镇的人会缓缓对你说：万金虽重，仍不足一木之珍贵。

红木，博采天地灵气，雅集古今精华，可雕凿而成器具，可斧正而成栋梁。凭借着这样的地理环境，小镇聚集了全国五属八类三十三种红木中 70% 的高端红木，形成了可年产家具 20 万套的制造基地。

在与红木打了一辈子交道的金樟溪看来，万物皆有灵，木材亦有生命。他希望人们通过欣赏红木之美，不再滋生觊觎占有的欲望，而是懂得这些珍贵木材要取之有道，取之有度。

红木家具本是器物，但它通过自然的灵性与工匠的心血，交相琢磨出美轮美奂的艺术珍品，若是人们臣服于这美丽与芬芳，便也当臣服于自然的规则，一切都珍贵而有限。向世人传递这理念，是他的使命。抱着这样的愿景，他倾尽自己二十多年来的所有积蓄和珍藏的大量上乘红木原料，力图在龙游打造一个中国红木家居文化园休闲旅游度假区。

阅其红木，长其心智。在这里，红木家具不再只是单纯的器物，若是对有限的自然资源珍而重之，就要把这有限的资源打造成珍贵艺术品，它们不再为个人私有，而是成为独有生命力的艺术品，一个个艺术品，最终连缀成的是风景，成为世人共有的财富。

不再仅仅着眼于年产多少套红木家具，而是要为产业链擘画出创想空间，带领红木产业走向转型升级的一条新路。梦想宏大。整个红木小镇按照 5A 级旅游景区来打造。一缘桥、志诚楼、紫檀宫、太姆殿等所有建筑均采用上乘红木大料建造，有些木料甚至已是世间难寻第二件。

脊背曲瓦、翘角飞檐、雕梁画栋，承建雕刻的老手艺人们，平均年龄都超过了 60 岁。历史的凝重，江南的风雅，都在他们手中化作红木建筑的精致构件或是鸿篇巨制。

园内酒店郁郁葱葱，以生态垂直绿化的方式进行了树木种植，生活污水则用以灌溉植物，水资源循环利用，老祖宗的营造智慧与现代生态科技在这里一脉相通，巍峨的建筑与绿水青山更显得相生相依。

园内的老手艺人们，默默展示着活化石般的红木制造工艺，看他们埋首琢磨，行云流水一气呵成，你的心若是够静，便会在这节奏与韵律里，恍然有"悟道"的所得。年轻的木雕学徒，抱着师傅的打样认真参详，时而抬头聆听，时而凝神苦思。这传承了数百年的手作工艺，仍然这样口手相传地传承，仍然期待着传之久远。而你若是来此，必然要用手细细摩挲那些木质的珍贵肌理，在那细腻与芳香里，体会手艺人代代相传时对自然的敬畏，对美的臣服。

衢江水岸年年红，五年逐梦日日新。这个梦想很大，它的未来，是有家具制造、旅游休闲、文化创意、商业服务、生态居住功能的特色小镇。物以载道，道在器中。红木小镇拥有着吐纳历代文明的伟大胸襟，既寻求着最大的生命自由，又成就着龙游大地上最温情有趣的人文画卷。

一江清水出龙游

2016 年 4 月 26 日，春雨绵绵，龙游县小溪滩水利枢纽。凭栏眺望，衢江之水烟波浩渺，往东滚滚注入兰江，蔚为壮观。

"在衢州市内率先消灭垃圾河，灵山江水质达到二类水标准，衢江出境水质常年保持三类水标准。连续八年达标率百分之百。2015 年捧回'大禹鼎'。在全国畜禽标准化规模化养殖现场会、全国养殖业保险生产技能培训班和全省基层治水现场会上分享龙游经验。"

前不久，在全县生猪养殖污染整治工作推进会上，县委主要领导强调，全力以赴，咬紧牙关，毫不松懈，深处发力，不达目标誓不罢休，将"五水共治"进行到底，绝不把污泥浊水带入小康社会。

掷地有声的宣告，显示出龙游人特有的治水精神。在"五水共治"这场攻坚战中，龙游将自己的精气神贯注到每一个行动中，用坚韧的努力，保证一江清水出龙游。

人猪之争

4 月下旬，我们来到吉祥生态家庭农场，一眼望去，整个农场被绿色覆盖着，葱绿的牧草高高低低、层次分明。绿色在阡陌之间交织，绿的提子，绿的西瓜藤蔓，一片接着一片，还有滴着翠色长势正旺的蔬菜花果和挺拔秀丽的树木，令人爽心悦目。农场的主人杜国强走到田间，轻轻打开阀门，喷滴灌系统开始工作，水细如丝，如一朵朵白色的花儿绽放在绿色的田野中。如果主人不告诉你，你肯定想不到喷灌出来的竟然是养猪场的沼液。

吉祥生态家庭农场走的是农牧结合、种养平衡的路子，构建的是生猪排泄物自我消纳的农业小循环模式。投资100余万元建起循环系统。生猪排泄物经过干湿分离，干的部分直接用作肥料，湿的部分进入沼气池发电。废沼液通过喷灌管网用于农场作物施肥灌溉。构建了养猪场"猪—沼—作物"自我消纳的生态循环模式。农场里绿意浸染，山风吹过，夹杂着丝许清幽的香味。

龙游是传统农耕大县，国家级商品粮基地县，浙江省三大供港猪基地县。猪多肥多，肥多粮多，是龙游农民多年的经验积累。可是，时代在变迁，猪多肥多不是喜事，反而成了一个大大的包袱。

石佛乡峰塘山村有35家养猪场，村里的养殖户经常把猪粪直接排入水沟，污染水体。一到夏天，臭气熏天。李老太的家是一幢三层的小洋楼，看上去挺漂亮，但因为邻居老周养了二三十头猪，这五六年来，李老太家南面的七八个窗户几乎就没打开过，一开就要被熏晕了。虽然她也向村里反映过多次，但问题始终没有得到解决。

尹征是龙洲街道半爿月村人，2002年从部队退伍回来后承包了50亩鱼塘养鱼。那时的村庄山清水秀，空气清新，每到捕鱼时，村民就会候在鱼塘边来买鱼。肉质鲜美，没有泥腥味，这是大伙对鱼的一致评价。谁知好景不长，几年时间，村山垄里办起十余家养猪场，就在鱼塘的西南边。在塘边干着活，西南风吹过，空气里都是猪粪味。鲜鱼产量下降，品质也不好了。尹征一时找不到原因，直到后来才发现穿村而过的绕山渠道里有死猪，浣衣的妇女和嬉戏的孩子已不敢接近渠水，他才恍然大悟。这样恶劣的条件，尹征"抗争"过。鱼塘水溶氧率降低，他就少放一半鱼苗；为避开排污口，他在鱼塘进水口安装一条百米长、内径60厘米的PVC管；加大鱼塘消毒的频率，每月用生石灰进行消毒。虽然他使尽浑身解数，但产量仍在降低，现杀的活鱼，满是泥腥味，不断加黄酒作料，但还是缺少点味道。迫于生计，他只能放弃鱼塘，外出打工。

这个县生猪饲养量最高达220万头。在真金白银滚滚而来，富得流油的同时，也给县域环境生态带来巨大压力。正如湖镇镇大坪村农民徐赛和所言，村庄就像一个大猪栏，污水横流，臭气熏天，蝇蚊满天飞，小孩子不肯回家，亲戚不来走动，年轻人讨媳妇都难啊。

猪多，排泄物就多。直接排放，污染水体，污染环境。从表面看这是水与猪之间的矛盾。但是，水是生命之源，人是离不开水的。没有水，人的生活资源和生存环境就要遭受威胁。如此发展下去，那就不是水猪之争，而是人与猪在争夺生存资源，是人猪之争。

在龙游，猪是头号污染源。推进"五水共治"，焦点是人猪之争，难点是擦干净"猪屁股"。

人猪之争，过错不是猪，而是人。猪应当有它的生存空间。人猪和谐共处，主动权也在人的手中。在当时，解决人猪之争的矛盾，至少有三种选择：一是放任自流，随意饲养；二是赶尽杀绝，全面禁养；三是生态控制，科学养殖。解决人猪之争需要智慧，更需要胆略。

在后来几年的大治理中，龙游县恪守科学务实精神，亮出"拆改疏堵"四把利剑，水源地、河道边、村庄内关停拆除万余家养猪场。划定禁养乡镇4个。削减生猪饲养量近百万头。死守生态红线，对拟保留的生态养殖场分类整改，实施工业化治理和生态化改造，养"良心猪"，污水达标排放，走循环发展之路。

2011年8月，浙江开启能源科技有限公司建成全国首个以畜禽排泄物为原料的沼气发电厂，正式运行并网发电。一期工程装机容量1兆瓦，能消纳分解全县105家规模养殖场、2万多头母猪及28万多头生猪的猪粪，基本做到满负荷发电，每天向电网送电2.4万千瓦时，每年还能生产出8000多吨固态有机肥和2万多吨液态有机肥。

浙江集美公司实现病死猪处理无害化与"五水共治"的有机融合。死猪进入粉碎机、高温干燥机，经过焚烧炭化，高温处理，彻底灭菌，污染物大大低于国家排放标准，不会对水和土壤造成任何污染。经过焚烧后出来的是生物质炭，既可达到松土的效果，又可以留住土壤内的氮肥，增加土壤的磷、钾含量。将龙游病死猪处理模式定为"集美模式"，这既包含了无害化处理公司的名字，更有着美好愿望，希望通过这一模式，助推"五水共治"，实现乡村的净化美化。

多管齐下，全民参与，龙游县域水质全面好转。衢江恢复了"母亲河"的风姿。

尹征又回来了。2011年，半爿月村15家养猪场的排泄物，统一由开启能源科技有限公司收集。渐渐地，村庄又恢复了往日的容颜，村里土壤盐碱化、水体富氧、臭味刺鼻等一系列环境污染问题得到了改善。他改养清水鱼，又新增了龙虾品种，产量至少 1.5 万公斤以上。行情好时，尹征会不定时地捕鱼卖，他也不跑远，就拿到附近的寺后村早市零卖，虽然只卖 2 个小时，可卖出百来斤螺蛳和草鱼也不是难事，他特别自豪地说，因为水质好鱼儿鲜，他的鱼儿在市场上很受欢迎。他还给养鱼大户张双其供货，上省城餐桌，做"西湖醋鱼"。

而石佛乡峰塘山村的李老太，见环保局的工作人员来验收整治后的养猪场，别提有多开心，连连感叹："终于可以打开窗户睡觉了。"

"但是，全县 900 余家保留下来的规模养殖场仍然存在雨污分离不到位，治污设备运转不正常，雨天偷排和跑冒滴漏等问题，治水形势仍然严峻。"方健忠同志如是说。

垃圾革命

4 月 25 日，我们冒着小雨来到大街乡贺田村。村里正在演婺剧大戏《相国恨》。村里客人很多，县内县外的都有。可奇怪的是，偌大的村文化礼堂里，居然没有发现一个烟蒂。

贺田是个小山村，300 余户，1000 余人，10 个自然村。村前，潼溪之水碧波荡漾；村后，雄鸡山竹海涌浪。远近闻名的垃圾分类模式即发轫于此。

贺田村的垃圾分类，引进的是德国技术。早些年，村支书劳光荣听说德国的垃圾分类水平比造军火还要高，就长了个心眼。一个偶然的机会，德国人马丁来龙游探亲，这个人的丈母娘住在县城。劳光荣把他请到村里，让他讲德国人的做法，讲德国的家庭主妇的卫生习惯，教山里的女子们如何做好垃圾分类。

5 年前，清洁行动在贺田村全面展开，家禽圈养，猪犬绝迹。垃圾袋编号溯源，垃圾定时定点投放，门前三包，专项评比打分。

劳光荣的一位兄弟住在村道边，门前堆了不少杂物，未按规定清理。上门的村委会主任碰了一鼻子灰，劳光荣只能亲自出马。苦口婆心劝说不奏效，劳光荣只好挽起袖子，自己干了起来。"你当村干部我们只有吃亏，什么好处都没有！宅基地的钱我们要先交，搞卫生又要带头，想在村里做点工程你偏不让，跟着你这个哥哥有什么好！"弟弟、弟媳劈头盖脸一顿数落，劳光荣听在耳中，痛在心里。外人喊他"垃圾书记"，他并不在意，但亲兄弟竟也不理解自己的苦衷，想到此处，辛酸的泪水只能往肚里咽。

劳光荣坚持他的梦想，不遗余力推进他的垃圾之治。连城里人都难实施的垃圾分类，贺田村居然先干起来了。劳光荣把农家的垃圾分为有机垃圾、可回收垃圾、建筑垃圾和有害垃圾四种。有机垃圾还山还田，可回收垃圾组织清卖，建筑垃圾集中堆放备用，有害垃圾定点投放，保洁员及时清扫。全村划 5 个卫生保洁区，设 24 个垃圾堆放点，早上 8 点以后看不到一点垃圾。

马丁先生走了，可是他压根儿就没有想到，他的一堂课就像一颗种子，在贺田扎下了根，开出了花，也结出了果。

中午时分，我们随意察看了两个垃圾堆放点，没有发现垃圾，没有异味，清清爽爽。时任省委书记夏宝龙来村里考察后感叹道："这就是我们要的美丽乡村！"

"这个村子干净，清爽。"组团来贺田村旅游的上海游客这样热情夸赞贺田村。贺田村的出名，也得益于它是最干净村庄的口碑。

如何把贺田村这个"盘景"做成龙游的"风景"，检验着龙游县各级领导的智慧。他们以贺田村做样板，制定出衢州市首个生态乡村建设规范。县里安排保洁专项经费 1200 万元。在全县 262 个行政村推广"贺田模式"。近 4 万名农村妇女参加"万名妇女学贺田"培训活动。全县签订"门前四包"责任书 4 万余份。河道沿线 108 个村达到"贺田模式"标准。

龙游做了一篇垃圾治理的大文章。这场覆盖全县农村的垃圾分类工程，换来了村庄整洁，河道整洁，水清流畅，环境优美，生态改善。其实，它是在改变农民的传统观念，改变农民的生产方式和生活方式，其历史意义不亚于一场"垃圾革命"。

众志成城

在龙游大地上，五水共治，人是主角。2015 年捧回的"大禹鼎"，不仅政府看重，老百姓也很在意。"大禹鼎"唤起干群千千万万，争当新时代的治水英雄。更多的人，加入了治水队、护水队、义工服务队、志愿者等队伍。在外打拼的龙商乡贤也纷纷捐款给故里，包塘整治。万众一心，众志成城。永续发展的美丽龙游，就是这样在点点滴滴中铸就，在每个人的手中心中丰盈。

每天清晨，龙洲街道莲湖溪方门街段的河道管护员袁南京就带着他下水作业的工具匆匆出门了，有梯子、水桶、扫把、铁锹、雨鞋等。每天早上 8 点前，他要把莲湖溪流经方门街 800 多米长的河段上的漂浮物、垃圾清理干净，以便让来往路人看到一条清澈的溪流，拥有一日初始的好心情。

袁南京今年 65 岁，是方门街社区的老党员。在街道办事处找寻莲湖溪方门街段河道管护员的时候，他主动揽下了这个既吃力又不赚钱的累活脏活，"我不图什么，就图个水质能好点，能让子孙后代看到跟我们小时候那样的莲湖溪。"

尽管河道垃圾又脏又臭，但袁南京打捞时从不戴手套。问及原因，他笑着说："垃圾常年积在水底比较滑，戴着手套拉不上来，直接用手捞比较方便。"由于长期徒手打捞垃圾，袁南京的手上常有这样那样的伤。

袁南京还是个"好管闲事"的人。河段保洁之余，只要看到路上的有杂草、垃圾，他都忍不住要去清理。平时，除了正常巡查外，他还去沿溪商铺、住户家走走，向他们游说不要往河道里扔垃圾。

当上河道管护员的 7 个月内，袁南京已穿破了 8 条下水裤，用坏了 2 把升降梯。他每天至少保持 6 小时的河道清理工作，早晚一次，风雨无阻。更令人惊讶的是，他居然自掏腰包买了一条小船用于护水，让许多人大跌眼镜。

在龙游"五水共治"的大军中，像袁南京这样的平凡人平凡事还有许多许多。正是他们的默默奉献，才成就了一江清水，一库清水，一塘清水。

在小南海镇汀塘圩村，传颂着刘金松十年护塘的感人故事。老刘是一名老党员，1965 年当兵入伍。2006 年退休回到老家，而从这一年起，"护塘"就成了他退休生活的一部分。当时村中一口 6 亩大的水塘，一塘臭水，脚都不敢踩下去。老刘时常一个人背着锹、铲清理河塘。在塘坝边，总能看见他弯着腰弓着身，用竹竿不断挑起漂浮在塘里的菜叶、纸屑和塑料袋。每隔两三天，就能看见刘金松背着塑料篓在塘边清理垃圾的场景。

　　然而，老刘的付出当时并未完全得到村民的理解，反而招来不少埋怨。张清是村中有名的养猪专业户，早前猪场污水处理系统还未完善，经常直接排进沟渠。虽然几经整改，效果不大。村里开展生猪养殖户整改行动，老刘在村民代表大会上提出要对张清的猪场进行整治。"我的提议就是暂时开挖一条排水沟，在污水处理系统正式入场之前，污水可以通过排水沟，引到废水回收池。"然而刘金松的这个提议，马上招来责骂："修水沟的费用谁出？工力谁负责？"张清和家人提出的一些问题把他难住了，你就干好自己的活，少管别人家的闲事，不然让你日子也不好过。张清的一番话，让刘金松为难了，面对村民的不解，自己该如何是好呢？在一番思考后，就在第二天，刘金松一人背着锄头，借来小型挖掘机，来到张清猪场前开起了沟渠。刘金松说："水塘是祖辈留下的财富，我希望自己可以做点什么，不怕被人误解。"一天、两天、三天，刘金松从没有一句埋怨的话，也不讨一口水喝，只是默默地挖渠。终于，在他独立施工的第四天，村委会和张清本人被其感动，一同加入其中，利用半个月的时间，挖出了一条长达2000米的排水沟。

　　今年老刘当上"护塘人"，工作更卖力了。每天早上8点到下午4点，几乎都在塘中作业。从清理垃圾到清除杂物，再到监管塘内偷钓、乱丢垃圾的行为，每一样都身体力行。在他的带领下，越来越多的村民加入其中。原本村里污水横流的6个水塘，如今全部可以浣衣。

　　问水何以清如许，万众一心开新篇。一幅人水和谐自然共生的壮阔画卷，正在龙游大地徐徐展开。

水做的湖头街

"浮牌陲亭古渡头，往来是有客商舟。"清代诗人吴帆这句诗里说的，是一个叫作湖头街的地方。湖头街即今天的湖镇。这个位于龙游县东部的千年古埠，历来是浙赣闽皖交界处重要的农副产品集散地、商埠重镇。据考证，早在唐初时，湖头街就建有码头，到明清时代，镇上店铺林立，商贾云集，是衢江下游繁华兴盛的重要商埠。

循着老茶客烧饼油条一杯茶的聊天声，我们走进初秋的湖镇。看看这个有着千年历史的地方，如何重现曾经的盛景。

清晨时分的老茶馆。石桥边，看古往今来。天雨微凉，行走于通济街的青石板上，古塔、石级、花灯、民宅，保存良好的文物古迹，仿佛诉说着湖镇的年纪。

不同于一些古镇的静谧，一大清早，湖镇的街上已经人来人往，不时传来阵阵乡音。循着声音拐过巷口，只见一条老街，两侧都是茶馆。众多上了年纪的茶客坐在屋檐下，一边喝茶，一边啃着烧饼、油条，一边东家长西家短地聊天，甚是热闹。

"湖镇的早晨，从天没亮就开始了。"茶馆老板说道。由于湖镇过去商户云集，来往客人很多，经常天不亮就拉着货物来到古镇交易。谁家的货更好，谁今天赚了钱，每天交流行情。无论是闲谈，或是吃早点，都需要一个歇脚的地方。久而久之，茶馆就成了湖镇早晨最热闹的地方。千百年过去了，尽管古埠头航运风光不再，这个习惯却一直保留了下来。

茶馆没有具体的名字，但各自都有忠实的粉丝。每天天一亮，几张老木头门板拆下来一铺，搭好桌子，再拉上几张板凳，煮起开水，茶馆就开业了。老茶客们每天按惯例喝早茶、泡茶馆，也不嫌环境简陋，有的干脆坐在屋檐下的一排石磴上，悠闲自在地饮茶。他们或独自品茗，或叙谈农事、家事，或听听东村西村的新闻。氤氲的水汽中，一杯清茶，一副烧饼夹油条，就是老茶客一个上午的"配料"。每天的主料，却随着国家大事或者家长里短，不断变化着。

老街上，尝人生百味。古宅仍在，而古宅北边的白革湖，已完全不是旧时的模样。白革湖，其实只是衢江的一段。古时，衢江主航道在上游与罗家溪、社阳港两条支流汇合，流至古镇，稍稍画了个弧。正是衢江随意画出的这个"弧"，形成了两端窄中间宽、月牙形的一段江面，水深而平缓，如同湖泊一般，名曰"白革湖"，小镇也因湖得名。白革湖给了小镇历史和繁荣。在交通以水路为主的古代，这个在衢江干流上的白革湖，是扼守衢江下游的水路要道，一个兴隆的船埠头。船来船往，小镇遂慢慢地成了集市，又渐渐地形成街市，随着龙游商帮的兴起，更发展为商埠重镇。那时，白革湖上船只往来如织，船埠头上你来我往，这边卸货，那边装货，伙计的号子此起彼伏；南来北往的商人、过客，走进小镇，或做买卖，或中转休憩，或观光吃住，等等；通济街连绵千米，茶楼、杂货、珠宝、布庄、药堂、当铺、酱坊、堂馆、饮食铺，几百家店铺，生意兴隆，一派繁荣。后来衢江改道，分成两支，主航道北移，南面的这一支流经白革湖随后与北面的主流汇合，奔腾而去，东流入海。

湖镇，是清朝以后才开始叫的名称，本地人则叫"湖头"。全因它的东北、东南、西南三面都是湖的缘故，"湖头"的意思就是"湖边上的地方"。一条通济古街贯通小镇东西，街的两边全是雕梁画栋、前店后宅式明清建筑。因了这条街，当地人更习惯叫小镇"湖头街"。湖头街的东头高高矗立着一座古塔——舍利塔，从塔的铭文砖上知道它重建于北宋嘉祐三年（1058）七月。宋朝大臣赵抃曾在此驻足，为它撰写了塔寺铭；诗人陆游曾夜行宿湖头寺，在暮秋的钟声里写下悲壮的诗篇；明清时期多少文人墨客留下了足迹和诗文。每当"九月十九"和"三月三"集市，周边四省的客商云集于此，多时达十万之众。小镇的古老和繁荣可见一斑。

所有的文明因水而起，又终归于水。出古镇沿衢江西行数里，是一个叫曹垅的小村庄。村口的丹霞悬壁上有明朝嘉靖三十七年（1558）所建的湖岩塔，六面七层，是楼阁式空心砖塔，高有三十多米。塔基用条石叠砌，塔身第二层正面有"湖岩壮观"的砖砌匾额。面对衢江，浩浩荡荡，气象万千。

曹垅村不大，才四五十户人家，人丁刚满两百。那里有我小学时代的同学，小时候我曾吃过他们家的花生和水煮鸡蛋。20个世纪70年代，我还是公社武装民兵连的一名战士，拥有一支三八枪。民兵训练科目武装泅渡衢江，在曹垅村的山坡里实弹射击，百米靶场，三发两中。

几年前，政府投资3亿多元修建的小溪滩水利枢纽，开始投入运营，正常蓄水水位有40米。于是衢江在曹垅村形成一个好大的湖泊，常年江水盈盈，碧波荡漾，涟漪四起，风光无限。

在这里，风生水起，革故鼎新，正演绎着一出神话般的大戏。年年红集团计划投资80亿元人民币，在这块黄土地上创造一个"红木小镇"，建设亚洲最大的红木制造基地和中国家居文化园，是一个融艺术观赏、文化研究、工艺制作于一体的大型文化旅游产业园。在这里，山之阳，江之滨，水岸风光，风水宝地。在这里，放眼四望，太姆堂、育恩堂、至诚楼、一栋接着一栋，紫檀宫、万姓宗祠、九龙汇宝，一片连着一片。以往一个野猫都不拉屎的不毛之地，居然成就着一个伟大的梦想。至于什么是气派，什么叫震撼，只有你亲自看了才会明白。

古镇外，赏怡人水景。罗家溪边观锦鲤，近百亩水面，无数的锦鲤，红的、黄的、蓝的，在碧水中畅游，给人无比愉悦；红畈水库钓清水鱼，个大肉丰味美；凤溪捕野生石蛙，营养丰富，稀世珍品……

在波光云影下摇曳生姿的是江边最常见的芦苇。所谓"蒹葭苍苍，白露为霜"，相对于精耕细作的小麦和水稻，这种水生植物更接近原始与野性，也更接近天空与心灵。芦苇成了片，就会有浩大的声势，在水陆交错之地，风乍起，澎湃起好大一片芦苇，她是水乡威武的仪仗，也是江南风情的眉眼。手摇木船荡悠悠，芦苇迷宫转一圈。芦苇荡深邃而幽远，划船进入其中，头顶、身边，满是望不透的绿色，仿佛五脏六腑都被熏绿了。

对于这些年水的变化，46岁的"湖边人家"农家乐老板童伟荣感触最深。作为土生土长的湖镇人，童伟荣不仅守护着这一片水，也守护着一滩的鸟。每年五六月份，正值白鹭繁殖季节，在古镇附近的浮牌洲上，栖息着上万只白鹭和天鹅，让这里成为浙西地区最大的白鹭栖息地。天鹅是贵宾，是近几年才有的。天鹅很娇气，对环境要求苛刻。它们会相中这片天地，真是湖镇人的福气。

点开童伟荣的微信朋友圈，几乎每天都有和湖镇和白鹭和天鹅相关的照片，照片里的天鹅、白鹭或展翅，或休憩，姿态优雅，楚楚动人。

好生态，不仅引来了白鹭、天鹅，也吸引了更多游客。2019年，湖镇拆了不少养猪场，2020年来的白鹭更多了，这让童伟荣很兴奋，接待游客的干劲也更足了。"每一个来看白鹭的人，我都会带他们到湖镇走一圈，看看那些老街、古埠、老茶馆，感受一下千年古镇的魅力。"童伟荣得意地说，去年的白鹭季，他接待了六七千人，今年预计人数还要上升。

欸乃的桨声随波流淌，几个弯一转，水面便开阔了，对岸的亭台楼阁招摇地出现在视线里。水边最有名的建筑莫过于西湖春茶馆了，我们也到茶馆里品了一杯清茶。八仙桌依然一尘不染，七星灶照旧炉火熊熊。湖镇的清水在茶娘的忙碌中幻化出酽酽的茶汤，浓缩着不乏精致的水乡生活。与西湖春茶馆毗邻，鳞次栉比，一路铺陈开去，是各具特色的菜馆。时至中午，我们和爸爸妈妈的肚子都饿了，就来到菜馆吃午饭，这里的店主能如数家珍地报出莲藕、马蹄、茭白等清爽爽的水乡菜肴。同时，他们也会殷勤地向你推荐清水螺蛳、白条小鱼这些水淋淋的河鲜。我们点了几样特色菜肴，然后津津有味地享用我们的午餐了。俗话说："靠山吃山，靠水吃水。"春水暖，秋水寒，凡此种种美味佳肴，皆是湖镇之水四时不断的丰厚赐予。

在湖镇，水车与风车是连在一起的，在漫漫的农耕社会里，这是关于风调雨顺的最好物象。先民们对水的依赖并不局限于播种与收获的当口。红曲酒因为水的甘甜而清淳绵厚，暖心养人；湖镇发糕因为水的清冽而洁白如玉，香软可口；蓝印花布的天然色彩因为水的漂洗而日渐纯澄，姑蔑书阁的上好油墨因为水的调配而历久弥香。华丽的龙灯与威猛的狮子，舞出了水的风姿；竹敲的道情与高亢的婺剧传来了水的消息。是莲藕出水的清晨，是鱼虾满仓的黄昏，是花灯闪耀的元宵，是龙舟飞渡的端午，是稻田洒金的中秋，天一生水，水生万物。水做成了一个湖镇。

清水长流上仓湾

.

　　上仓湾是个地名，是龙游县罗家溪流域一个很有意思的节点。罗家溪起源于罗家乡铜钵岭，经芰塘金、余村金、鹁鸪头等村落，蹦蹦跳跳，穿过杭长高铁、浙赣铁路和兰贺公路，取道河村村流进白革湖后再汇入衢江，全长约 30 公里。在七都村与上仓村之间，罗家溪突然改变由南向北的流势，来了个大拐弯，一路向东流去，人们叫这个弯为上仓湾。

　　七都《徐氏宗谱》记载，徐氏一族在唐贞元二年（786）由灵山迁居上田浦，耕田凿井，繁衍子孙。后家业不断扩展，有良田沃土无数，便沿罗家溪而下，举族迁居七都。上仓，当时就是徐氏家族一个堆放农具谷物的仓库，后来衍变成一个村庄。上仓、上田浦、隔塘诸村，坐落于上仓湾周边，如今已合并为一个行政村，那里有我许多同学与旧友。

　　到了民国时期，七都徐氏、叶氏两大家族又拥有罗家山区大片山林，经营着茶叶、毛竹、杉木及造纸业等产业。每至汛期，河水猛涨，竹排木排顺着罗家溪激荡而下，直抵上仓湾才上岸，或自用，或出售。这时的上仓湾，也就成了一处竹木交易市场。

　　从上仓湾往西行百余米，在田畈中央，早年有座白娘庙。余绍宋先生主纂的民国《龙游县志》有载："按吴白娘事见《丛载·志异》：吴白娘幼遇异人，家举炊每于隔塘邻家乞火，归甚速如比邻，母疑之。一日目其往，乃从水面步行若飞，亟呼之即没，后人因庙祀之。"少年时代，我曾和小伙伴们一起来此玩耍，那时已是断垣残壁，瓦破屋漏，四周杂草丛生，破败荒芜。只有一尊佛像灰头土脸坐于其中，至今不知此佛是否为吴白娘也。"文化大革命"初期，庙宇拆解，遗址造田，砖头木材造学校。

上仓湾呈非常美丽的弯月形。五十年前，这段溪面宽不足百米，两边的滩地上是大片大片的杨树林，樟树、乌柏大可合抱。岸堤下是白色的沙滩。下游一段，水浅流急，江水冲击水底卵石，似雪花飞溅，哗哗有声。那时，母亲时常到溪里洗菜洗衣服。我也跟着去，小脚丫踩在溪里，不一会，无数条小鱼儿就会从四面八方游过来，朝着我的小脚丫轻轻地吮吸着，啄啐着，痒痒的，爽爽的。母亲拿起竹篮，往水里猛力一捞，有时还会捞到几条小鱼。后来在这里摸螺蛳、捞猪草，现在这些都已成为童年的回忆了。

上仓湾中段圆弧处，水深数丈，是个深潭，水呈深绿色。那时，夏日在江里嬉水，是我们的最爱；而在柳荫下钓白条鱼，更是我和伙伴们的拿手好戏。一直到 20 世纪 70 年代初，这里还是村民的天然浴场。夏天的傍晚，上仓湾里人气最旺。我们劳累了一天，收工后就赤条条跳进溪里洗一洗，然后回家吃晚饭。上仓湾边缘是我们生产队的田块。下午四五点钟，太阳还挂在半空，公社干部、学校老师就已经捧着脸盘在上仓湾里游泳了，而我还在农田里流汗流血。这种刺激是刻骨铭心的啊。对于他们这种幸福日子，心生羡慕，不，更多的还是妒忌。对于我而言，尽管人在田里干活，心早就飞到十万八千里以外去了。

当然，上仓湾的故事并非如此一成不变地演绎下去。邓公英明，三起三落心忧天下，再度出山即力主恢复高考。于是乎，我和上仓湾周边村坊的何振立、林贤根、李瑞生、周连荣诸兄奋力一搏，相继中榜，离开了美丽的上仓湾，开始新的生活，并由此改变了各自的生存状态以及人生轨迹。

那几年的寒暑两个假期，我们几个二十多岁的单身男子，都会聚在一起，意气风发地走过上仓湾。那时的上仓湾，水很清，沙很白，风物自然，景色宜人。我们交流信息，纵论天下。我们回忆往事，展望未来。江湖之远，心忧社稷，农家子弟，壮怀激烈。我们有个共同的愿望，上仓湾会永远水清沙白，我们的人生也像上仓湾那样永远清清白白。

都说人是会变的，不变的是风景。可是上仓湾并不是这样的。突然有一天，上仓湾的一切都变了。先是因生产队集体经营，吃大锅饭，农业歉收，山头光秃秃的，村民的柴薪成了大问题。于是，人们陆续将每年都能带来不菲收入的乌桕林砍了，树干做成木箱售卖，其他凑作柴薪烧了。还有岸边那些古老的杨柳，也无一能够幸免。再后来，改革开放，老百姓有钱了，但一切向钱看，滩地下的黄沙，成了谁都想咬一口的肥肉。于是乎，白天黑夜，挖沙机轰鸣不息，将整个上仓湾挖得千疮百孔，溪水混浊不堪。更有甚者，上游的工业污水、养殖污水将整条罗家溪污染得惨不忍睹。鱼没了，就是偶尔捉上几条，也无人敢吃。下水游泳，成了世代生活在这里的村民们的奢望。经多年的采沙，月牙形的上仓湾，已经变成乱石滩了。

2004年初春的一天，雨过天霁，时任中共浙江省委书记的习近平来到罗家溪上游的余村金村视察。一路走过看过，他再三叮嘱村民和当地官员，要花力气保护生态，保护水源安全，守住一方青山绿水。临走时，他又对村党支部书记徐金兰说：绿水青山就是金山银山。这句话，他重复了几遍。

十年过去了。当地政府牢记总书记的嘱托，先是治理河道，再是整治村庄，再后来是抓"五水共治"，一步一个脚印，步步留有痕迹。一天傍晚，雨后初晴，我又到上仓湾边散步，但见溪水碧波荡漾，对岸田野青黛，倒映水中，似乎近在咫尺。近处岸柳滴翠，香樟浓郁，岸上的橘子红了，几处竹林湿漉漉地泛着墨玉般的光。身后的村庄，幢幢别墅式建筑林立，整洁又气派。上游溪边，暮色中，几株古樟如巨人般屹立，村民们在健身器材边运动自如。想来，罗家溪在如此匆匆流逝的岁月中，又有了新的生机。

下了堤坝，沿溪边而上。溪里，几个村民在嬉水游泳；溪边，我两个儿时的玩伴正在钓鱼。他们说，甩出去几乎没跑空的，有时五只钩子上能钓上三四条。伙伴的得意之情溢于言表。他们指着对岸说，用荧光浮标夜钓的人才多呢。我顺着他们手指的方向望去，虽然溪面开阔，但还是可以看到对岸白地圩村的溪边，已有不少钓手开始夜钓了。呵，久违了，家乡的罗家溪里又可钓鱼了。

此时，忽见东边天际两条彩虹横贯长空，一行白鹭，从水面腾空而起，身披金色的晚霞，飞向彩虹。这幕美景一次次地在我脑海里浮现，每每想起，欣喜之情难以平静。这是"五水共治"给上仓湾带来的实实在在的变化。

龙游草木吟

萱　草

　　萱草,是龙游大地上生长着的普通植物,生性强健,耐寒,露地越冬,适应性强,喜湿润也耐旱,喜阳光又耐半阴。对土壤选择性不强,但以富含腐殖质、排水良好的湿润土壤为宜。其根肥大,叶丛生,狭长,背面有棱脊。花漏斗状,橘黄色或橘红色,无香气,可作蔬菜,或供观赏,根可入药。

　　我是学中文的,回忆学生时代,我一直很喜欢《诗经》,随便打开一篇,便是一些什么蘩啊苕啊薇啊菲啊,犹如一群青衣素面的乡下女子,有着青葱鲜嫩的面容,清远怡人的体气。桃花面,柳叶眉,杏花眼,樱桃小嘴,这些青绿绿水灵灵鲜嫩嫩的女子一降临人间,我们的生活便由寒转暖。她们的深处是村庄、流水和源远流长的春天。萱,诗经的百草园里最女性的草。有诗为证。唐人李峤《萱草》有言,"黄英开养性,绿叶正依笼。色湛仙人露,香传少女风";明朝高启与之隔世同构,"幽花独殿众芳红,临砌亭亭发几丛。乱叶离披经宿雨,纤茎窈窕擢薰风"。好一个窈窕少女,其美似薰风吹送,其心如仙露纯净,教我们如何不爱她? 唐朝万楚"眉黛夺将萱草色,红裙妒杀石榴花"。明朝张时彻"愿留枯根株,化作萱草枝"。古人以为种植此草,可以使人忘忧,故称忘忧草。蔡琰"对萱草兮忧不忘,弹鸣琴兮情何伤"。

　　人们都说人间第一花是牡丹,是梅花。我觉得,人间第一草的称号当数萱草。清人张潮说得好:"当为花中之萱草。"晚清诗人姚永概亦是出语不凡："阶前忘忧草，乃作贵金花。"萱草花开，一派繁华富丽。纤细青翠的花茎自叶丛里奔突而出，高可达一米，宛若细长悠远的歌喉，它的高音出现在夏天宽广的音域里，歌声清纯清亮清澈，送来夏日的无边清爽。夏天的清晨，空气湿漉漉的，萱草的花朵犹如初升的太阳，金黄而湿润，仔细端详，花筒状，色金黄，形六瓣，花瓣犹如女子细长优雅的脖颈，柔美的曲线烘托出一张娇嫩欲滴的小脸，矜持地望着天空，清露润唇，金粉敷面。天空深远地蓝着，大地无边地绿着，萱草鲜嫩明净的黄，让人生出无穷的幻觉，让人觉得这黄鹄一引颈长呼就唤醒了混沌的世界。"草号宜男，既晔且贞。厥贞伊何？惟乾之嘉。其晔伊何？绿叶丹华。光采晃曜，配彼朝日。"曹植描述萱草的文字开阔大气，读来很有创世纪的味道。

龙游北乡地域也流传着"草号宜男"的民间传说。说的是古代妇女怀孕时，若在胸前佩戴一枝萱草花，就会生男孩，故名宜男。是否能生男孩尚不可知，但是黄花的金灿灿将女性的面庞辉映得红润润，那情景真让人的眼窝发热，发潮。如今流行母亲节和康乃馨。我想象中的中国母亲节是这样的：带上笑容，领着孩子，走在通往村庄的乡路上，乡路两旁披盖蓬蓬萱草，可爱的孩子走一段路，背一首诗，采一朵花，把长线一样的乡路卷成线团，这线团就是古老的村庄。村口的老樟树下，站着我们白发苍苍的娘。故事回到现实。在我的家乡，萱草花名曰"黄花菜"，是一道很有营养价值的菜肴。萱草花朝开暮蔫，女人们把采来的黄花洗净，放入沸水中一焯，捞起，凉水浸润，直润得它鲜灵灵黄。一团蛋黄加一把白面，再加一点盐，搅拌成糊。把麻油烧至嗤啦啦香喷喷，抓一朵黄花往面糊糊里一抹，搁在油锅里炸，旺油旺火爆熟，用筷子把金灿灿酥脆脆的黄花菜请到白玉盘里，即成。若撒入少许花椒盐，如补白，如晕染，那真是微辣香脆爽无边。

《博物志》上说："萱草，食之令人好欢乐，忘忧思，故曰忘忧草。"萱草性味甘凉，有利湿热、宽胸、消食之功效。女子坐月子，又用萱草花炖老母鸡，炖猪足，补气补血补奶，养颜调经，恢复元气。母亲在世的时候，常把黄花菜铺在笼屉上，用热气烘一下，出笼，晒干，叫金针菜。每逢凉拌青菜，母亲就放入几棵金针菜，青绿之中润上几笔橙黄，看上去特别温暖，嚼起来口感筋道爽滑，香味悠长，越嚼越开胃，越嚼越开心。

母亲走了以后，父亲经常买回一包黄澄澄的金针菜，以作凉拌菜的配料。

萱草又借指母亲。明刘基《发安溪至青田戍事急不得留有感》诗："朝原思脊令，夜船梦萱草。"明何景明《为李秀才寿母》诗："梅花似白发，萱草亦朱颜。"在中国的文化语境里，椿萱连用，以代指父母。萱草花鲜嫩金黄，未及黄昏就已萎谢；椿树芽清香脆嫩，但谷雨一过，就老气横秋了。母亲的离世，加剧着父亲的衰老，他身体本来就不好，如今嘴角瘪了下去，整张脸瘪成一条风干了的丝瓜，有一阵子小腿浮肿，走路都很艰难。我们把家里的金针菜当中药煎，熬汁，一日喝一碗，如此月余，他的腿部不再肿痛，全身都轻快了许多。

紫 苏

我在自家的小院里种过紫苏，基本上是属于野生的范畴。起因倒也简单，是到乡下采风时从农民墙角拔来的。取叶片做菜，根部随手丢在花坛里，第二年春季，它就慢慢从地下冒出来了。生长不挑环境，对水肥要求很低。以前生活在农村，荒滩、墙角、屋后、菜园四处都能见到她们的身影。虽时常见到却并未见人播种，听老人们说，村里四处散落的紫苏不是人工播种，而是自行繁殖的。村前村后常见的紫苏有两种，都是野生的。一种叶片正反面皆紫色，一种正面绿背面紫。都是叶卵圆，有叶尖，属于野生的紫苏种类。

紫苏是最普通的香草，其清新凉薄的植物香气仿佛凝集了人间清露，芳香持久。紫苏也是我非常喜欢的一种食物染色剂，尤其两面紫得发亮的紫苏叶是我最喜欢的。用紫苏鲜亮不张扬的紫色做成的面团与糕点，或用鲜叶做辅助香草的各种腌菜，不仅清香保健，更能令容颜美丽，色香味俱佳。

在菜品中，紫苏表现得尤为出色，记得新亚饭店女主人的一道炒田螺。那是印象里最美味的田螺，清新爽口，浓烈的异国风味让人迷醉。我以为一定是加了特别的香料，但见碟子里除了配料辣椒与姜蒜就别无他物了。后来才知竟是用了紫苏叶，那些逼人的芬芳正是紫苏的味道。紫苏普通却不平凡，仿佛拥有神奇的魔法。仅需几片叶子，就能瞬间激发菜品的灵魂，让菜品顿时活过来。

紫苏是唇形科的一年生草本植物，原产我国，在我国种植的历史悠久，有 2000 年之久，常见的有三种。一种是纯正的叶紫的紫苏。一种是白苏，白苏正反叶片都是绿色的。紫苏和白苏的叶片均是卵圆形，叶尖。还有一种是回回苏，叶片像鸡冠一样卷曲，打着明显的褶皱，叶片宽大有深裂。一般而言，叶片正反是紫色的紫苏香味更加浓郁，是中国餐点里最常见的香草。而叶片翠绿的白苏，口味则略显清淡，是日式料理尤其是作为沙拉的材料或搭配生鲜，如鱼片虾蟹或寿司酱汁时的最佳香草。记得一次游旅于婺源的乡村，在古村落的田野里发现大片大片的白苏。正是七月，正逢紫苏花期，点点淡粉色小碎花，浮在碧绿的叶片中，宛若水中落花，仙气十足。但遗憾的是，紫苏的花期很短，仅仅一个多星期，花很快就全然退了颜色，转眼换成一个个干燥的花蕾模样紧紧贴在花茎上。白苏种植在当地非常流行，目及之处，大片大片的白苏田连接在一起。风吹起来的时候，叶片层层叠叠，一浪翻过一浪，万顷碧绿，暗香浮动。当地人说那些种植的都是出口的白苏，因为在日韩很多生鲜的料理基本要用白苏来提味增香。种植的白苏比寻常可见的白苏叶片要大，香味也更浓，是科研人员最新培育的新品种。当地人就地取材，用白苏去腥增香的辣子鸡，味道独特。

有朋友喜欢用紫苏做成各式饮料，有时取紫苏的美丽颜色，有时用紫苏的清凉冰爽的香气，无论与柠檬汁、猕猴桃汁还是与牛奶搭配，口味都让人难忘。这种用紫苏做茶饮的传统，从风雅的宋朝就已经开始了。《本草纲目》记载，大宋仁宗皇帝曾昭示天下评定汤饮，结果是紫苏水第一。所谓熟水者，饮品也，也就是说，紫苏茶在宋代因品种曾获得过最高殊荣。有人喜欢用紫苏做面包，无论多单纯的烘焙配方，撒上几片紫苏碎，就是浸染了浓烈香味的绝美味道。前两日，在院子里采了些新鲜的紫苏叶片，洗净切碎扔进打散的鸡蛋里，放在平底锅上煎熟，浓烈的香气，隐隐约约的紫色，浓烈凉爽的清新口感，我确定那是我吃过的最美味的煎鸡蛋。

紫苏除了香气打动人们，生性也温和。在中秋时节，江南之地，临海之滨，人们喜欢用紫苏叶片铺底，清蒸大闸蟹，是当下的节令美食。这种海鲜与紫苏同食的方法渊源已久，《本草纲目》记载，紫苏可解蟹毒。说的是海鲜类寒凉，而紫苏性温辛，可中和寒邪之物的寒凉。紫苏药食同源，全身是宝，除了叶片供人食用，苏子用来榨油，紫苏的根茎也可入药，是很好的散寒暖胃、行中养气的良品。

紫苏好吃好看又实用，适应性很强，不论在陆地还是阳台上，春天时随手撒上一些种子，很快就能繁茂起来。将紫苏的老叶掐了泡茶煮粥炖汤，新叶很快就能长出来，是更新度非常好的草木。紫苏在温暖的地方四季均可以播种，是案台小绿植的绝佳之选。这种全能型香草，已经香溢四野。

薄　荷

在我家的院子里，种着一株薄荷。这是喜湿的植物，多在湿润的环境中生长，又格外奢望阳光，太阳越毒辣，它就生长越强烈。其实，现在有这么多写"心灵鸡汤"的作者，建议他们不妨从薄荷下手，一定能挖出不少薄荷的高尚秉性来。

一到夏天，薄荷有清爽的气息，看起来也绿意盎然，看起来就讨人喜欢。尤其是到了盛夏，望见它，心里就如同喝了冰镇饮料，格外清凉。历数古代诸多诗人，似乎陆游是最爱薄荷的一位。

他曾写过多首和薄荷有关的诗词，篇篇透着对薄荷的喜爱。随意拉过来一首："薄荷花开蝶翅翻，风枝露叶弄秋妍。自怜不及狸奴点，烂醉篱边不用钱。"薄荷花开的时候，蜂蝶嬉戏，多好的场景，简直是国画一般美好。在一个早间，薄荷上带着晶莹的露珠，碧绿的底色，耀眼的露珠，单单剔出来一片叶子和一滴露珠，说不定就可以设计成最好的首饰。在陆游的诗作中，似乎还有一些替薄荷鸣不平的意思：这么好的花，怎能屈居篱笆边角呢？我不知道有没有以薄荷来自比的意思。其实，陆游还写了另外一首《题画薄荷扇》。这一次同样写薄荷，意蕴上却有了不同。"一枝香草出幽丛，双蝶飞飞戏晚风。莫恨村居相识晚，知名元向楚辞中。"这次，陆游把薄荷说成是"香草"，我揣度，陆游所佩戴的香草里一定有薄荷。这首诗同样写到了蝴蝶，且是双蝶，另外，按照第三句推算，这首应该是早于本文上述第一首的，因为，陆游对薄荷有相见恨晚之意。

陆游除了爱薄荷，还爱猫。诗作中的狸奴，其实就是猫的别称。他在《赠猫》诗中有这样两句："盐裹聘狸奴，常看戏座隅。时时醉薄荷，夜夜佔氍毹。"这次又是猫与薄荷"同框"，我知古人常常喜欢画猫与蝴蝶，因为谐音"耄耋"，寓意长寿。为什么每次都要加上薄荷呢？是薄荷青枝绿叶，生命力旺盛吗？查阅了许多资料方知，薄荷花的花语是"美德"，意思是，不光要长寿，而且要"德艺双馨"，这样才不算是苟活，且是高尚地活着，有滋有味有风骨地活着。否则，宁愿只留美德，不要耄耋，比如，那个纵身一跃，跳入汨罗江的屈子，不就是这样的人吗？

一棵小小的薄荷，牵扯出如此多的延伸意义。意义再多，一般都是人赋予的，即便是绕开这些不谈，单从薄荷的内心秉性来说，它也是一类可圈可点的植物。薄荷可以醒脑，也可以驱蚊虫。早年，乡间有炼薄荷油的匠人，炼油之后排出来的水，我们常常拿桶去接，接来的水用于沐浴，清凉爽肤，甚为宜人。

薄荷亦可以入馔，用鲜薄荷来炖鲫鱼，做出来的汤可以治疗咳嗽，尤其是小儿咳嗽；炎炎夏日，做一道薄荷鸡丝，又可以消暑败火；与此同时，用薄荷叶来泡茶、煮粥均可，能清心怡神，似乎都是夏日备受热捧的饮食。如此说来，薄荷真能令人沉醉了，想起陆游的诗，斗胆胡改一句：时时醉薄荷，刻刻有清歌。

马齿苋

马齿苋是家乡极其常见的一种野草，旷野、路畔、水沟边随处可见。它那么平凡，让人视而不见。然而，它却顽强地生长在我记忆的旷野里。我的童年是在乡下度过的。

那时，粮食不够吃，年幼的我会挎着竹篮奔向田野采挖马齿苋。马齿苋可以当菜煮，虽然味道酸酸的，还有些苦涩，但在贫穷的年代，那已经是大自然对我们最好的馈赠。在春末夏至粮食断炊的季节，有多少人是依靠马齿苋果腹，挨过来的。马齿苋的花很小，一串串，是一种白里带黄的小花，颜色淡淡的，不明艳，更说不上热烈，花香也只有把鼻子凑上去闻，才能嗅到一股若有若无的清香。

毕竟，马齿苋不是花，是野草。然而，马齿苋有修长的根茎，有墨绿色肉质的叶子，叶小，一簇簇地长在路径，像女孩头上柔顺的发辫，随风摆动，自有一番妙曼的风情。那一簇簇绿叶在明媚的阳光下尽情舒展，呈现出它旺盛的生命力。炎炎烈日下，默默吸足养分的马齿苋自信而自在地举起花蕊，吐露自己的美丽。平凡如马齿苋，乡间旷野里随处可见的野草，它也依旧要把自己的美丽展现出来，依旧可以装点广袤的大地，擦亮乡间孩童纯真的眼睛。在粮食富余的今天，已经没有人需要马齿苋果腹，可是，马齿苋依旧时时出现在乡邻们的餐桌上，那是一道真正的绿色食品。

马齿苋从来不嫌弃自己生长的贫瘠的土地，毫不抱怨自己不曾被人注意。它就像行走在乡间阡陌上的村姑、农妇，因为朴实无华不惹人注目，但她们平凡却不平庸。简单的一生，一样要绽放出自己的美丽，一样会奉献出自己全部的爱和热忱，哪怕只是一小串白里带黄的小花，一缕若有若无的淡淡花香。

麻粒石子

在我们龙游，衢江穿境而过，千年万年流动着，流走的是水，留下的是石头。河床里的那些麻粒石子多了去了，很平常的东西，其石质坚硬，大小各异，形奇状怪，用于人们生产生活的方方面面，比如大的可垒堤坝砌房屋，小的可铺路径腌咸菜。历朝历代，老百姓都是免费取用的，只要有力气，随时到江里去挑，要多少有多少，不用打报告，没有人来管的。

龙游人叫的麻粒石子，学名称何，未知。这个名称从何而来，也不知。但据本人理解，可能与石头表皮密布的斑斑点点有关，这些小点点很像撒开的芝麻，故名之。这个解释是否正确，有待方家指点。然而，某日有人说麻粒石子中的精英是黄蜡石。某日，又有人说黄蜡石中的精英就是黄龙玉。是神话吗？麻粒石子真的变成玉了吗？

对于玉，我完全看不懂，就更遑论鉴赏了。"看"，是一门很高深的学问，"会看"，并不等于鉴定得出真假。故此美玉当前，我也能老神在心不为所动。因有八字真言于心：为免上当，为免捶心。听说当地一块品相上好的麻粒石子也卖出过成千上万元的价格，真是淘石人的福气。

大范围来说，玉其实就是石头；会看的人分辨得出什么样的石头可称为玉，反之都是石头。简言之，美丽的石头是玉，不美丽的就只能是石头了。玉有许多品种，不同品种有不同的名称，又按产区分类玉石的质量。

假如麻粒石子真的能戴上玉石的光环，那是何等荣耀，何等璀璨。我国是个与玉结下不解之缘的国度，玉文化早在几千年前就已经形成。

比如说君子佩玉，许是缘于孔子所言的："君子比德于玉。"玉的品质即君子之德，比喻君子内在的本善。儒学经典名句："玉不琢，不成器。"以琢磨玉石比喻学习做人的品德与修养。其实也不光是儒学，中国以玉为喻的典故多不胜数。经典小说《红楼梦》又名《石头记》，开章就说，女娲补天用剩的一块石头，被带下凡间，变成灵通宝玉，此乃贾宝玉的前生。

玉的学问高深，价格更是不可思议。便宜的一百几十元，金贵起来，一部名车、一幢花园洋房的价格也买不到。许多年前，在一个珠宝展销会上看到一对玉镯子，竟然是上百万的天价！原来是翡翠。翡翠也是玉石，可就是不一样。不禁问身边的朋友："你要一幢洋房，还是要将这手环套在手上？万一一个不小心，撞碎了怎么办？"朋友冷笑一声，揶揄道："这么贵重的东西，是我们这种身份的人套的？"说的也是。买得起这种翡翠镯子的人，老早就住着大洋房，开着名车了啦。然而，看着那么温润的，色泽细腻得已达到完全透明，像玻璃一样的翡翠。那种感觉真是太美好了，宛如身在喜宴的盛况之中。

麻粒石子，黄蜡石，玉石，谁说美好的东西都得占有呢？世上美丽的东西太多了，玉是美丽的石头。中国人自古赋予玉石很高的评价。除了美丽、高尚、典雅，又是吉祥、辟邪，象征权力之物。玉，不论是什么品种，有多少种名称，在大范围内，它还是石头。与生俱来有着一种深邃的美，而且可塑性强。用以雕琢、设计，全看匠心。国人爱玉，升华到为人的修养之上，尤其气质，也就是人内在本善的外观，充满人生况味。

"宁为玉碎，不为瓦全。"为的只是争一口气，宁可一拍两散，是何等的凄厉！玉可辟邪，亦可挡灾。所以，宁可玉碎。玉碎了，人即可逃过劫难。此生看到过的最美丽的玉，全在博物馆里。每当我低头细看那些温润无比的玉器时，总有种说不出来的欣喜。因为，不论是一块古玉也好，一件雕琢完美的玉器也罢，无论经历过多少岁月，辗转于多少时代，它的故事今日都依然让人们陶醉，欲罢不能。

行文有首尾呼应的规矩。故此，再说说龙游的玉。龙游的麻粒石子变成了玉，我心存感激，老天也有掉馅饼的时候；我也欢欣鼓舞，我的父老乡亲增添了一条生财之路。龙游的麻粒石子，你一路走好。

稻田是我心灵栖息的地方

龙游县东乡有七都村，村前是千亩大畈，名称碓门畈。我在村里当了六年农民。农民整年的心思都在稻田里，一身的汗水也都洒在稻田里。稻穗的成熟气息，稻浪起伏香农家，年成丰收，处处流露出一股精气神。平凡日子，细磨镰刀，杀鸡买肉。缺少蛋与肉，安然于豆腐与家蔬，那也只是少数人家。

五十多年前的旧事，曾经的视野里，尽是大丘小丘中沉默着的稻田。在风中摇动的一片金黄，看似无光芒，实则喷吐生命的火焰。把稻浪读透，才可领略这种飘动的心灵底色。龙游本土诗人张建民如此歌吟：朗读起伏的稻浪，在夏天的炽热里奔跑。站在你的阳光里，看炊烟升起的村舍，悠悠的白云，是我的新娘。稻浪吐着清香在燃烧的波光里，镰刀割断了稻穗的血管，留下稻茬，徒留美丽的忧伤。

稻田，是我心灵栖息的地方。那些年我对千重万重稻浪的兴趣，远远胜过对山水风景的关注。

春天，春雨绵绵的日子，我和我的农民兄弟一道将秧苗插到水田里。戴着笠帽，穿着蓑衣，弯着腰，俯着身，远远看去，插秧的我们好像在与土地进行一场深情对话。蓑衣被雨淋过，重重压在我的背脊上，腰部又痛又酸，一时半会都站不起来。然而那些秧苗也许正面带微笑，做着深呼吸，在做角色的转换。由秧苗变成稻苗，开始新的历程。由此我仿佛看到盛夏稻浪的壮观之美在眼前跃动。那时，我一下子呆住了，一句话也说不出来，眼前的场景让我忘了自己的存在。

我知道，这些秧苗一生非常不容易，从播种到收割只有百余天的生命期。刚刚发了芽,它们的生命就要接受从温润雨季到炎热夏季的锤炼。生根,拔节,分蘖,孕育,抽穗,扬花,灌浆,结谷,数十个环节,环环相扣。它们日夜兼程,不顾疲惫,义无反顾奔赴生命的终点。我之所以把稻浪视为最美的风景,不是因为外在的成熟之美,而是最纯美的内在禀赋,即它的顽强与无私。对很多人来说,稻穗只是眼前果腹的食物,而我却是有着阳光雨露般的心灵的凝聚。

童年时代,听过"一条大河波浪宽,风吹稻花香两岸",歌声无比美妙,我一直以为这首歌是为我的家乡写的。大河是指罗家溪,村民也称呼大溪,在我们村里,大河大溪是同一个意思。罗家溪流过七都村,过了溪流是碓门畈,千亩粮田,土地肥沃,宜种水稻,一年两季。早稻收割的季节,也是罗家溪发洪水的季节。水流湍急,经常冲走溪上的木桥。我们时常光着屁股游水过河去割稻子。岁岁年年,养活了村子数百烟灶上千人口。

今天喜看稻浪万顷,不仅是为了寻找小时候居住农村的一种心情,也是为了感受洗礼,感受坚韧,感受修炼。在看稻浪翻滚的时候,人的感情淳朴温馨,亲切悠远,更接近地气。看稻浪久了,我可以从丰收的动感里捕捉到先苦后甜的味道。一望无垠的金色稻浪随风起伏,农民的脸上荡漾起富足的笑意。在我小的时候,抢收早稻抢种晚稻,是非常辛苦的活儿,"双抢"不是嘴上说说而已,是要用镰刀把稻子一把把割下来,再用脚踏打稻机一把把脱粒。不管天多热,不管人多累,双脚都要用力,不停地使劲踩,打稻机才会转动起来,双手还要拿着稻把不停翻动,稻谷才会完成脱粒。这种超强度的劳作,一天下来,人都像散了架似的。现在回想于此,都有点后怕。

稻浪铺排在我的内心,大概还有念念不忘的新米香味。在农村时,稻谷大面积成熟前,长辈们总要在稻田里找几株大一些的稻穗,收割回家,脱粒晒干,烧成米粥。张开嘴巴,嚼一嚼,一股浓郁的新米香就从舌尖传遍全身,幸福和喜悦的味道在心里慢慢升腾开来。于是,整个身心里都是新米的味道。老人会说,喝了这碗新米粥,"双抢"干活就更有劲头了。

我的臂膀,已被夏季的阳光和劳动铸造得结实有力,割稻的动作是从先祖血脉里赋予的遗传那般娴熟。稻穗沉甸甸,心情金灿灿,灵性的梦幻在成熟的稻田上空飞来飞去，忽高忽低，忽远忽近。

在稻田上空，有两群鸟儿低飞不去，印记清晰。其一是燕子。傍晚时分，稻子刚割掉，昆虫乱飞。这时群燕毕至，上下翻飞，扑食飞虫，场面很是壮观。其二是白鹭。一群白鹭像飞翔的白云，翅膀优雅地扇动，纤细的长腿自然舒张。其浑身如雪，风情如梦。夕照潋滟瑟瑟动，一路惊起轻盈飞，它们如云雾在晚风间袅袅而飘，仿若一曲风露梵音，在水田中荡漾。真可谓淡中求雅，极富飘逸神韵。看白鹭伫立，收羽翼、伸缩颈，长腿轻松如舞，支撑着雪白身躯频繁走动和短时翩飞，俨然是一群雪衣公子，伫立芳洲。白鹭在清水田里，一只两只站着钓鱼，整个的田畈便是它们的诗，一首韵在白鹭骨子里的诗。白鹭寄寓禅意，心灵空净。禅意之所方可栖息心灵。

人间不断起伏着心灵的稻浪，我和我们的父辈们都在梦中守望过那片金黄色的到来。双抢时节，最有经验的老农，一定要到稻田里走走看看，也会搓几只稻穗，用牙咬一咬力道程度，就知道这一块稻子该不该割。奶奶说，稻浪真可敬啊，稻子一生多么不容易，又受冷，又受热。然后，她又说，当农民一辈子风里来雨里去，更不易。时下稻田用收割机收谷，很少有人去拾稻穗。老人不由得叹息道，记得以前夏收时节，她的母亲总要教导孩子们去捡稻穗，一个两个都丢不了。日子过得很紧巴。这样的事，现在也许不会再有人干了。

手中有粮，心里不慌。脚踏实地，喜气洋洋。毛泽东的金句，浸润着我的一生。有着从大饥荒中逃命出来的经历，对稻田对稻谷有着刻骨铭心的依赖和眷恋。山水离舌和胃的距离太远，只有怡情，没有亲近的感觉，拉也拉不近。稻田就不一样了，从小在这样的环境里生活，每次见到稻田就如同回到故乡，回到了心灵栖息的地方。

遥远的驿道

史书记载，县北古时有官驿大道，西接衢州府，自叶村入境，穿越4个乡镇，经石佛、下洪、大平山、后徐、大平畈、乌石寺等地，由梅岭关出境至睦州府，蜿蜒30余里。这条穿行在蛮荒山水中的道路，维系熙熙攘攘的商旅记忆，记录士人大夫相迭于途的荣耀时光，流淌无数挑夫的辛勤汗水。

叶村，隐匿在真武山麓的一个小山村，她静谧、从容，在时代大跨步前行的隆隆巨响中悄无声息地存在着。耕读传家，儒生雅士辈出。在时间的洪流里，叶村正在成为乡愁记忆的标本。

东津街是村子的主干道，入口处，82岁的叶金妹经营着一家叫作"兴源昌"的商号。叶老太太耳聪目明，精神矍铄，用80载的人生，注视着驿道的繁荣与衰落。如今，过往行人已成为历史云烟。在叶金妹的眼里，驿道的过往已经渗入老屋砖瓦，渗入村民的骨子里。

历史总是在不经意间埋下伏笔，留下隐喻。历史又往往大手大脚，让人无所适从。在历史的写作中，一条驿道往往可以决定一座村庄的盛衰。数百年前，叶村曾是驿道上的一个主要村落，宋朝时这里是京都临安通向闽赣的重要通道。明清时期尤其鼎盛。龙游商帮生意兴隆，名扬天下。路两旁商铺林立，行人不断。叶老太太说，那时候她祖上给行人施水，一天要烧掉几担水。如今，辉煌虽已不在，但是昔日街巷的繁荣依然能找到诸多印记。一座村庄拥有东津街和商学街两条街道，还有三明巷、双溪巷等，这在龙游农村并不多见。

老人的怀旧是一种复原，在时间不经意的漏洞中保存旧貌，村里的布局基本保持了原样，甚至一砖一瓦都还是千百年前的模样。打小，叶金妹就看管村口的"兴源昌"，三层小楼，沿街而设，"这家店是从我祖父那辈上传下来的，我们家一直都做生意"。

时光总是不遗余力地把一切化繁为简。过往又经常在波澜不惊中显示顽强生命力。隐遁的千年古道。走在这条历经沧桑的驿道上，时不时有野草爬出围墙，手臂粗的杂树钻出墙角，时间在这里愈加斑驳。

在叶村，耕读之风传世久，宅院深深气韵长。村里随处可见的百年古宅，精雕细琢的门窗，参差有序的马头墙，青石板，鹅卵石，时光逆转，百年前，这里或是学堂，或是藏书楼，许是孔庙，彰显着耕读之风的遗迹。而在叶氏宗祠，"这个是甬道，看到没有，一般的甬道是跟地面齐平的，它这个是突起的，就像现在的红地毯一样。这就说明叶氏当时的地位是比较高的。"至今，村里人还遗存当年的那一份自豪。这些深深浅浅的故事，已无从捕捉，只有这高墙大宅处处显示出主人的身份与地位。漫步古宅中，一路走过承志堂，友五房，青砖黑瓦，当年何等坚固，何等自负，依旧敌不过时间的风化。事实也是，叶村的孩子也慢慢开始淡忘这祖上的辉煌与荣耀。

自汉、唐以来，梅岭关就把自己的名字深深镌刻在中国东南方的战争史上。宋元更迭，元明交替，明清易代，梅岭关无不目睹双方的列戟连云、旌旗猎猎；近代，太平天国运动、军阀混战、北伐、抗战、解放战争，梅岭关也从未缺席。战争永远是残酷的，《长生殿》作者洪升，途经这一片屡被战火焚烧的土地时叹息道："居人乱后唯荒垒，巢燕归来只数家。一片夕阳横白骨，江枫红作战场花。"

《新唐书·地理志》所举干道中，第五条指的就是这条路。"自杭州西行三百一十里到睦州，又自睦州西行二百八十里到衢州。"这条干道主线在唐时建成。唐末，黄巢农民起义军以一个月的时间，从睦州至仙霞关一带，劈山开路七百余里，其中本县境内辟路三十余里，始成官马大道。

梅岭关自古就是交通要塞。特别是南宋定都杭州以后，这里便成了连接闽赣和抗金前线的"江右孔道"。南宋朝廷为了守住这条进出京城的交通命脉，派兵筑关驻防，遂称梅岭关。并修建馆舍，供过往行人食宿。1133年，岳飞大将军率兵洞庭湖作战，其中陆路便是翻越梅岭关。

岳大将军跃马挥剑，军旗猎猎，战马啸啸，千军万马，越岭过关。这在冷兵器时代的战争里，该是一幅何等惊天动地气势磅礴的历史长卷。而在离梅岭关南十余里的乌石寺里，则流传着岳飞精忠报国不图谋反的动人故事，千百年来，激励着一代又一代龙游儿女忠诚民族，报效国家。

梅岭关南有梅岭村，历史上曾经是龙游地盘。直至中华人民共和国成立初期，村中有一道路，路南是龙游，路北属建德。村民大都姓翁，讲龙游方言。旧时，梅岭村和叶村一样，也是商铺林立，人来人往，生意很旺。村民翁志发，今年80出头。他说他小时梅岭关遗址还在，周边散落着零零星星的砖块。古道上铺着青石板，北通寿昌，南连龙游，很整齐，走路很方便，路边有凉亭，可以避雨歇脚。可惜后来都被我们自己毁掉了。现在想想，实在是做了一件傻事，太可惜了。现在这个村庄归建德市管辖。

横山镇广播电视服务中心主任胡志林，少年时代就是走这条古道去舅舅家拜年的。那是20世纪70年代，从家里出发，翻过梅岭，经大店口至寿昌镇，30多里路，基本上是青石板铺路，一块连着一块，又宽又平，排场很大。个别地段用石头铺路，但也平整宽敞。路上行人来来往往，络绎不绝。

雄关残照，古道西风。热闹了上千年的古道寂寞了，梅岭村也渐次冷落下去，在被遗忘的时光里，梅岭村留住一份独特的气质。这个地跨两市的小村坊，曾经是军旅的驻地、商人的中转站、挑夫的休憩地。他们中有人长久地在此居住，子孙繁衍，宗族延绵，给小山村带来了十多个姓氏，南腔北调五种方言，徽派、闽派和中原建筑，以及多姿多彩的手工技术、饮食文化、生活习俗。

驿道就是官道，有人说，这是一条交流之路，是政府设的交通要道，西通赣闽，南入丽温，沿途设有驿站、驿铺与驿馆，承担传送公文、迎送官员、运送货物等功能。当年余端礼、刘章、马天骥等吾邑青年才俊，就是沿着这条驿道，告别故里，步步走上仕途。清代鼎盛期，沿途驿铺甚多。平均六公里设一铺。清代诗人施闰章如此描述："前有驿使过，百里起埃尘。去时若流水，来时若连云。妇女杂方物，舁载何纷纷。"

这也是一条"宋诗之路"。因为至宋代，尤其是南宋时，浙江与闽赣诸省之间的交流频繁起来，做官、求学、赶考，无论是入闽入赣，还是至浙，这里是必经之地。梅尧臣、苏舜钦、欧阳修、王安石、陆游、杨万里、朱熹、辛弃疾、周必大、姜夔，或宿儒，或显宦，或名士，接踵而来，浩然而歌，为龙游大地增添了温柔的诗意。

这又是一条商贸之路。凡浙入闽赣者，连延曲折逾岭，古道沿线及浙、赣、皖等地出产的丝绸、瓷器、茶叶等，正是通过龙游古道，进入东南沿海的福州、泉州、广州等港口，从而连接了海上丝绸之路。而明清时期的龙游商帮，则是多向天涯海角，远行贾商，在当时的纸、书、珠宝市场上占有重要地位，催生商业资本的萌芽，推动商业经济社会的形成，创造"遍地龙游"的神话，在中国封建社会经济史书上留下浓墨重彩的篇章。

遥远的驿道，隐遁的驿道。"青山元不动，白云自去来。"远去了冷兵器时代的鼓角争鸣，消失了古老中国的诗情画意，暗淡了农耕文明的热闹繁华，唯余苍莽大地，雄关古道，西风残阳，定格在历史时空的深处。不来不去，如此而已。

大雁飞过衢江

　　每到秋天，衢江两岸，可以见到一群群在草滩上栖息休整的大雁。它们结伴成队，在这里短暂停留，寻觅食物，恢复体力，积蓄能量，而后用号子般的叫声给同伴鼓舞，几十只、数百只汇集在一起，再次飞起冲向蓝天。

　　儿时的乡下，满地野菊怒放，看秋后的蚂蚱倏地蹿起老高。最迷恋的，是仰头看天上的雁阵，就像看室外电影一样，目送它们一点点远行，听着它们的叫声愈来愈远，我的心紧了一下，突然有了穿透云空般的属性。单纯倔强中有美，谦卑而身体力行中更有美。此时此刻，眺看大雁，它们如倒映在秋水中的水仙，抑或一个个背剑徐行的侠客，自觉自恃，却不知它们这般之美，会令人动容。躺在秋天的草滩上，仿佛看见淡淡的秋阳照着它们的身影，前面恍若断崖之后的蓝色海平面，心如平镜。这个时候，大雁已越过了一个又一个山峦，一片又一片收割后的田野，阳光更近地投射到它们身上，生命与秋空的联系如此紧密。即便精疲力竭，前面是死亡，也不要掉队。有时我会问自己，大雁从何处起飞，又飞往何处，它们为何飞过我的家乡，答案当然还是未知的。大雁南飞的那种缠绵不绝的叫声，秋夜里或正午听到，缓缓地上去又下来，下来又上去，一声声击中我的心弦。

　　大雁真是了不起，加速飞时，把队伍排成人字形，以最省力的方法行进。省力了，却不能默默飞，要造一种呼朋引伴的气势。利用耳朵点燃心情，十里八里之外，雁阵都能听到行军歌那不断绽放的声音。它们识得智慧、互助和合力的内涵，高旷的秋风不断跑来，拂过一只一只的雁翼，把雁的仁爱撒落一路云空。

　　大地之上，悠悠衢江，碧波荡漾向远方流逝。岸上有老樟树，生出许多黄叶子，瑟瑟抖着，仿佛天刚亮。稍远还有两棵树，一棵黄色，一棵棕色，潦草如中国画，只是没有格式。看风景的人像是远道而来，喘息未定，高高的远山也波动不定。因为那倏忽之感，又像是鸡之初鸣，席子嫌冷了的时候的迢遥的梦。这些描述文字，感触、颜色、声音，还有冷了的触觉，更有她的幻觉、迢遥的梦，都活在里边。最好的句子，全是一样的洁净、凄清。言语如行夜车，断断续续，远而凄怆。我想，那迢遥的梦里，一定也高飞着排成"人"或"一"字的雁阵。悲壮是一种完成，而苍凉则是一种启示。

　　宋人蒋捷有曰：黄花深巷，红叶低窗，凄凉一片秋声。豆雨声来……闪烁邻灯，灯前尚有砧声，知他诉愁到晓，碎哝哝，多少蛩声，诉未了，把一半分与雁声。雁声，占去了秋声一半。

　　县城翠光阁对面，船厂江心洲湿地渐渐热闹了起来。一群群可爱的精灵在此处现身，在这片美丽而宁静的土地上快乐生活。我国特产稀有鸟类——中华秋沙鸭的身影也出现在这里，这让基地主人方六平又惊又喜。中华秋沙鸭为我国一级重点保护鸟类，目前全球仅1000只左右，属于比扬子鳄还稀少的国际濒危动物。方六平是当地村民，从小与鸟结缘，因为爱鸟，所以养鸟。他创办方氏南雁野生动物养殖合作社基地，为全国首家天鹅野生繁育基地，已繁育灰天鹅5000多只。基地原生态湿地条件，环境好，水质好，是野生鸟类栖息的乐园，吸引了许多南来北往的候鸟们。这段时间，基地迎来一批批候鸟，有鹗、鹞、鸶、红隼、隼雕、鸿雁、红嘴巨鸥和青头潜鸭等，还有美丽可爱的白天鹅。它们有的在这里补给一番又继续南下，有的则看中了这里水肥鱼美留下来过冬。这里就成为龙游的"天鹅湖"。

　　大雁南飞，其主题意义就写在那里，写在如同电影银幕的云空之上。不管别人怎么看，或者自己如何探测生活，这些都不重要；重要的是，一个人要像大雁那样，用一种真实的生活方式，认真度过跋涉中的困苦，度过困苦中无法停止下来的那些时间。熬过一关又一关，你就知道自己如何面对生活了。

　　深秋，听到大雁的叫声，我总以为，那"嘎、嘎""伊啊，伊啊"

的声音是世间最美的音乐，是最深邃的人生哲理。天冷了，橘子红了，橙子黄了，稻田显露了土地的颜色，黄昏或傍晚的冷云在酝酿着秋雨，正是"八月初一雁门开，鸿雁南飞带霜来"的时节。"带霜来"是一种肃杀气候的开端，像大部队的撤退和转移，留下了很多空寂，也留下冷冷的诗意，在满天地里铺开了。落叶满地，秋进入了煞尾阶段，空气中飘浮着明净、高远和悠深的气息，这种气息与澄静的江水融为一体，与廓落的田野心神相合。天空与大地之间，理性远大于感性，你是你，我是我。我常常呆呆地立在沙滩上，听离开西伯利亚家乡的大雁的叫声，觉得它们好辛苦，又很伟大。

"头雁"是雁阵的灵魂，在"飞越、飞越"的呼喊声中，雁一只又一只，悄然展开，如一章章无尽的诗篇。在人字尖上飞动的头雁最费力，它用翅膀尖的扇动为后面的大雁带起一阵风，从下面往上面送。这阵风依次传递下去，能把后面的小雁和老雁轻轻地抬起来，这样小雁和老雁才不会掉队。雁阵这种节省体力的方法，让人深深感动，转而泪眼模糊。而"头雁"是没有那阵风能利用的，它是创造者而不是享受者。为避免疲劳，迁徙中的雁阵会不断更换"头雁"。一旦雁阵整体减速，队伍便会由人字换成一字。每次，看到雁阵排着队飞过，我就会听到大雁那魂牵梦萦的叫声。那时，我心里又是一紧，然后慢慢舒展开来。

大雁的气场真好！在枯燥的日子里，能听到大雁的叫声，心里能陡添一重力量。大雁是极为守时的禽类，深秋的风一吹，它就开始把迁徙的梦变成现实，引三朋四友，让人来听风数雁，这本是一场生命耐力的舞台大表演。这样的听雁，四周遭静，纯粹的静，静静地听，静静地看，静静地默数。那是凝露冷叹的声音，草叶枯萎的声音，寒风旋转的声音，偶尔会有一声虫叫的声音出现。而最清、最凉、最劲的声音，绽放在高空，那是雁阵。心中又涌起了莫名的感动，雁是秋天的胡琴，胡琴是南飞的雁。岁月里还有什么声音能够这样美？我唯一能做的，就是闭着眼听，在心里画一种境界，风吹过，发微动，雁是我内心的艺术。能陪我来听这场雁的艺术表演的，是心。

村里的老先生说过，大雁南飞是一种洗礼，也是一种挚爱。在南飞的过程中，大雁的爱情尤显坚贞。雁阵里很少会出现单数雁，大雁一生从不独活。一只雁若在半途死去，它的另一半也会自杀或郁郁而亡。我听大雁的叫音，有时会听出那声音里的凄楚，或许是单雁不远飞吧！雁在，爱才在，懂的，深深懂的。

老家的秋空，出奇地静谧，然后是雁声穿越而来，蔚蓝而又澄明。情依依，霜淡淡，衢江漾漾，用心灵来听雁。

龙游"三雕"遐想

在龙游城乡远去岁月的表情里，那房梁、窗棂、门楼、础石上的木雕、砖雕、石雕，古典而清雅，木质的纹理与砖石的特质，还有先人的希冀与憧憬，嵌入了时光的深处，留下了一个个家园的梦境。

"三雕"，即是龙游明清建筑中砖、石、木三种雕刻艺术的总称，亦是建筑重要的组成部分和精彩的艺术亮点，其为建筑史研究提供了不可替代的实体样本，也对当代建筑及其雕刻艺术具有普遍的借鉴价值。"三雕"艺术，在龙游城乡广为分布的宗祠、庙宇、民居、牌坊及桥、亭等建筑上随处可见，而最为集中的当是体现在宗祠、民居上。县境最北的三门源村，曾是个官宦名村。明清富商叶某建的宅居——"芝兰入座"，砖、石、木三雕风格简约，可以说是龙游"三雕"现存的早期实例。

一般来说，砖雕主要用于民居正门的石库门枋上，有的宗祠大门两侧的八字墙上也以砖雕装饰。石雕大都是体现在柱础、抱鼓石及门墙的基石上。木雕则用作宗祠享堂和廊庑的梁、枋、梁托、雀替及花板等处的装饰；而在民居中，主要围绕天井展开，如正堂月梁、两侧横梁、窗棂、护镜、隔扇门等。大户人家的花厅客馆，更是雕刻满堂，富丽堂皇。

龙游"三雕"，明代崇尚简约朴拙，清代流行繁复精美，其中以砖、木雕尤为突出。清乾隆时期及其以后，龙游大批成功商人为荣宗耀祖，在家乡建造宅第，其极尽华丽，工不厌精，令人叹为观止。建于乾隆年间的张家埠村尹氏宗祠和志棠的"商宅群"就是最具代表性的遗存。这些建筑上的雕刻，主要的表现手法是浮雕。一般来说，根据表现的内容来选择浮雕的深浅。回纹、万字、卷草、夔纹等纹饰雕刻较浅，而有人物和场景的，就需采用深雕甚至镂空雕的手法。人物雕刻生动，场景表现空间感强，刻上三五层的甚为多见。有些门枋上的砖雕，层次丰富细腻，雕刻玲珑剔透，工艺之精湛，令人难以置信。而圆雕的应用不多，主要是大门的抱鼓石，大堂的垂花柱和雀替以及屋脊的瑞兽等。

"三雕"的题材内容也十分丰富。有历史故事、民间传说、戏文话本、吉祥祈福、科考文运及山水田园、花鸟虫鱼等。总体上，宗祠一般采用歌颂忠孝节义，宣扬敦亲睦族和氏族兴旺的题材，如桃园三结义、苏武牧羊、二十四孝图及瓜瓞绵绵、万象更新等。民居则主要是吉祥、劝学、祈愿家庭和谐、子孙幸福的内容，如朝凤、蝠云、莲荷、榴实，以及渔樵耕读、五子登科等。鲤鱼跳龙门（即鱼龙变化）这一题材用的尤为普遍，反映出人们对改变命运的憧憬和追求。由于龙游崇文之风盛行，因此，琴棋书画、梅兰竹菊、文房四宝及博古珍玩等图案也不乏见。还有的将人们生产生活如耕耘、水运、品茶、对弈等场景也雕刻在窗子护镜、隔扇腰板上，充满着生活气息，令人倍感亲切。

"遍地龙游"，"儒风甲于一郡"。龙游三雕无论是题材内容、艺术风格还是雕刻技艺，无不浸透着姑蔑文化，无不体现出姑蔑人崇文尚雅的风貌。一幅幅精致的木、砖、石"三雕"，或象征，或谐音，精雕细镂，含蓄隽永，既是龙游乡村建筑的雕饰和建筑工匠的美学创造，亦是龙游先人的一种寄托与祈愿。从这些极具姑蔑风韵的雕饰中，人们不仅可以读出龙游乡村数百年，抑或更长的历史，还能读出明代建筑疏朗淡雅的韵味，以及清代建筑精美繁复的特色。

在龙游先人构建的荣耀里，黛瓦粉墙，青砖门头，砖雕门面，石刻漏窗，斗拱雕梁，厅堂天井，集结生成了家园往事的基调，追求与传递的是传统文化中自然人文的"天人合一"。龙游木雕在古民居雕刻装饰中，几乎涵盖了所有的木质构件：梁架、立柱、栏板、门窗、隔扇、雀替等，或浮雕，或透雕，玲珑、剔透、生动，花卉、山水、人物，一幅幅都是吉祥图案的精美雕刻；砖雕则采用质地坚细的水磨青砖，经过平雕、浮雕、镂雕，门楼、门楣之上便有了典雅、庄重的雕饰图案；而用于廊柱、门墙、牌坊等处的石雕呢，或浮雕，或圆雕，刀法精致、古朴，动植物形象栩栩如生……推开虚掩的大门，拂去岁月的风尘，不知有多少后人在凝望，又有多少后人在怀想？！在幽静的深巷与挺阔的商字门楼中，依然透出一种和谐与安宁，像唐诗宋词一样古老而深远，像一年又一年绵绵的春雨一样滋润而经久。仿佛千年、百年遵循着诗词的韵律，走入五言七绝的某个意境中，不曾回来。

千年百年的时光，像风一样消隐了，而遍布龙游乡村的"三雕"印记，古朴、久远，有着生活气息的滋养与包浆，让人倍感珍贵。随着袅袅升起的炊烟，龙游"三雕"给人们留下了无尽的遐想：她生长的是家园的传说，而留下的，却是家园的遗梦。

龙游石窟2号洞窟的岩壁上，刻有牛马鱼的图案，多年来引发专家的诸多猜想，终无定论。曾经看过一篇文章，说上万年前，人类想把自己的名字留在岩石上，但那时还没有文字，他们认为自己的手是最能代表自己的，如同现在让你按手印一样，于是他们把手平贴在岩石上，然后对着手喷涂各种染料，手拿开后，岩石上便留下了自己的手的轮廓。也许在长达三四千年的时间内，无论是欧洲、亚洲还是美洲的民族都是这样留下自己的印记的。那么我们在研究龙游石窟的图案时是否也可以借鉴这一理论来做一些探索呢？

2014年，法国的肖维—蓬达尔克洞穴成为世界文化遗产。这个洞壁上绘有上千幅史前壁画。科学家以新的测定方式证实，壁画为3万多年前的人类所绘，可谓人类已知最早的史前艺术。而1999年被列入《世界遗产目录》的洛斯马诺斯岩画，又称"手洞"，位于阿根廷圣克鲁斯省西北方一段很深的峡谷中，洞穴为东北朝向，洞内两侧有巨大的侧壁，是南美洲早期人类社会文化的见证。洞穴的最大特征是刻绘在墙壁上的多种多样的手印，这些手印有黑色的、赭色的、紫罗兰色的、黄色的和红色的，看上去仿佛是分布于众多枝杈上的多彩树叶。它们大约完成于公元前550年。最早画这些手印的人使用的是白色。这些图案经历数千年没有被破坏。

依据这一描述，龙游石窟2号洞窟的牛马鱼图案，有很大可能是当时的工匠所为。有位著名学者写过《旧石器时代的洞穴艺术》一书，他对在旧石器时代的洞穴艺术中很少有植物的图案感到疑惑不解。长期以来，我们认为旧石器时代的洞穴里或者石头上刻画的条状物都与狩猎有关，会把这些条状物和线条解释为箭、箭的倒钩、矛和标枪，但从未想过可能是幼苗、树、枝条、芦苇和叶子等。在中国的贺兰山岩画中，就出现了各种植物的逼真的形象，专家认为那应该已经是农耕文明的产物。

岩画的创作似乎也是一个系统工程，也需要一定的人力物力，并非随意率性为之。专家认为，很多岩画显然是与当时的生殖崇拜、信仰崇拜以及原始的祭祀相关的。它们一半是艺术品，具有审美价值，另一半更是具有与神灵沟通之类的巫术功能。岁月无声，唯石能言，人类在没有文字之前的95%的历史似乎只能通过凝视它们才能懂得一二。

我引用这些资料，意图只有一个，就是提供一个思路，一个方向，为龙游石窟图案的研究开辟一条新路。如果有所启示，也不失作者之心绪。我们期待着研究出现新的成果。

瑶山橘歌

初夏时节，清晨。我们从县城出发，沿龙丽公路南行，过城南工业园区，过半路经堂村，过街路村，即到达今天的采风点——东华街道瑶山村。

一夜夏雨歇了，罗家溪畔，凤凰山脚，云烟氤氲。瑶山村是浮起的一幅泼墨丹青，橘山，橘园，隐约中，若有若无，随着这轻纱一般的迷雾变得飘忽。在细雨中，在薄雾里，在洁净的村道上行走，我们看到一座座漂亮的新楼，以及新楼所在的庭院。瑶山村是个很有故事的村落。山上的橘树与田头的苗木构成故事的主旋律，而星星点点的农家庭院，则是一个个跃动的音符，柔柔地美化着人们的心田。

瑶山这个地名很具诗意，容易让人联想到瑶族，大瑶山。非也。我之所以选择瑶山村采风，缘于 30 多年前的一篇通讯。文中如此写道："龙游原本无橘。首先在这块土地上种橘的是上圩头乡瑶山村。那是 1972 年的初春，他们在衢州橘区的启发下，辟荆棘，拓荒山，投资五千余元，投工三万余个，种了六千株橘苗。不过，由于历史条件的限制和两次低温冻害，橘树都枯萎了。粉碎"四人帮"后，瑶山村的群众又在荒芜的橘山上做起了文章。支部书记方荣潮带领大家将冻死的橘树枝干一一锯掉，嫁接起来。一九七八年收橘一千多斤，第二年收橘两万多斤，一九八三年增加到二十四万四千斤。光种橘一项人均收入一百八十六元。"这篇文章刊登在 1984 年 11 月 16 日《金华日报》头版，标题是《十月龙游新橘香》。

30 多年过去，对于今天的人们而言，文中的数据并不起眼，但是当年创业者的艰辛却是不能忘怀的。瑶山村是龙游县种橘的先驱。他们的开拓者地位来之不易，至少有两个时间节点更令人敬仰。一是1961年。在此以前，瑶山村的兄弟姐妹是生活在淳安县新安乡西庙村的村民，那里是山清水秀，物产丰富，民风淳朴，人民勤劳，生活安稳，为了新中国第一座水电站的建设，他们才告别故土，背井离乡，来到瑶山村，成为新中国最早的一批移民。方荣潮书记当年说过，当举国上下欢呼建设成就的时候，他们正跋涉在迁徙的路途之中。其苦其难，刻骨铭心。挺过来了，就不容易，牺牲很多，不堪回首。"国家行动""共和国使命"中有他们的贡献。

第二个时间节点是在1972年，"文化大革命"时期，"以阶级斗争为纲""以粮为纲"的年代。开荒山种橘树，也是大罪。他们是一群拓荒牛。他们知道国家在帮他们，但国家也穷，满足不了移民的需求。移民生产条件差，生活苦，总要找到一条出路。瑶山人开始种橘树，有人笑，讥笑他们是"傻鬼"；有人骂，骂他们是败家子。不理解的，看热闹的，说风凉话的也大有人在。方荣潮是有胆有识之人，他认准一个理，为了村民增加一点收入，过上好日子，不管前面有多少道坎，总要试一试，闯一闯。信念的力量是无穷的。岁月是最公正的裁判。他们的拼劲，他们付出的汗水，以及他们种植的幼苗，终于经受住了大自然的考验，日后收获着甜美的果子。

好日子是奋斗出来的。只有160余户的小山村，几乎家家种橘树，户户造新屋，既是一道亮丽的风景，又是一个村景美村民富的小康村。瑶山种橘成功，为龙游县人民开发荒山、勤劳致富开拓了一条新路。此后，全县柑橘生产生机勃勃。金秋十月，正是新橘飘香的季节，衢江两岸，有千万簇火苗在闪动，把龙游的霜秋点染得分外明艳。

有年秋天，我陪新华社记者徐邦到瑶山村采访。橘园是山坡地，高低起伏，线条流畅，层次分明。当时正是挂果期，无数的果子挤满枝头，在阳光的照耀下闪闪发亮，蔚为壮观。徐是摄影记者，他背着长枪短炮在橘园里上上下下折腾大半天，拍了三个胶卷，满载而归。临走时，他感叹瑶山村移民了不起，留下七个字，"橘不醉人人自醉"。

在瑶山人的记忆里，橘子飘香不能忘记一个人。他叫王献培，原任县农业局副局长，高级农艺师。他1965年从浙江农业大学园艺系毕业。

几十年的实践，使他在柑橘栽培方面迈出了成功的步子。在瑶山种橘的各个关键节点，老王都悉心指导，倾力而为。在瑶山橘园里，处处留有老王的脚印，手把手教，面对面教，随叫随到，细心指点。从理论到实践，环环相扣，一以贯之。早些年，针对农民中文盲多，农村急需科学知识的现状，老王提出多拍科技电视短片，增加途径，扩大科普效果。在 20 世纪 80 年代，他已发表论文 22 篇，其中 8 篇在全国性报刊上发表。为瑶山柑橘，为龙游新橘乡扬名造势，呐喊歌吟。

1986 年 12 月 26 日《浙江日报》刊登消息说，龙游县改造低产橘园增产六成。包括瑶山村在内的 2600 多亩低产橘园，通过发动群众深翻改土，增施有机质肥料，并采用剪枝、保花保果、肥水管理和病虫害防治等综合性措施，对低产橘园进行改造，很快取得了效益。今年橘子产量比原来增产 122 万公斤，经济收入净增 120 万元。

这次采风，最令我激动的是，老支书方荣潮依然身体硬朗，他今年 91 岁高龄，耳聪目明，能读书看报。膝下二儿一女，子孙满堂，家境殷实，享受着天伦之乐。此乃幸事。衷心祝福方老前辈寿比南山，福如东海。

2018 年是我国改革开放 40 周年，这场改革开放发轫于农村，最大的得益者也是农民。正因为这场伟大的改革，农村的面貌才开始好转，农民兄弟的日子才慢慢好了起来。瑶山人说，尽管我们没有实现富裕安康，但只要有当年开山种橘那股闯劲，那种勇气，美好生活是可以创造的。但这也许是我在瑶山橘园里听到的最美歌声。

鸟鸣梅林

在梅林村的日子，每天早晨，是鸟鸣唤醒了我。

相对于绵亘的绿春湖群峰，梅林村不过是个婴儿，轻轻地躺在大山温暖舒适的襁褓之中。

我住在村民梅秋群的院子里，一处新开张的农家乐，取名梅林公社。隔着墙壁和围墙，是村民们的山地。山上生长着毛竹。这种植物是大自然家族中的乡村男孩，淘气、泼辣、粗壮，仿佛见阳光和风雨即长，繁殖能力极强。在国外，已经视其为危害物种。如日本，早已列为禁种名单。而我们的村民们看重短期效益，正好相中了它这点，广泛栽种，视它为每天生长利息的绿色银行。眼前，漫山青翠，竹海荡漾，浓荫蔽日，在风儿的吹拂下叶子沙沙响，瞪大眼睛俯瞰着崭新的楼房和矮矮在下的我。

有竹林便有鸟，有巢，有鸟鸣。我不止一次地抬头望见喜鹊衔着干草和枯枝，优雅地舒展、扇动双翅，搅起小小的幸福的旋涡，登上枝头筑自己的巢。没鸟住时，巢是一株毛竹空荡荡的嘴巴，除了风吹竹叶哗啦啦响，鸣蝉喋喋不休的聒噪，再无其他声音；一旦鸟住了进去，鸟鸣便纷扬如雨，从天降临，唤醒了我。

山高不见门前月。梅林的夜晚包容孕育着层出不穷的静。高高挺立的太阳能路灯，白天吸纳了太阳的光芒，到晚上将能量滔滔不绝地释放出来，这光渺小而微弱，仅照得亮脚下和周围有限的距离，是一粒米的光。沿着水泥路走过这些散落在乡野的路灯，便进入了梅林，一路高低起伏，将这些路灯撇在身后，就出了梅林。路上车辆稀少，偶尔冒出一辆，像萤火虫浮过，两束前灯光将黑夜捅开一个小缝隙，几米之外仍沦陷在黑暗中。有星星的夜晚，我喜欢站在天底下，像站在很深很深的井底，四壁石头森然，苍苔寂然，仰望无边的星空，星星稠密而硕大，互相保持着绅士的距离，绽放着各自的耀眼光华。

谁拄一根拐杖"滴笃滴笃"地敲点着路面，深一声浅一声的，村庄里卧着的土狗听见了，兴奋地叫嚣起来，远远近近的土狗都跟着叫了，像点燃捻子放了一挂鞭炮。鸟鸣也急促地响了，是布谷鸟，山里人俗称"子规鸟"，是一群关心农事的勤奋鸟。有诗云："布谷声中雨满篱，催耕不独野人知。荷锄莫道春耘早，正是披蓑叱犊时。"前一只喊着，话音没落，后一只立刻接上了嘴，似乎天衣无缝，侧耳谛听，破译得出"阿爹阿哥，播谷播谷。播谷播谷，家家忙碌"的农事密码。声声鸣叫，认真负责，提醒山里人开始春耕。

有一种鸟，我从未看见过它的真面目，从白天到黑夜，它都在鸣叫，在远处的山间，在路旁的竹林中，我曾蹑手蹑脚地试图走近它，它看透了我的鬼把戏，却不急于戳穿我，待我走近，猛地屏气噤声了，茂密的枝叶遮住了它的身影，浓郁的蕙兰花香熏晕了我，我当然寻不到了。

群山是最好的回音壁，小小鸟鸣，借助它宽阔强劲的肺活量，被无限放大了，撞到对面弹了回来，使黑夜愈加沉寂深广了。

披着大山的黑色夜幕回到县城，迎头痛击我的是满城灯火，急不可耐的汽车鸣笛，夜以继日的工地呐喊，这就是今天的都市生活，日复一日地喧嚣与骚动。偶然，鸟鸣也会唤醒我，譬如说今天早晨，一只不知什么鸟，栖息在窗台上，厚厚的窗帘挡住了它，我看不见它小小的身体，但它的声音就像在我的枕边，将我从沉沉睡梦中叫醒。

城市是个巨大的发光体。白天，我走过一面面玻璃幕墙，它们映照着匆匆忙忙的人影和车流，反射着炽热白亮的阳光；坐在书桌前，目光穿过阳台，能够看见对面那些高层楼房，以及楼顶那一排排耸立的太阳能装置，它们闪烁的光芒令我晕眩。到了晚上，无数灯光彻夜不眠，仿佛另一个白天，而那些隐匿于各个角落的小鸟也将黑夜当成了白天，一边睁着惺忪的睡眼，一边大声歌唱自己的爱情。

几天后，我又回到梅林村，农家院外那无边无际的竹海，依然随风摇摆，也摇摆着那一阵阵稠密的鸟鸣，声音时轻时重，时远时近。鸟语花香，依然那么让人心醉。

北乡的乌柏树

在龙游，衢江以北称北乡。在我的记忆里，乌柏树是北乡早年的一大景观，漫山满坞，随处可见，蔚为壮观，其数量之多，令人称奇。它与数不尽的杂木一起生长，繁殖力极强，自生自灭，长势蓬勃。田间地头生长多年的乌柏树，尽管老态龙钟，枝叶却总是那么茂盛，一如既往的油亮；而新生的小苗，田坎、荒坡、岩崖见缝插针，青春涌动，生命力真的很顽强。

其实，我们都是在乌柏树底下长大的。乌柏，当地人叫皂籽树。春天来了，深褐色的乌柏树在忍受了一个严寒冬季的折磨后，终于伸伸腰，舒舒筋骨，焕发出璀璨的生机。那新鲜的叶片也就开始在春风中伸展开来，此时虽然没有蜂围蝶阵的喧闹，但那嫩黄色的叶片却是孩子们的最爱。我们往往会摘下一片，轻轻一折，放在嘴边用力一吹，就会发出清脆的响声。那声音在春的天空里悠扬着，成了小伙伴们集会或是恶作剧活动的号角。

夏天，乌柏树嫩黄的叶片越来越稠密。它虽然比不上阔叶林叶片的大气，能给人提供遮风挡雨的大片绿荫，但它依然是孩子们的乐园。因为它的弯曲，大大小小的孩子都能爬上去捉那些正在专心致志演奏着清脆音乐的知了。累了，找一个适合自己身体的弯曲枝干，轻轻靠上去，完全是一把天然的安乐椅，上有浓荫，下有碧水，优哉游哉！此时乌柏树开始结子，剥开它褐色的外壳，就会露出纯白色的饱满子粒。这可是我们珍贵的子弹。农村的孩子真的富有创造力：找一段竹筒，前后各挖两个扁孔，再劈一截竹片弯曲着往两个孔上一放，一把可以打出子弹的小枪也就诞生了。要说这子弹，捡结实的沙粒射击人，被射中的人往往会因太痛发火；粮食的子粒虽软但用了太浪费，往往会遭到大人的责骂。毕竟在那个物质极度贫乏的年代，大人们珍惜粮食是很有道理的。于是乌桕树的子粒就成了孩子们的最爱。每到这个季节，我们都争先恐后地爬上乌桕树，采下许许多多乌桕子囤积起来，可以开开心心地玩上几天。

到了秋天，乌桕树的叶片经霜一打，都变成了深红色。"万山红遍，层林尽染"的美景也就移步进了平常的北乡大地。一阵风吹来，深红色的叶片轻轻地飘落在池塘的水面上，蜻蜓把它当作船，在水面上做漂流的冒险；鱼儿把它当作伞，隐藏在叶片下安闲地觅食。我们这些孩子，瞅准这一绝好的时机，将一根缝衣针弯曲成鱼钩，拨开乌桕叶放下钩去，不大一会儿工夫就能收获几条那些以为隐蔽在乌桕叶下就安全的傻傻的小鲫鱼来。

立冬时节，桕叶红了，仿佛燃起了千百支火炬，烧红了天，烧红了地。北乡广泛种植乌桕树是因为它的果核可以榨油，果核外面包裹着的那一层白蜡，可以制肥皂、油漆或蜡烛。那时，家里点的是青油灯。这青油就是乌桕树的果核榨出来的，它不能炒菜吃，只能当燃料。冷寂的夜晚，母亲戴一副老花镜，在浅浅的铁灯盏里灌一勺青油，点亮了一根灯芯，在幽幽的灯光里用力抽拉着麻线纳鞋底，那枚针不时在花白的头发上划擦一下，以滑润针尖，穿过那厚厚的一叠碎布，来来回回，千绕百扎，把那叠碎布一针针缝成结实的鞋底之情景，至今犹悠悠然进入我梦中来。

那时，乌桕树是我家的摇钱树，全靠它来买日常生活用品。到了小雪时节，树叶落光了，乌桕树的枝头上挂着的一簇簇黑珍珠似的果实，有的外壳爆裂脱落，露出雪白的腊，仿佛"爆米花"。摘下乌桕树子，送到镇里供销社卖掉，换几元钱买油盐针线或扯点布。采桕子是个苦活，先将一把锋利的弯刀安装在竹竿顶头，然后将生子的细枝条割下来。高大的桕树梢头高够不着，还得爬上去。晚上，一家人吃过烤红薯，围着一盏青油灯，把堆得比饭桌还高的乌桕枝上的子一粒粒扒下来。片刻，手指就火辣辣地疼，磨起了血泡。西北风从门缝窗隙灌进来，人直打哆嗦，手背皲裂犹龟板模样，渗出了一缕缕血丝。还记得桕子落到烘脚的瓦火囱篮里，烧出"噼啪"的爆裂声和一缕喷香的淡淡的青烟。

到了20世纪90年代初，北乡农民的生活条件好转了，不再依赖乌柏子换钱买日用品了，人们嫌田间地头的乌柏树抢占了稻麦的肥料、水分、阳光，于是一棵棵乌柏树都"哗哗"然倒于斧子之下了。三十年河东，三十年河西。而今，乌柏树又被视为一种园林观赏树。其形，虬枝盘曲；其势，探空若龙；其叶，春夏碧绿青翠，秋冬红艳粲然；其果，宛若铁黑的珠串，壳绽裂后呈现雪白的蜡果，一切是那么赏心悦目。每到深秋初冬，城里的驴友和摄影师，一批批赶往北乡寻觅红叶，可惜北乡乌柏树那种漫山遍野血色燃烧的风景不见了，山野田头和道旁仅三三两两几蓬红色。若北乡乌柏如昨，那无比的绮丽定会让人瞠目结舌。

现在，寻找北乡乌柏树是一件不容易的事了。我清楚地记得，北乡的乌柏树，几乎全是俯首躬身对着群山、苍林，对着傲然挺拔的松柏，对着艳丽富贵的牡丹、月季，从不奢望与它们齐立、平坐。不与桃李争春，也不与丹桂竞芳，乌柏树将毕生的精力用在抗御风雪、冰雹上，用在营造它的红叶和果实上。越是天寒地冻、万木萧瑟之日，乌柏树越是无视朔风严霜，精神抖擞地展示着它的霞光、红云和神韵。乌柏树的红叶是柿树的红叶所难比拟的，就连艳冠古今的枫叶与乌柏树之红叶相比也是望尘莫及的。枫叶的红是水红、金红色，调子简单了些。乌柏树的红叶像一位乡村大嫂攀登乌石寺，一步一步，越上越高，她的芳容也越来越红，愈靓愈浓，愈有风致。乌柏树是乘着季节之舟，逐级推进自己的色阶。初秋，它脱去碧绿，过几日它又换上金黄、橘红的袍子。转瞬秋天飞逝，冬季逼近，乌柏树披一身朱红，在哗啦啦一阵鼓舞的掌声之中，怒目迎战严酷的冬天。已经跨过西岭的太阳又回过头来赞赏乌柏树的无畏精神，赐乌柏树一掬豪光，顿使乌柏树热血荡漾，燃起一蓬烟花。

乌柏树沉默、执着，从不悲观颓废，总是坚毅地依靠山岗，紧紧咬住泥土，日积月累地酿造着属于自己的绿叶、黄叶、赤叶，和着那圣洁的蜡果铸造自己心灵上的熠熠红烛，去照亮他人的前途。

一湾清溪灵山江

距龙游闹市 80 余里，有龙南古村，名曰马戍口，马戍口有衢金处三州府关隘之誉。灵山江由此入境，一湾清水，蜿蜒百里，润泽吾邑，兹福民生。

龙南大山，山系仙霞山，水系灵山江。大山坚硬，神力开劈，人在谷底，抬眼，瘦成一线，涧中流河，名灵山江。空山无人，水流花开。流泉磨石，棱角皆无，层层委积，垂髯古藤，飘须野茎，遮蔽山壁。卵石光滑，朽木偃伏，水花惊恐，四周乱溅。凉月照来，清流小景，满心诗意。

绿春湖，三衢第一峰，俨若骏马，碧水绕山，茂林秀峰，绝崖怪石，云霞飞渡，山峰突兀，神秘飘逸。有双驹情笃，耳鬓厮磨；有麒麟采青，憨态可掬；有万竹高耸，青云直上；有情侣树，诠释千古情缘；有仙弈石，传一局竟历三朝，乃至巨石崩裂。高山湿地，丛草纤柔；万亩杜鹃，花海连天；峰岭一托，姿态万相。山风低吟，林涛狂啸。芊芊之草，森森之树，叶片饱满，枝条劲健，一派葱茏。生命色彩，染亮旷莽仙霞余脉。

龙井瀑布，悬于山顶峡谷，从陡峭断崖飞落深潭。无诗人夸张之浩叹，有银河倾泻之雷动，数里开外，咆哮犹在。瀑如玉帘，奔泉生风。激流喧腾漫过山崖，滋润青山林木。石壁垂直陡立，断面平如刀切，仰视之险峻逼面，俯视之不寒而栗。峭石峥嵘，岩缝绿意蓬勃，铁臂横斜，锋芒毕露。天池若碧玉，静卧于重山；巨石状雄狮，昂立于山脊；大街古梯田层层叠叠，由山脚绵延至山顶，在丛林中若隐若现，历经数百年的风霜，完整如初。

天堂山，植物王国。山好水好，自然茶好；黄茶绝品，香溢九表。

没有险峰，没有奇石。有潺潺流水，构造奇异风景的是奇异花树的千姿百态。古木参天，树冠如伞，藤蔓张扬，恣肆汪洋；花团锦簇，娇若倩女，落英如雪，细腻凝脂。这里是红豆杉树的"长寿村"，百年树龄，苍苍老矣，仍枝繁叶茂；慢生的杜鹃花满山遍野，满树的灿烂，满地的艳丽，满怀的陶醉，山花清风相遇，胜却人间无数；野山芋，叶片翠绿而阔大，焰状花苞中的穗状花朵，似观音坐莲；将台枫林，落叶堆积着一个季节的变迁，看枫叶静静地飘落，尽染了秋色。最热闹的是潘塘苦槠，攀缘于数人合抱的古树，如巨蟒腾空而上，盘旋于树顶，辐射数百平方米。深林幽谷，山腰峰头，道旁崖畔，连片的桂花，缠绕古村，排成行，连成片，枝条垂挂于山涧，或飞渡，或垂挂，或斜倚，栖息在溪谷林荫深处，鸟雀翔集，栩栩如生。层峦叠嶂中，淡淡花香气息清新。

登上龙山顶峰，四面青山来眼底。黄昏时分，晚霞中的官潭古村安谧端庄。我爱官潭，爱其天生丽质，素面朝天，不事浮华，纯如处子。有顶天立地的赫然神像，有香烟弥漫的堂皇庙堂，无亭台金饰玉砌，无楼阁画栋雕梁。唯如赤子本色坦坦荡荡，唯如竹海青翠无边无涯。

姜席堰，龙游人心目里的"都江堰"。旧时淫雨如注，江水汹涌，毁吾家园，民不聊生。元朝至顺年间，马背民族蒙古人后裔察儿可马出任县令，始建姜席二堰，俗称姜席堰。从此，江水温顺，水利百姓，沃野万亩年年丰收；老叟稚子岁岁平安。美哉明德，百世永思。

灵山江两岸，十里画廊，恬然于城中街市。山山水水，处处静静清清；翠翠殷殷，年年花花果果。仰群峰之馥郁，积万壑之空灵。小亭惬意，长廊曲折；娟丽但质朴不失，活泼而娴静犹藏；山岚苍茫可以壮气，水韵优柔自然秀人。浮生但得半日闲，弃离市嚣，抛却俗务，来此倚碧枕流，静观四季代序：春天凌草泛青，五彩缤纷；夏天激流如涛，排山倒海；秋天山峦铺金，层林尽染；冬天珍珠晶莹，细流若私语。或邀青山入座，汲清泉烹茶，一壶香茗在手，几番风尘去怀；或聚友人三五，举薄盏数筯，相敬无分你我，酒阑各自东西；或弈棋观棋，弈者凝神，观者不语，或弹琴聆琴，弹乃高山，听乃流水；或展卷读书，远山凝黛，细雨吹声，万卷古今消永日；或闭目游心，花开花落，云卷云舒，一叶落知天下秋；或花前月下，卿卿我我，或扶老携幼，尽享天伦；或击掌以助婺剧歌，跳跃相伴麒麟舞。与云彩同生，与阳光共长，发乎性情，由乎自然，和喜怒而安居住，节阴阳而调刚柔。向高处立，在平处坐，从宽处行；一私不留，一尘不染，一妄不存。毁誉由人，宠辱不惊，婉然从物，返璞归真。果如是，则人间之乐，有过于此乎？

泱泱灵江，点点浪花；汇聚钱塘，奔腾入海。一抹乡韵，处处风情；岁月流逝，点点乡愁。天地氤氲，阴阳交泰，万物森罗，冲气为和，和乃生韵。故风有风韵，云有云韵，石有石韵，木有木韵，山有山韵，水有水韵。雅俗之别，在于识韵与否之间。

韵不可见，唯以心读。

秋迷绿春湖

　　清风撩动着睡意蒙眬的空气，而空气任性地打着凉爽的鼾，依然赖在酣梦里。浓荫密盖的竹林里，不时传出悠扬婉转的鸟鸣，但只闻其声，不见其影，使绿春湖的秋晨愈显得清幽静寂了。

　　其实，绿春湖不是一个湖，而是一座山，一座高山，海拔 1400 余米，乃衢州境内第一高峰，地处龙游、衢江、遂昌三地交界处。春天杜鹃怒放红遍半个天空。山巅矗立"三衢在望"石碑，颇具气势。周边是一片高山湿地，我们估计，取名曰湖意即出于此。早些年，我数次登顶，兴致来时作打油诗。春季，"绿春湖上绿欲浓，松根穿石白云封。春光自有花千种，天女素装杜鹃红"。夏天，"一山翡翠叠千重，万竿鸣篁历乱风。雨雾黄鹂嘀不住，忽有彩虹挂西峰"。冬日，"寒树衰草万壑长，乱云深处自作狂。好景人怜残冬来，雪里梅花十里香"。

　　朝阳初升，薄薄的云雾弥漫在山峦中，我和摄影师余子力再次朝这陌生又熟悉的山林中走去。樟树、檀树、红豆杉等珍稀树木，密密匝匝，郁郁葱葱，盘根错节，将通幽的山路挤成一条曲折的细线，在林海里忽明忽暗，蜿蜒伸向远方。阳光透过枝叶隙缝，形成一束色彩斑斓的光带，投影在落叶缤纷的山路上，也是这般迷人！

　　然而更迷人的是那裹染着山石树木的层层青苔，苔藓葱碧，让人想到将军的绿色战袍，想到少女们绿色的衣裙。千百年来，这些绵绵密密的苔衣，在绿春湖的山林幽谷里不尽地吐纳，带几多缠绵，存几多温馨，顽强地守候着这里的得天独厚的仙境，营造着"返景入深林，复照青苔上"的意境。

老余不断地举起相机构图，不时按下快门，是那样的投入和痴情。他已五十多岁了，每个节假日都来拍摄。为拍日出，他曾夜宿险峻的老鹰岩上；为拍雪景，他踏着厚厚的积雪登上飞石尖，全身都麻木了；为拍骆驼峰青松，他在悬崖边选角度，差点掉进万丈深渊……当我问他为什么这样钟情绿春湖时，他轻轻一笑："绿春湖魅力无穷，拍摄空间大，我最大的心愿就是出一本摄影集《绿春湖之恋》。"我突然觉得老余高大起来，那样的可亲可敬，而他不正像这山林间一点点一抹抹满含爱恋的青苔吗？

正准备伸手去摘一株摇曳的金樱子时，一只指甲般大小、黑黄斑纹的蜘蛛伏在网上警惕地注视着我，我不由得笑出声来，想起一则谜语"小小诸葛亮，独坐中军帐，摆下八卦阵，专捉飞来将"，说的就是结网捕捉昆虫的蜘蛛。蜘蛛是智慧且狡黠的，其本性强悍，但大部分对人类有益，我国记载有1000多种蜘蛛，绿春湖有120种，其中的绿春湖圆蛛、乌牛山隙蛛、北乡隙蛛、绿春湖平腹蛛等是新发现品种，民间有"蛛网层层，五谷丰登"的说法，把蜘蛛的群集当作丰年的预兆。摇动着手中的金樱子草，目光伸向对面的山峦，醉人的秋风里盛开着一簇簇金黄色的山菊花。美景诱惑着我跨沟越涧走了过去，眼前的景象令我赞叹不已。秋菊傲天竞放，高洁清雅，大者如盘盏，小者如红豆，风姿绰约，铁骨玉韵，或如明月高照，或如天仙下凡，或冷艳如孔雀开屏，或素雅如荷花出水。

我们继续踏着崎岖的山路向山顶登攀。与其说是路，其实是山民放毛竹的"流槽"，高低不平极为难走。在山路上的各个瀑布，玉琴瀑、玉龙瀑、玉帘瀑像条条银练自山顶沛然而下，飞流跌宕，澎湃有声，如一曲远近高低、轻重缓急的飞瀑交响曲，令人心旷神怡。在分水岭小憩时，我们遇到了一位年轻人，他是庙下乡林管站的工作人员。几年前，他从省农林大学毕业，带着对家乡的情感和对绿春湖的挚爱，一头扑进大山深处。白天，他奔波在山岭林海里，化验土壤，观测物候；晚上，他在简陋的石房里，整理资料，设计绿春湖开发规划。他将青春的信念融进绿春湖的一草一木，融入大山的风霜雨雪。这种深挚的爱，就像一簇簇杜鹃花，浸透了大山的厚爱，给绿春湖带来了勃勃生机。

开发绿春湖的旅游，是个很大的梦想。人们一会儿说北京大公司要来造影视基地，一会儿又说宝钢集团要来建高山滑雪场，还有其他叫不上来的项目。反正地征了，路修了，电通了，合同也签过好几回了，投资上百亿。老百姓高兴呢。可就是迟迟不见开工。

不觉暮色渐浓，晚霞满天，远山如黛，再配以粗布的青色衣裙，缀以大片的白云及漫漫竹海。绿春湖这雄浑的性格，朴实却有力量，深深地影响着一代又一代绿春湖人，年长的摄影家、年轻的测绘员、护山的山民……不知有多少绿春湖人默默付出着。我猛然感受到被绿春湖注入血液里的情愫觉醒了，我愿变成一把竹枝，一束山花，一泓泉水，永伴着这片乡土。

回到家中，再作打油诗一首："黄叶青藤瓜满棚，篱边花放晚来香。山高不见门前月，风里秋声心里藏。"

醉倒荞麦烧

夕阳西下，田野渐渐平静。站在龙游北乡的乡间小道上，闭眼凝神，我想用自己的鼻子找到洪卸苟。他是位酿酒师傅，今天在仓头村酿酒。节气小雪。北方开始封冻，南方渐入冬闲。忙碌了一年的农人，终于腾出手来，腌腊肉，酿新酒，享受大自然的馈赠。酿一缸好酒，是男子汉对自己这一年的辛劳最大的奖赏，而龙游荞麦烧就是这般滋味的奖品。

香气自东北方向飘来。向前，走过一个路亭，三锅荞麦正在露天空地上，接受最后一道催酒工序，荞麦烧即将出世。洪卸苟满脸通红，像个将军，检阅着烧着三锅荞麦的不锈钢灶的柴火和热度。

"你岳父兼师父让我们来找你的。"我们说明来意，洪卸苟腼腆地笑了笑。他不笑时，我觉得他的气韵酷似做白酒广告的电视明星王刚，苹果脸，圆圆扁扁，头发稀稀拉拉。

他们一家与酒、与荞麦烧有很长的故事。即使84岁的翁樟根——洪卸苟的岳父兼师父，这位酿了一辈子酒的老人，也不知荞麦烧起源于哪年，龙游北乡又是何时开始种荞麦的。翁师傅说："上辈人都不讲究起源的，就是代代相传，一直都这样。"

荞麦烧，顾名思义，用荞麦做原料吊出来的烧酒。在龙游，通常有麦烧、谷烧、糯米烧、番薯烧、莲子烧、玉米烧、荞麦烧等很多个烧酒品种。但在龙游北乡人眼里，即使是价格昂贵的莲子烧也算不得好酒，唯有纯荞麦烧才正宗。故，荞麦烧又称龙游小茅台。

北乡人喜欢荞麦烧是有理由的。《本草纲目》记载："荞麦降气宽肠，磨积滞，消热肿风痛，除白浊白带，脾积泄泻。"而以荞麦入酒古已有之。

荞麦酒以优质荞麦为原料，用传统的发酵工艺和科学配方精制而成，清亮透明，粮香浓郁，入口纯正，回味怡畅，实为待宾馈赠之佳品。营养价值是健脾益气、开胃宽肠、消食化滞、除湿下气。

龙游北乡地处衢江之北，历史上尚经商，闻名于世的龙游商帮即成立于斯。如中国的北方人刚毅豪爽的性格一样，北乡人亦是如此。且与龙游南部平原多水田多，适宜水稻种植不同，北乡缺水，山多地少，适宜种植荞麦、苞谷等作物。山地气温偏低，酒成了不可少的御寒圣品。

北乡人自己估摸着，荞麦烧已有数百年的历史了。这从他们自己种植的名叫"乌壳荞"的土荞麦品种中，可知一二。尽管后来政府从外地引进推广了新品种米荞，但他们依然觉得还是自己的土品种好。到了20世纪70年代，修了铜山源水库，有了水，山地改成水田，开始种上水稻，荞麦基本上被淘汰了。所以现在吊烧酒的荞麦都是从外地买回来的。

荞麦烧的起源，对北乡人是个谜。追溯荞麦酿酒的历史，国内许多白酒专家一时也难以破解。大量史料和考古发掘证明，我国白酒起源于金、元时期，起源地可能在黄河中下游地区。因当年黄河水泛滥，朝廷命令广种高粱，以高粱秸秆扎成排架填充石灰土加固河堤，高粱子除部分民食或用作牲口饲料外，还有了大量盈余。因此，高粱白酒应运而生。我们推测，荞麦烧的起源应当与高粱白酒相差无几。洪师傅不知道这些事。陪着东家，尝了口新出的酒，他疲惫的脸上露出了笑容。

前两天，我们已找过翁师傅。这位84岁的老人，有65年的酿酒史，他的名望在北乡达到了高峰。那天，他正在他的女婿洪卸苟的老家石峰村酿酒。女婿在外酿酒的活儿忙不过来，只好把乡里乡亲的事拜托给老丈人了。

那天温度已达23℃，酿酒的不锈钢灶就放在太阳底下，翁师傅依然戴着厚厚的鸭舌帽，身上的毛衣没有脱过。他说，他得服老了，如当年他的老丈人一样。

老人8岁定亲，18岁娶妻，19岁酿酒，而后生养一子三女，到如今依然在各个村落忙着酿酒。翁师傅话不多，沉静如未开封的荞麦烧，刚烈的性子得经过一番品尝。

"我一辈子都在酿酒。本来，这手艺是传男不传女的。"翁师傅打开了话匣子。老丈人与老父亲是故交好友。翁师傅 8 岁时，对方父母同意，把 10 岁的大女儿荷花许配给翁樟根，那年中华人民共和国还未成立。

22 岁时，老丈人病重，两位小舅子还小。出于对手艺的尊重，以及对儿女的疼爱，老丈人打破常规，把翁师傅叫到身边，手把手地教会了他酿酒手艺，并把制酒娘的配方交给了他。

凭着这手艺，翁师傅的日子过得红红火火，造了新房，养了孩子。而他也不负老丈人的托付，扶持两位小舅子成长，待其成人，教会他们酿酒手艺。

有时，命运总会惊人地相似。洪卸苟几乎重复了岳父的故事。爱酒，好荞麦烧，两人家在邻村，是岳父看着长大的。娶了酿酒师的女儿，学会了酿酒的手艺，传承着荞麦烧的手艺，其妻子都长其两岁。似乎是荞麦烧在串联着他们的人生。

时代终是在进步的。从老丈人手中接过的酒娘秘方，已经不知被翁师傅修改了多少回。他用手比了个七八厘米厚的高度，说他试过这么多。荞麦烧的关键在酒娘秘方，每个师傅都有自己的独门秘诀。酒娘决定着出酒率和酒的品质。翁师傅说，我老丈人给我的方子，只用了五六味中药，每斤荞麦出酒率高的只有三两，我现在提高到四两，中药也加到了三十多味。

这药方现在是两家共享的。翁师傅的儿子嫌酿酒赚钱不易，便从事了装修行业。而女婿洪卸苟已酿酒 25 年，从娶了翁家女儿的那天起，继承了丈人的手艺。妻子代父授艺，成了名符其实的师姐。

我问洪师傅，是爱酒才娶了翁家女，还是爱翁家女而酿酒？洪师傅起先笑而不语，最后说了句："都一样。"

荞麦烧代表着妻子，妻子代表着荞麦烧。对于洪师傅，可能真的一样。

这个季节去北乡，若是不擅饮的人，得要做好被熏醉的准备。因为全村几乎家家户户都买荞麦请师傅酿荞麦烧。在仓头村，洪师傅正在给胡志林和胡伟飞家酿酒。酿酒用的不锈钢灶就停在胡志林新造的三层小洋楼前。房子面南，洪师傅一锅 40 斤的荞麦，一般半个小时出酒，从滴滴答答的精华酒，到小溪流般哗哗出酒，到后来滴滴答答的差酒，又约半小时。洪师傅就这么站着，看灶，看荞麦温度，或加水冷却，或加柴升温，一刻不停。他得从早晨一直站到晚上六七点。一天烧出两三百斤荞麦烧。

那天，天好蓝，万里无云。最为精华的荞麦烧，第一滴出来，东家胡志林就嘱咐洪师傅给我尝尝。我真尝了！那可是60度，甚至是70度的酒呀。滴在碗里的它，温温的。端碗入口，香气扑鼻，直冲后脑勺；尝一口，温而纯，倒不像普通白酒那么刚烈。后果是，我一下午都晕乎乎的。

胡志林高兴着呢！小雪将至，儿子的婚期越来越近了。他是掐着指头数着媳妇上门的日子，他是横山镇电视广播站的主任，专门向领导请了假，请来洪师傅酿酒。他准备用今年的第一口荞麦烧招待新亲老友，迎接他的新媳妇。胡伟飞也乐着。他家的新房已经结顶，眼下已进入装修阶段。在义乌打工多年的妻子，今年专门在家建房，也买了500斤荞麦。多年没喝上自家荞麦烧的胡伟飞，就等着新酒宴宾朋了。"年前如果能够完工，乔迁仪式，这100多斤荞麦烧估计还不够呢！"胡伟飞笑着说。

洪师傅的老家石峰村，还是内敛的。洪师傅家一年烧制200担荞麦，酒是可以无限量供应他们的。与之相比，仓头村更夸张。洪师傅给了张酒单，那是他这一回要在该村烧酒的人家。单子上仅36户人家，这回需要酿的荞麦有300担，估计能得荞麦烧近万斤。洪师傅带着三个不锈钢灶，三口锅一起烧，也要烧上10多天。而他遇到过的最疯狂的是峰坦山村，这村他一进去就得一个月才能"脱身"。

站在胡志林家门口，俯瞰着北乡大地，大自然一派恢宏气象。一个个小山包，如连绵起伏的海波，浮游而去。夕阳西下，碧波山头泛着黄晕，温暖而静谧。我醉了！

醉倒在荞麦烧中。

龙游感怀

　　一个城市的好坏不在于大小，也不在于气候环境、山川地理的优劣，而在于它是否可爱，是否有让人迷恋之处，是否有特色和情怀，是否有风标独占的魅力。龙游，钟灵毓秀，平实厚重，人文日新，却不张扬，让人有一种抑制不住的难舍之情。我无法想象在工业发展的当代，还能留有多少幽静而纯美的景色，特别是我们现实的生活，让人在静默中欣赏和沉醉的美景，以及一份大自然赋予我们的安宁。

　　龙游在中国偌大的版图上，就似一粒小小的黑芝麻遗落在钱塘江上游，历尽沧桑，史册浩繁，境内出土的新石器、汉陶、唐三彩、宋瓷，工艺精湛，值得说道的东西很多，值得谈论的地方也很多，而真正属于我的龙游那一刻，最让我挥之不去。

　　那是初夏一个多云有小雨的天气，湿漉漉的远山，云雾缭绕；湿漉漉的竹海，滴翠挂珠；湿漉漉的雾气，弥漫在江面上。天幕下有些阴沉，水波又像一片片耀眼的阳光，与阴沉的天幕浓浓的青山形成强烈的反差。我举着伞站在游船平板上，心驰神飞，在朦胧之中听着水鸟丝丝的吟唱，看雨中的衢江、灵山江，感受至纯山水意境和它的魅力。

　　游船突然减速了，躲在船舱中的友人，都举着相机争先恐后地跑了上来，挤满船头。这时江面上，一条龙舟、两条龙舟、数十条龙舟，按顺序排开，挤满了灵山江。选手们来自世界各地，有黄皮肤黑头发的，有白皮肤蓝眼睛的，也有黑皮肤黑头发的，花花绿绿一大片。信号枪响，无论是国内队还是国外队，选手们都展开双臂，挥动木桨，擂响大鼓，吹着号角，前呼后拥，百舸争先，龙舟在碧绿的江面冲开一堆堆白色的浪花。龙舟竞渡的灵山江一下撩起游客的兴致。龙游在挥洒让世人惊叹的笔墨。

悠悠衢江流过龙游，在县城上下形成两个巨大的江中岛屿，下游那个叫张家埠，住着上千人口。上游那个叫船厂，紧贴县城，面积不大。与其说是岛，不如说是衢江中的一个绿色的漫滩，一千多米长，一览而尽，全是不及半尺高的绿嫩青草和星星点点的小花，几十年、几百年在宽阔的江水中成了村民们的放牛场，水牛们每天日出时分悠然自得来此吃草嬉耍，日落涉水归栏，就是这样一曲田园牧歌在衢江的波浪声中无尽地欢唱，就是这样一幅乡野水墨画让很多人神往。如诗如画的江畔风光，人与牛与自然与古城和谐共存，在这里得到生动诠释。

站在翠光阁上远望，衢江如美人玉带。蜿蜒而过，翡翠般的小岛，镶嵌在衢江银河中，江水从四周流淌而过；鸡鸣塔、龙洲塔、浮杯塔三塔鼎立，遥遥相望，守望古城。虎头山、凤凰山起起伏伏，有香樟、银杏、金桂、红豆、慈竹，许许多多的珍贵树种。沃野百里，水稻、油菜、莲子、柑橘、碧波千顷，使龙游县享有"中国竹子之乡""中国黄花梨之乡"和国家商品粮基地的美誉，人们悠悠然、飘飘然，一直自给自足过着农业文明人的日子。江两岸无论是高楼还是古朴的村落，在朦胧中呈现娴静和柔美风姿，不改衢江碧水般的透明和温婉，美得自然天成。于是也就有了东游西游不如龙游的俚话，自我陶醉、自得其乐。

然而，走过看过读过，就会发现龙游真正的质地，是世世相传的文明根脉，代代承继的悠远历史。它是江南文明的发祥地，9000前就有了人类活动的印记；它是春秋时期姑蔑古国国都的所在地；它是秦朝颁布的全国最早的十三个县治之一。初唐四杰之一的杨炯、《文心雕龙》的作者刘勰曾任龙游古邑县令。这里曾走出过龙游商帮，跻身中国十大商帮之列。大道龙游，文风浩荡，千年砥砺，代代奇葩。姑蔑文化、龙文化、商帮文化奠定了龙游文化的万年基石，博大精深，厚重无比。竹文化、茶文化、畲族文化也是源远流长，享誉一方。文化的碎片多多少少，经历风雨，站成路标，彰显出这座城市历史的轨迹和轮廓，让后人在时光中踞守。

此时，极目远眺也好，俯视脚下也罢，人们是多么留恋这片灵秀的土地以及龙舟竞渡的愉悦。好想撑着伞，在最后的水运码头驿前村，踏着青石板，数着卵石墙，倾听岁月之音在流淌中的古韵与醇香；品味龙游发糕、葱花馒头、兔头鸭头等特色小吃；还想沉醉于婺剧《僧尼会》的千年古韵和龙游道情的百年余音中；感受万年龙游的不朽故事。一代又一代龙游人，则以自强不息、厚德载物的龙商精神去追求和奉献，创造着自己的历史。

倚天长望，波澜壮阔，水逐风云，山浮日月，森森寒芒动星斗，风在衢江的背脊上寻觅。

"天地灵气铸其城，日月精华聚其形。"一方地气出一方文化。我如风如雨般走过，忘情地呼吸和尝享这儿的一切。还能说什么？形容什么？此时，仿佛整个山川日月都在眼前物化为生动美景，此刻，粉墙黑瓦，稻浪白鸥，婺剧高腔，齐聚心海，让我无法迈开离别的脚步……

龙游于吾怀。

龙游美食与美食文化

"东游西游，不如龙游。"这是一句耳熟能详的民谣俚语，广泛流传在龙游城乡。其实，在我看来，"游"是托词，吃才是真货。龙游人对吃喝特别在乎，"东游西游，吃在龙游"，稍做修改，似乎更为贴切。深厚的历史底蕴沉淀了深厚独特的饮食文化，肥沃的土地生产出独特的产品，为"吃在龙游"提供着丰厚的基础。

龙游在商周时建有姑蔑古国，秦始设太末县，唐贞观八年（634）改名龙丘，五代吴越宝正六年改称龙游，建县历史 2200 多年，是浙江最早的县份之一。县境内山水隽秀，人文荟萃，拥有国家、省、市三级文物保护单位 100 多处。宽广恢宏的历史背景在时间和空间两个层面促进了饮食文化的沉淀。

龙游是著名的农耕大县，既有勤耕苦读的传统，又有精烹细作的技巧，美食佳肴数不胜数。不见得价格昂贵，也不见得刁钻古怪。哪怕是两个辣椒、几根春笋，哪怕是一片荷叶、三个莲蓬，甚至是一把落汤青，只要做得出味美、色美、形美，只要做得出五彩缤纷的诗情画意，那就是美食。

红曲酒。龙游地处金衢盆地中间，在浙西广袤的丘陵山区中是不可多得的富庶平原，良田沃土，历史上以种植业为主，物产丰富，食材质优。这里盛产大米，而大米是酿造米酒的主要原料。龙游有好酒，地方特有的红曲酒，历史已经相当久远了。

《前汉书·地理志》云："太末潋水东北至钱塘入海。"《婺遗续识》按："太末（龙游）故城在九峰山麓，水源自山际流出，蜿蜒而下兰江，波纹如绮，则瀫水之滥觞于兹山也。"

悠悠瀫水，源远流长。瀫水即为衢江，多少年来灌溉着两岸肥沃的土地，养育着勤劳智慧的人民，酿出了香飘京都、名扬江南的名酒"瀫溪春"。瀫水水质清澈，含微量矿物质，有利于酿酒微生物的生长，故酒具有鲜、嫩、甜的特性，色泽橙黄，香气浓郁，质味醇厚。南宋时此酒曾醉倒赵宋皇家，被列为贡酒。许多高官新贵，亦以能得到"瀫溪春"为荣，成为馈送亲友的珍品。著名爱国诗人陆游，曾收到友人送去的"瀫溪春"。独酌之余，吟诗云："一酌兰溪遗万事，时看墙底卧长瓶。"

农历十月初十，是龙游民间传统的酿酒日子。米酒是人们利用微生物进行食物转化的最早范例之一。用稻米酿出的酒，是世界上最古老的酒类之一。这时，龙游的天空开始下起小雨，这对酿酒来说是个好征兆。酵母菌喜欢江南冬季，这种绵长又不剧烈的冷。做酒的本事也是上一代人传下来的，一代传一代，上下五千年。富庶的龙游，是稻米的主产区。年前正是农闲，每家每户做几坛米酒祭神敬祖，招待客人，犒劳自己，都是自然不过的事。酒曲是酿酒的灵魂，这些稻米和辣蓼草的混合体，里面沉睡着形形色色的发酵菌，等待合适的时机苏醒。人们把碾碎的酒曲，和糯米均匀地拌在一起。酒曲是龙游人自己做的，是人们试图捕捉和驯化微生物的最古老而有效的尝试。这是酿酒中最重要的一步，它们将带来转化中最神奇的部分。拌好的糯米饭被拨出一个深深的酒窝，撒上最后一把酒曲，之后的一切都要交给时间了。那些霉菌，将会把糯米中的淀粉变成糖，而酵母菌负责把糖变成酒精，在黑暗中，仿佛传来发酵菌们欢快的歌声，时间越久，酒越醇香。米酒绵长而厚重，人们可以从这种饮品里，同时品味出"柔"和"刚"两种境界。饮米酒的龙游人不温不火，他们对传统的固守，也有滋有味地流淌在舌尖上。

逢年过节，在龙游的大部分农家，都会拿出自酿的红曲酒招待客人。红曲酒在15—20度间，酒味十足。而且自家酿的红曲酒往往会加入一些中药或滋补物品，所以适量饮用能起到养生健体的作用。

一个地域的美食文化是受多方面的因素影响的，或地理环境，或历史渊源，或口味习惯，食材的供给也会有很大的影响。在龙游人日常的小吃里，就有龙游发糕、葱花馒头、豆腐丸、米糊、清明粿、北乡圆粿、猪肠糯米等特色美食。

龙游发糕。《龙游县志》记载：龙游发糕的制作始于明代，距今已有600多年历史，其制作工艺独特，配料考究，成品色泽洁白如玉，孔细似针，闻之鲜香扑鼻，食之甜而不腻，糯而不黏，堪称江南一绝。其最大特点是在制作过程中加入适量酒糟发酵而成，营养丰富。"发糕"为"福高"之谐音，寓"年年发、步步高"之吉祥含义。龙游发糕为龙游人逢年过节之必备名点，又是馈赠亲友之佳品。发糕制作过程相当复杂，对火候的要求尤为严格，制作过程大致分为五步。

第一，将糯米洗净浸泡大约一周，同时将籼米浸泡一天，然后将两种米按照3.5比6.5的比例混合碾成粉。

第二，按照米粉和白糖的比例大约3比1的比例搅拌均匀，同时在每500克米粉和白糖的混合物里加入大约30克猪油或者50克肥膘肉，并在里面倒入约50克酒糟，辅以少量水，将以上这些搅拌均匀，调成糊状。

第三，蒸笼里一般先铺上荷叶或者粽叶，再将调好的糊状米粉盛入蒸笼，大约盛满蒸笼的2/3位置即可。

第四，拖酵。这关最为重要，发糕的好坏最主要就在火候，温度不能太高又不能太低。温度太高会把酒糟杀伤，温度太低酒糟又无力发酵，结果是发糕不发。刚开始用文火加热发酵，其间每隔7—8分钟调换蒸笼的顺序，一般把最上面的换到最下面，直到蒸笼壁有些温热，即可停止加热，让其发酵完全。

第五，数小时后，等蒸笼完全冷却后在蒸笼的内壁均匀地插上几根竹棒，便于上下透气。然后用大火蒸若干小时。蒸笼外圈的"汗珠"消失，蒸汽笔直地从笼盖上冒出来时，说明发糕已熟。起锅时趁热可以在发糕表面敷上蜜枣、红绿丝之类的，并刷上一层麻油。

资料记载，糕点一般都是用面粉发酵后制作出来的。而唯独龙游一地，是用大米通过发酵后制作糕点食品，而且做得如此完美精致，在中国食品领域堪称奇迹。龙游发糕可以蒸着吃，也可以煎着吃或者油炸着吃，甜而不腻，尤其适合老年人、儿童食用。

葱花馒头。龙游一绝，家家户户都会制作，只有口味上的差异。在龙游，做葱花馒头有一个专用名词，叫夹馒头。很多地方的馒头都是不带馅的，而在龙游，人们喜吃葱花馒头。事先要炒馒头馅，比较常见的食材有冬笋丝、萝卜丝、香干丝、肉丝等，拌之辣椒香葱，色香味形俱全。待馒头蒸热，热气腾腾之时，左手握馒头，右手拿筷子在馒头边缘戳一小孔，再把馒头馅往里塞，塞得越多越好。馒头馅多孔小而不破裂，说明技艺高超。早年龙游农村，大都在除夕夜夹葱花馒头，做好以后，放在蒸笼里，客人来了，热一热就可以吃了。这样的馒头吃起来更有味道，比较容易入口。一般人家招待客人的葱花馒头要保存到元宵节前后。如今在龙游城乡的小吃店里，随时都能吃到这一美食。

豆腐丸。豆腐丸的原料是嫩豆腐、鲜肉末和淀粉。制作方法，将嫩豆腐裹上切得很细小的鲜肉末，搓成一圆团，然后放在装有淀粉的小碗里不停地滚动，待豆腐丸成圆形即停。制作豆腐丸是手上功夫，手艺高超的，做出来的豆腐丸紧实不散，圆润洁白，入口细嫩光滑。下锅应当是沸水。锅水完全沸腾，将豆腐丸倒进锅中，几分钟后豆腐丸浮出水面，上下翻滚，此时即可装碗。咬一口，豆腐的香甜带着猪肉的鲜美，加上有小葱的调味，有一种提神的感觉。

清明粿。清明粿的原料是青粉、米粉和馅料。米粉一般选用上等糯米和籼米搭配而成，按三七比例配比，浸泡七天后碾成细粉即可。青粉大致有三种。一是采摘鼠曲草嫩茎叶晒干磨粉。鼠曲草又称鼠耳草，是江南春天田野里特有的，一丛连一丛，生长旺盛，随处可采。也有农家采其茎叶用开水煮沸捏过滤掉汁水，再晒干碾粉。二是采艾草嫩叶制作青粉，其方法与上述相同。三是采嫩苎麻叶制作青粉。这三种青粉，以鼠曲草青粉口味最佳，清香异常，劲道十足。馅料是决定清明粿味道好差的主要因素。农家大都以鲜春笋、鲜猪肉、豆腐、雪里蕻咸菜等为原料，自采自用，原汁原味，是老家的味道。原料齐了，接下来就是做清明粿了。在龙游，清明粿的形状分两种，一种是长形，呈饺子状，打好面皮包上馅料即成。形状美观与否，其功夫在于收口。粿形饱满壮实，褶子细密均匀整齐为上。另一种是圆形状的，要用模子打压。龙游人称这个木头模子为"粿印"。形状和外地的大致一样，是个两厘米左右高的圆台形状，手掌大小。清明粿做成后，放在"粿印"里一压，有"龙凤呈祥"，有"花好月圆"，图案清晰，有的人家还在粿面上点红，那就更美观了。色香味形俱全，是真正的美食。青绿色的一般是甜品，用的是白糖和黑芝麻馅。而白色的一般以咸的口味为主，用的馅大多为豆香干、笋丁、豆瓣酱之类的。早年，民间只有在清明节才有机会吃到清明粿，平时是没有这个口福的。如今，在龙游城乡的大大小小早餐店里，几乎每天都能品尝到这道龙游美食。

北乡圆粿。其制作主要集中在衢江以北地区，麻球大小，在圆粿的一端还有个小蒂头，里面用的馅与前面所说的葱花馒头用馅差不多。吃圆粿的具体日子是腊月二十四，称为过小年。北乡圆粿的形状与汤圆有些相似，制作过程极其复杂，耗时耗力，工序繁多。现整理其要点如下：

浸米。圆粿所用的米粉有一个专用的名字叫"七日粉"。这种米粉的制作很特别，三伏天正是一年气温最高的季节，家庭主妇取出上年秋收留下的上好糯米，剔除杂物，放入木桶或水缸里，灌满井水，连续浸泡七天七夜，然后捞起，清水沥干，无异味。放进石磨，磨成米粉浆。接着在竹筐里垫上滤布，滤干水分，把粉块放到竹匾上，在烈日下暴晒七天。再经过石磨，磨成细粉，"七日粉"才算大功告成。"七日粉"易于保存，取用方便。

炒制馅料。馅料以猪肉、豆腐为主料，切成颗粒状，虾仁、鸡肉辅之，其他馅料随时令季节变化有所不同，如萝卜、冬笋、笋干、嫩南瓜、青豆、冬瓜等普通蔬菜，都可以做圆粿的食材。加香葱、大蒜、生姜、辣椒炒熟备用。

揉粉。先把七日粉倒入盆里，然后一边加温开水，一边搅拌、揉搓，直到把松散的米粉和成一坨光溜溜的粉团。和粉的用水很有讲究，不能用滚烫的开水。水太热，米粉就直接熟了搓不成圆粿皮；水太凉，粉皮的硬度虽然也有，也可以包成圆粿，但是这样的米粉包出来的圆粿，一下锅就会皮开馅漏，一锅好看的圆粿马上就成了一锅米粉糊。

搓圆粿。先从大粉团上掐下一个小粉团，搓成一个圆球，左手托住，右手大拇指在中间的位置摁下一个洞，其他手指配合着大拇指在粉团周边的地方如做陶碗一样，把粉团捏成酒盅状，四周粉皮厚薄均匀，没有破洞，然后再用勺子往里面加馅，再给小酒盅一样的圆粿收口。收口是一个技术活，不同于给包子收口。包子收口用手指，圆粿收口靠的是虎口，一路过去，收口才光洁平滑，最后留住一个尖尖的小尾巴，像个桃子。

煮圆粿。圆粿下锅也有讲究，得先把锅里的水烧开，然后把圆粿一个个放入锅里，开始的时候，圆粿都沉在水底，随着水温的升高，圆粿的粉皮会从外到内渐渐地熟透。由于圆粿是一个密封的球状体，里面的空气受热膨胀，不久就变得圆鼓鼓的，然后一个个浮出水面，这时候，圆粿就可以装碗了。圆粿装进青花瓷大碗，再浇上由葱蒜酱油等调味品配制的汤料，撒上一把葱花，好客的主人就把一碗浓香扑鼻的圆粿端到了你的面前，让你垂涎欲滴。

北乡圆粿糯而不黏，香软可口，粉皮筋道，是人见人爱的特色美食。它洁白，有视觉上的美；它柔软，有触觉上的美；它香淡，有味觉上的美。乡人胡琨为康熙三十六年（1697）武进士，曾任重庆总兵。他赞誉家乡的圆粿，玉洁持身和谐处世，冰清本质淡泊生活。

米糊。龙游特色早餐。其做法很简单，将面粉、糯米粉等按照一定的比例和成糊状，然后在刷过油的热锅里涂上薄薄一层，用大火烧两分钟不到，就变成软面皮，把这些软面皮用锅铲铲碎加高汤烧开，放入各种调味料即可起锅装碗。

猪肠糯米。将拌了各种调料（酱油、辣椒、蒜泥、盐、味精等）的糯米塞进整节猪肠里，并将猪肠的两头用线系好，将其下锅煮熟即可食用。龙游的大街小巷都有推着三轮车叫卖猪肠糯米的，这是一道普通的龙游点心。

毛豆腐。大致方法是，先把毛竹蒸笼洗净，铺上干净的稻草，再把豆腐切成细长条，均匀地码在稻草上，盖上盖子，让其自由发酵。一般在四五天后，豆腐表皮就会长出丝丝洁白的绒毛。因为温度的差异，最多一个星期，毛豆腐就可以做菜了。烹饪也很简单，大锅烧热，先倒菜油，热锅冷油，营养健康；毛豆腐下锅，煎炸均可，辅之生姜、大蒜、生抽、黄酒提味，出锅装盘撒上一把葱花，一盘香味扑鼻大开味蕾的毛豆腐上桌了。

制作毛豆腐的关键，在于用自制的发酵"酸水"来点卤，酸性物质可以让大豆蛋白凝固。伴随着点卤，其中的微生物也随之流入，像种子一样被埋植进豆腐温润的环境中，引导着微生物走上发酵的轨道。绒毛是真菌、酵母菌和细菌是否和谐生长的标指，直接关系到发酵的过程，以及最终味道的鲜美与否。菌丝间细小的颗粒是散落的孢子，是毛豆腐成熟的标志。深谙美食的龙游人是毛豆腐的知音，吃法可简可繁。在龙游人眼里，一点辣酱就可以让炭火上的毛豆腐锦上添花了。毛豆腐的内部已经与普通豆腐大为不同了，毛霉菌分泌蛋白酶，让大豆蛋白降解成小分子的胨类、多肽和氨基酸。这一系列转化，赋予了豆腐异常的鲜美。豆腐在清寡中暗含了某种精神层面的气质，古人称赞豆腐有"和德"，吃豆腐的人安于清贫，而做豆腐的人也懂得顺其自然。

臭豆腐。一般采用腌菜缸制作。腌菜缸里的白菜、芥菜、生姜、大蒜等物取出后，其卤水在腌制过程中有一种霉菌的孢子入侵，起了发酵作用。把鲜豆腐切成小方块，放入发酵的卤水里，卤汁的臭味儿慢慢渗入。豆腐块在卤汁中泡得越久颜色越青，味道也越浓，越香，越美。麻将牌大小的臭豆腐被油炸至金黄，闻其味，臭气阵阵灌满鼻孔。趁热而食，外壳酥脆，里瓤滑嫩，满口留香。调料也要搭配好，一碟辣酱，一碟椒盐，一碟绵白糖，一碟正宗山西陈醋。甜酸咸辣，四味皆备，各取所需。民国乡贤余绍宋曾经说过，比较起来，南臭热烈豪迈，排山倒海，臭烘烘，北臭则阴柔低荡，销魂蚀骨，臭也绵绵。与南北的文化个性恰恰相反，很是有趣。

每个龙游人都钟爱着自己的家乡美食。一个人故乡在他的胃里。乡愁是病，食物是药。吃，是一种口福，更是一种文化。每一种美食的背后，或有着美丽的故事，或有着耐人寻味的典故，我们在品尝美食的同时，也在享受着美食背后的文化大餐。

七都杂忆

"双抢"的日子

龙游农村的夏天，农事夏收夏种，又叫抢收抢种，简称"双抢"，是一年中最忙最苦的日子。这是个丰收的季节，喜悦的季节，也是劳累和忙碌交织的季节。

最近，我有事回了趟七都老家，听到一个令人开心的消息。前不久，村里有位农民兄弟花四万元钱买了台小型收割机，要帮乡亲们收割早稻。儿时那种星起月归又苦又累的盛夏"双抢"日子，正在与乡亲们渐远渐远了。

在我的家乡，儿时大集体的时代，男子年满十六岁才算一个劳动力，一天可挣到五六个工分，一个工分不到一角钱。农忙时节，十二岁以上的孩子才有资格临时加入生产队劳动，扮演打稻机两旁的拾稻手。那时候，夏季"双抢"是最令我们孩子害怕的。打稻机一响，心里就闹得慌。一整天在火辣辣的太阳光下暴晒，在水田里围着打稻机上蹿下跳的，热自不用说了，双脚还跑得酸痛无力，满脸满身泥浆像个"泥鬼"，一天忙下来才得两三个工分。为了赶季节，全公社的生产队实行"双抢"进度评比。生产队为拿到名次，讨个好彩头，社员们实行分组抢收。天才蒙蒙亮，就能听到田野里隆隆的打稻机声。

我到了加入生产队"双抢"战斗的年龄，是在 1968 年。放暑假期间，我就当上了拾稻手，跟随大人们披星戴月参加"双抢"了。每年的盛夏"双抢"结束，各个生产队都会举行一次盛大的集体庆宴——做"圆工酒"，打麻糍，吃猪肉，喝谷酒，以示祝贺。热热闹闹，欢欢喜喜。这算是生产队里一年中最热闹、最喜庆的日子了。

有一年盛夏"双抢"，我所在的生产队为抢收一丘七亩的大稻田，天还没大亮，我就跟着大人来到稻田里，直到傍晚时分，抢收仍在紧张进行。经过一整天的上蹿下跳，我的双腿早已酸软，全身乏力。趁着大人装谷入箩的好时机，我瘫软地躺在田埂上就不想再动了。傍晚的夏风真是凉爽，翻过山冈，越过广袤的稻田，吹在满是泥浆的身上阵阵惬意。割稻的阿姆大婶加快了速度，为的是能早点赶回家做饭，叔伯大爷装谷的装谷，送谷的送谷，都在忙着各自的活儿。"趁着凉快，再打个四箩就收工，到了做圆工酒，大家多吃块猪肉，多喝碗酒。"那天，我们男人忙到晚上八点多钟才回家。

就在我们这些小"泥鬼"喊苦喊累的时候，却发生了这样一件怪事。有一天，月亮还挂在天上，我就迷迷糊糊跟在大人屁股后面出工了。走到田头，发现一丘面积五亩大的稻田已经被人割掉了，一堆堆稻垛整整齐齐码在田里。大家都吃了一惊，没有几十个人，一时半会是割不完这么多稻子的，谁会半夜三更去干这个好事呢？生产队长马上向公社干部报告。公社干部马上调查，后来查清楚是邻队的青年民兵所为，他们是活学活用毛主席著作的先进典型，干好事不留名，争当无名英雄。真叫人感动啊，这真是一个英雄辈出的时代。第二天，公社广播站广播了一篇表扬稿，标题是割稻不留姓名，争做无名英雄。这篇表扬稿就是我写的。无名英雄因此也成了有名英雄。不过生产队长后来告诉我，他们队的"双抢"进度还没有我们快。

对于乡亲们来说，一年中最累、最忙碌的莫过于盛夏"双抢"了。收了早稻还要插晚稻，要赶时令，赶季节。晚稻插秧不过立秋关。立秋这个节气对农事很苛刻：立秋前插秧，晚稻颗粒饱满；立秋后插秧，则晚稻颗粒无收。那时候，生产队为了激发村民的干劲，尽快将晚稻秧苗插下去，实行了拔秧苗以户为单位，按把点数计工分，早晚拔秧，上、下午插秧。虽然"双抢"很苦很累，但乐趣也不少。晚上拔秧就很有乐趣。生产队的男女劳力聚在秧田里，有说有笑，拉家常，谈子女，说新鲜事儿，时光就在欢笑声中不知不觉愉快地度过。有时月光皎洁，不用打马灯，也看得清楚秧苗。

夏夜的乡村是美的，和谐的。青蛙、蝈蝈，还有一些叫不出名字的虫儿，鼓足了劲，歌声此起彼伏，悠扬婉转。有时一颗流星悄悄地划过天穹，就会带来一个美丽的事故。爽爽的夏夜清风吹在身上酥酥的，柔和的月色下，乡村是那么安逸、祥和、恬静！

四十多年过去了，我至今仍然怀念着当年盛夏"双抢"的日子，还有那些挥之不去的故事。

门口就是稻田

我在农村出生，后来在农村长大，还当过六年地地道道的农民。家门口就是一丘丘稻田。种植水稻是务农之本，水稻长在水田里，没有艳丽的花朵，没有高悬的果实，却默默滋养着我们平静的生活。年复一年，光阴流逝，如今乡村面貌已改，只有水田里的水稻，依旧在淡淡地飘香，散发着淡淡的乡愁。

我清楚地记得，盛夏的夜晚，月光如水，悄悄地走出家门，坐在石头打造的门槛上，听田野的蛙鸣协奏曲，是一件惬意的事情。这时的稻田，是静谧的，水稻就像一个淡雅的女子，穿着一袭绿裙，躺在沉寂的田野里想自己的心事。而在入秋的清晨，微曦初露，轻轻地走进稻田，漫步阡陌之间，看灵巧的蚂蚱蹦跳，是一件幸福的事。这时的稻田，是丰盈的。水稻就像一个朴实的农妇，穿着一件布衣，站在广袤的田野里守护着自己的家园。家门口的稻田。春有青青禾苗，夏有金黄稻谷，秋有稻穗扬花，冬有稻草堆垛，四季景色，周而复始。

而这种田园牧歌式的浪漫，既是大自然的恩赐与馈赠，更是农民兄弟战天斗地流汗流血的劳动成果。

稻田是一张铺开的大网，网住了我们大把大把的时间，和我们对丰收的期待。我曾经有过一年出工三百多天的记录，也有过一天劳动十五个小时的日子。当年的夏收夏种，谓之"双抢"，公社广播站凌晨四点钟就响了，人们戏称"半夜鸡叫"。头顶一片星星，我们就已经出工下田了，直到天黑月亮上山才收工。披星戴月，屁股晒臭，为什么？为了多收稻谷，为了少饿肚皮。1970年初，杭州知青曾谨瑜下放在我们生产小队，她戴着一副近视眼镜，干活也肯出力，是个积极分子。一天傍晚，可能是太累了，收工回家迷迷糊糊就睡了，脚上叮着蚂蟥也没感觉。第二天早晨起来，床上全是红红的鲜血，吓得哇哇大哭。

一丘一丘的稻田，是农民的希望。炊烟袅袅，是因为水稻的滋养；睡梦沉沉，是缘于水稻的馈赠。水稻仰起头，是为了风调雨顺；水稻俯下身，是为了谷粒饱满。农民的命运是和水稻的丰歉紧紧连在一起的。每一束稻穗里孕育的果实，都是人们赖以生存的命脉。水稻就这样以隐忍和含蓄的品格，汲取天地的灵气，浓缩自然的精华，彰显生命的本质。它奉献出粮食，是土地给予人类的厚赠，为此，农民珍惜土地，珍惜水稻，珍惜柴米油盐酱醋茶，珍惜平平淡淡的每一个日子。

有水田，就有"田老虎"。在我们这个生产小队，有两个"田老虎"，一个是一头大水牛，正是壮年期，力大无比，奔跑如飞，每天耕田好几亩，农忙季节不息一天。另一个"田老虎"是人，一个叫莞臻的青年人，我认识他时他刚二十出头，个子不高，但心灵手巧，力气大，脾气也大，件件农活拿得起，犁耙耕耖样样精。最拿手的是插秧"拔直茬"，在一丘三四亩大的水田里插秧，他从不用拉绳子，拿着一根扁担往田埂上一插，两边瞄几眼，再往田中央抛几个秧定位，然后转身下田，插起秧来快如公鸡啄米，从不伸腰，一路上岸。秧路笔直，行株整齐，左右对称，其他人一个个依着他插秧，但都不如他插得快，插得直。他还在县里的插秧比赛上拿过名次呢。可惜这两个"田老虎"现在都不在了。

有一年冬天，发生了一件怪事，我家的几只老母鸡一连半个多月不见下蛋。母亲急了，说没有鸡蛋家里买盐都没钱了。傍晚我到门口的稻田里挑稻草垫猪栏，当我掰开稻草堆，眼睛突然一亮，里面居然整整齐齐摆着二十多只白花花的大鸡蛋。

当年，有位老农告诉我，水稻天生是谦卑的命。人们总是期待着向人生的高处行走，而水稻却向着土地的深处延伸。它的生命力，只有和土地完美结合才能萌发，这让水稻扎根土地的心思，有了最为生动的解释。农民脸上绽放的灿烂笑容就是对水稻最高的褒奖。

独　头

"独头"，在村里是一个骂名。这里的人性格都很耿直，其中有一种人，不合群，思想怪，说话直冲暴躁，办事独断专行，村里人称其为"独头"。

樟树底的叶老三，就是一个出名的"独头"。他勤快，力气大，饭量也大，不管那家雇工干活，只要一声招呼，随叫随到。可是在饭桌上，叶老三只顾吃菜吃饭，从不喝汤，也从不讲是什么原因，同伴们心里都很有意见，但不好说。有一次，癞子阿祥心生一计，待到叶老三吃得只剩下半碗饭时说："老三，门口有人找你。"叶老三刚离桌，阿祥随手向他饭碗里倒了两勺菜汤。叶老三回到饭桌，看到自己的饭碗里有菜汤，顿时脸色铁青，破口大骂："没菜吃做屁的生活！""呼"的一声，把碗往桌子上一摔，扬长而去，一桌人不欢而散。"独头"是土话，不上书，不入典。有文化的人说，就是到《辞海》上也查不到这个词儿，当然就是很地道的群众创造了。村上的人不但经常用，而且用得很准确，合当地人的水土呀。俗话讲，一方水土养一方人，一方人讲一方土话，指的可能就是这个意思。

姜老汉生了五个儿子，个个虎腰熊背，都到了娶亲成家的年龄。有一天，江对岸的地滩村放电影，片名叫《五女拜寿》。姜老汉也赶去看了。大家边看电影边聊天：生儿子给别人拜寿，生女儿给自己拜寿，还是生女儿好啊！姜老汉听了此话，觉得是别人有意为难他，一怒之下离开电影场，把渡船撑回了家。村里人看完电影赶到渡口，发现渡船已停在对岸。千呼万喊就是不见动静。大家都骂姜老汉是个独头，不得好死。第二天，这件事在村里传开来，人们都指着姜老汉的背脊骨骂他独头。而姜老汉呢，觉得自己并没有过错，仍然挺神气地过着和往日一样的日子。

多年前，通济街上有不少茶馆，一些腰围白汤布的农民坐着喝茶，他们卷起裤腿，脚丫子上沾着泥巴，露着轻重不同的静脉曲张的小腿。有不少是常客，每天一早，拎着十来个鸡蛋或是几斤新鲜蔬菜，步行十来里泥路，到市场上一脱手，顺便就走进了茶馆。坐在长条凳上，一杯茶，一根旱烟管，天南地北，四路八乡瞎说一通。也有道情艺人坐堂说唱，凑个五毛一块钱，就可以享受半天光阴。《农民日报》当年还发表一条新闻，称赞茶馆是农民交流信息的好地方。有一次，当一名记者摸出照相机时，一个瘦精精的老头火爆地跳起来，蹬着脚骂："我叫你照相？我照相我自己会去照相馆照，要你照！"他用力拍拍自己的口袋，表示口袋里有照相的钱。直骂得记者灰溜溜地离开，方才罢休。这大概又是另外一种"独头"吧。

积 肥

    这是发生在五十年前的事情，邻居李大伯，一天早上挑了一担油菜籽到县城榨油厂加工菜油。从我们村到县城有十五里路。在回来的路上，李大伯挑着的菜油，随风飘出阵阵油香。走着走着，他发觉今天肚子不对头，叽里咕噜直搅腾，可能是昨晚吃了馊东西闹的，便加快脚步往回赶。可是脚步越快，肚子闹得越厉害。他想走得快一点，赶到自家自留地里去方便。然而肚子不听指挥，死活都憋不住。无奈之下，只好放下担子，钻进路边的庄稼地里处理了。完事之后，李大伯随手摘了一张荷叶，把粪便包好放进箩筐里。刚进家门，他又觉得肚子不对劲，就一头冲进了茅房。他的老婆走近箩筐一看，自言自语道，这个死老头，以前进城都不肯花钱，今天怎么舍得买东西回家。伸手打开，一股臭气冲了过来。

    庄稼一枝花，全靠肥当家。由于粪肥在农村长期稀缺，因此它一直就是劳动人民内心的珍宝。还是这个李大伯，半年后，他的儿子被派到社阳水库做长期民工，吃住在工地。李大伯提出每月要给他家加两个工分，理由是儿子在外做工，大小便都在外面，生产队要补一点的。生产队的大会上，大家你一句，我一句，争得脸色铁青，最后大家还是不同意。两个工分值多少钱，按当时的分红计算，大约值一毛钱。

    在农村，积肥有着悠久的历史。我小时候也有过这个经历。早上起床，手上拿着铁铲，肩上背着粪筐，寻找路面上零零星星散落的粪肥，如狗粪、猪粪、牛粪等。这是农肥一个固定不变、取之不尽的来源途径。冬天寒风吹来，很冷，夏天太阳很毒，粪肥很臭。我们都无所谓，心里只想多积一些。我也遇见过大人和孩子为了争抢路边的一堆牛粪，闹得不可开交的场面。结果往往是小孩子哭哭啼啼空手而归。

    小时候进城，走到城郊，迎面走来一长队妇女，身体强壮，精神饱满，一路上都撒下了她们的欢声笑语。每位妇女的肩膀上都挑着两只桶，里面装的是从城里购得的粪便。这些人都是些农家女，她们与自己的丈夫或父亲一样对农活了如指掌。她们的丈夫都想法子出去挣钱了，而将地里的农活留给她们去照管。面对如此沉重的农活，她们并不觉得苦恼。

她们中的一些人必须挑着担子走上几里路，但这并不会对她们的精神产生什么打击，也不能禁锢那出自内心的笑语。社员都是向阳花，多积肥多打粮。她们就像大寨的铁姑娘一样，不是为了维持生计，而是为了建设社会主义新农村这一宏大目标。

还有这样一件事，家住公社院子后门附近的农民王阿苟，自留地里的麦苗就是长不壮，缺肥啊。路过公社的茅房，见到里面都要满溢出来了，心中便有了主意。天刚蒙蒙亮，他挑着一担粪桶，轻手轻脚走进公社茅房。正当他准备装粪便时，茅房里钻出公社毛书记，毛书记长得很魁梧，牛高马大，昨天晚上他喝酒过量了，胃里不舒服，早起解手。"你怎么胆敢偷公社干部的粪便？"毛书记大喝一声，王阿苟挑起粪桶就跑。此事并没有就此了结。当天夜里，毛书记找到他所在的生产队，召开批判会，批判王阿苟偷公社干部的粪便。毛书记还宣布了处罚王阿苟的决定，处罚王阿苟到公社农场做一个星期义务工。

今天讲起这些事情，似乎都是天方夜谭。

社阳掠美

一

社阳乡位于浙江省龙游县城东南面，从山坪头村入境，可见社阳水库，碧水涟涟，青山如黛。其地盘呈南北狭长的半封闭状态，幽闭在深谷峡岭之间。沿着蜿蜒修长的社阳港两岸分布，与丽水下辖的遂昌以及金华所属的婺城区的地界交错差互。全乡八个行政村一万二千余人口，散落于九十六平方公里的深邃谷地。乡政府所在地红光村好坑自然村，也只是个人口稀少的小山村，坐落于谷口坡地上。当地政府拟定的发展愿景是"本草社阳，水源之乡"。此地多杉树、松树、青冈树，也有樟树、黄檀、苦槠、桂花树等，但更丰富的是毛竹，竹林从沟壑绵延到峰顶，莽莽苍苍，无边无际。此地多种"浙八味""衢六味"等中药材，是龙游县唯一的黄精深加工基地。

我与社阳相识久矣。1971年仲秋，我还是个中学生，由老师带领着到红光大队参加秋收劳动。这个大队当年是金华地区农业学大寨的先进典型，名声响亮。从好坑到高坪桥有官村、桃园、金鸡洞等小村子，十多里山路，高高低低，弯弯曲曲，我们不知跑了几趟。白天，下田帮助农民收割晚稻，上山摘茶子，捡板栗，在社阳港边和贫下中农一道修大寨田；夜里，为社员们演出革命现代京剧样板戏《沙家浜》。男女同学扮演的郭建光、阿庆嫂、刁德一，像模像样，台下一片掌声。那几天，我还在食堂帮厨。清晨，天空的星星在眨眼，我就挑着水桶到社阳港里挑水做饭。那时候的溪水是可以直接饮用的，很清，很甜。劳动持续一星期，我们才离开。故此，社阳在我的脑子里的印象是清新且甜美的。

今天，我们的路程，便是沿着迤逦的社阳港逆流而上。天高云淡，秋风日丽。到达正在建设中的高坪桥水库的库底，此时，周围腰部以下的山体已被切开，岩石和泥土裸露，各种工程机械正在作业。数十个小村庄和它的村民已经搬走，可见村坊遗址，可辨断垣残壁。库区是个大工地，水库大坝雄姿初现。其桥梁之多，造型之美，已名气在外，堪称是桥梁博物馆。水库的轮廓，已具大气势。据说待水库完工，库容清水有三千多万立方米，是龙游县民的大水缸，可印证前述"水源之乡"的称谓。

二

车子在泥泞的库区公路上艰难地挣扎出来，驶上柏油路面的县道。因为青嶂的阻挡和森森竹树的荫翳，秋阳有些疲惫。曲折多弯的公路上，偶尔有山民骑着摩托车错身而过。上了一道缓坡，穿过一个叫茶园的村坊，过老鹰岩，原先逼仄的峡谷豁然开朗起来，出现了一处开阔的腹地，路旁溪流上有一座石桥，桥边孤立着一棵高大的枫树，然后，一座人间聚落静默地卧在幽幽山谷中。

这里是大公村。村子排列在社阳港两岸，村民又称其为大公溪或长枝源、芝溪。溪水清冽无染，跌下堰口时发出的潺潺声响，笼罩着溪岸人家。溪流西侧狭隘的山地，连绵分布着古旧的老宅，徽派风格，山墙高耸，屋瓦乌黑，容颜沧桑。其中的朱家厅，始建于清嘉庆年间，又名"二宜堂"，砖额题"南山拱秀"，为二进三开间建筑。整个建筑用材粗大，制作精良，且檩下透雕狮子和花卉，牛腿透雕麋鹿、雄狮，门前有若干旗杆石。门厅外的四柱三楼牌坊式门楼，镶嵌有大面积的青砖浮雕，犹可细识。

村名大公，原称长枝，因为供奉徐偃王的大公殿后改称大公。徐偃王是西周时代以现在的安徽泗县为中心而建立的徐国的国君。由于他有一定的实力，而且施行仁政，因此得到诸侯国的拥戴，向他进贡朝拜者达三十六国之多。眼见徐国日渐强大，周王朝担心威胁到自己的统治地位，便派人去游说楚王，要他派兵伐徐。楚是徐的邻国，当然不愿意徐国变得强大，便立即出兵攻打徐国。面对楚兵压境，徐偃王采取不抵抗政策，弃城而走，大批老百姓也跟着他走上逃亡之路。恐怕连徐偃王自己都想不到，正是由于他在楚国大兵压境之际不战而走，为自己赢得了千古之名，成为历史上"仁义之君"的代表人物。"偃王子孙，散处四方。西汉之季，其裔元泊避王氏之难，是卜居会稽之太末。会稽太末，为今衢州龙游。"此后，徐氏在浙西繁衍为大姓，仅龙游一地，祭祀徐偃王的祠庙一度有百座之多。此村的大公殿即为其中之一。唐元和九年（814），文学大家韩愈为龙游灵山徐偃王庙撰写了碑文，人称偃王第一碑，由此奠定了龙游作为徐偃王江南故里的历史地位。

大公殿临溪而建，原是供奉狮子的牛角殿，清雍正年间改建为大公殿，现存格局正殿分上下进，中隔天井，偏殿内设观音堂，也分上下进。大横梁竖柱所有木构件皆设朱红色。门楼为歇山顶单檐，檐角高翘，如虎踞鹰翔，所谓"其栋宇峻起，如鸟之警而革也，其檐阿华采而轩翔，如翚之飞而矫其翼也"。门楼牛腿构造繁复，雕有猛士坐兽抡锤和武将挥矛鏖战等场景，并髹漆彩绘。正殿内，徐偃王的彩色塑像端坐在布幔之中，面容慈祥，目光高远。殿侧弃置着龙马造型的彩灯和泥塑的司水神、五谷神。幽暗的大殿弥散着神秘、悠远和苍凉的气息。从大公殿折到一旁的墙弄里，可见残存着一座建立在高高石级上的八字小院门，砖雕精美，门檐下悬着红灯笼。跨入院子，空无一人。抬头，屋脊之上，修竹葱茏。殿宇两侧民居相连，炊烟袅袅。大公村，有着一种久远的农耕时代的散淡恬静的意境，有着一种别样的凄美。

该村有清明灯会习俗。1988年和2000年，我曾两次到现场观摩灯会，目睹农耕文明传承的香火，感慨良多。荒远山野，僻陬之地，竟有如此古朴的风情存焉，内存多少文化密码，值得后人敬仰。据当地文化学人考证，灯会肇始于1808年。道光二十二年（1842），大公殿重修，同时定铸庙钟，当地名流朱斐然、朱焕然兄弟倡导办清明花灯展，得到村民响应。他们以竹篾和竹黄为骨，外面蒙上花纸，描上图案，里面绑上蜡烛，自创了漂亮的花灯，取名"百家灯"。意在清清洁洁，避妖驱邪，大吉大利。清明灯会期间，每户必出一灯。白天花灯展览于大公殿旁争奇斗艳，晚上，鼓钹齐鸣，村民们抬着徐偃王像，村里老人舞动两个火红的炭球，花灯结队跨溪走巷满村巡游，从傍晚开始，一直要游走四五个小时，观者云集。

在这一天，家家户户宰鸡杀羊，招待前来观灯的亲朋好友，山村弥漫着快乐、祥和的节日氛围。灯会在20世纪40年代中止，1988年始得以复兴。如今，花灯的式样十分繁多，有人物灯、动物灯、植物灯，也有各种花篮、绣球、长生灯、如意灯等。人物灯中有封神人物、三国人物、水浒人物；动物灯有蝴蝶、狮子、凤凰、麒麟、孔雀、鱼灯、兔灯、马灯、羊角灯等；植物灯有葵花灯、玉米灯、稻穗灯、牡丹灯等。还有与时代呼应的汽车火箭等高科技花灯。

大公村给我留下深刻印象的，还有一段清丽文字和一坛酒。"闲居无事，或临水而渔，或登山而猎，或弹琴一曲，或饮酒一卮，或凉竹簟之暑风，或曝茅檐之冬日，或赤足科头倚树而坐，或绿蓑青笠借草而眠，兴之所至无乎不可……"这段文字出自一个叫叶元琪的大公人的手笔，他是清同治年间的拔贡，曾为龙游凤梧书院山长。借由这段文字，我似乎洞见了这位清代书生的内心景观和生命情趣。

三

从大公继续沿着溪水南行，不时有其他山谷派生出来，山坳的土地平旷，每隔数里分布着一个村庄：苦株潭头、下桥头、金钩、沙畈、上阳。落日时分，山丘模糊成一团幻影，依稀可见有空蒙的山林，光秃的老树，萧瑟的枯草。苍老的村子已经有灯火亮起，回归朴素、寂静、澄明。这里就是源头村。

当夜，老同学徐明金热情地招待我们。他和老伴两人住在一幢旧宅里，圈着一个院子，旁靠山丘，儿子在外忙着生意。他把我们让到火盆旁边，开始和老伴进进出出地忙碌。菜陆续端上桌子：冬笋炖豆腐、炖猪蹄、土鸡煲、腌萝卜、花生米等，喝藤梨酒，一口下去，腹内热辣，一股酒气从口腔"扑哧"而出。席间，明金兄言道，村里在修《源头徐氏宗谱》，邀我为其题诗赋文。我顿时诚惶诚恐，不敢推辞。

入住的客栈是由一座三间两搭厢的老宅改造而成的，天井上方设低矮围廊。客房在楼上，我所住的是东厢房上方的狭小楼阁，左右各有一扇小窗，打开里面那扇，可见围廊上方的瓦檐，打开另一扇可观察文化礼堂前面的巷道。远处可看幽谧而茫昧的山村，看山岚与云彩，看蓝天与繁星。我睡在源头的古老屋顶之下，听见了村旁的溪流声，听见夜鸟从屋顶飞过去的拍翅声。此时此景，让人心思苍茫，不可言说。

早晨，我们去看望源头村里遗存的古宅。徐氏宗祠，名号余庆堂，乃徐氏子孙四时祭祖之所。史料记载，源头村肇始于明代初叶，当时县内大街乡徐忠一支香火不旺，家道中落，怀疑是村落风水不佳所致，于是不惜重金聘请高人踏勘四乡，重做村落堪舆。高人翻山越岭不负众望，果然发现一处风水宝地。此处乃河流源头高地，三面环山，只有北面一个出口，风景秀丽，土地肥沃，山谷空旷，地势南高北低，南水北流；南接天之阳光，北纳地之阴气，阴阳平衡，敬天畏地；山有藏龙卧虎之势，地有桃源胜境之幽，实乃天人合一的村落人居之地。遂挥杖迁居于此，建徐氏宗祠，从此安居乐业，人丁兴旺，历时500余年而不衰。余庆堂毁于太平天国战火，清同治年间重建，建筑规模宏大，面积近400平方米。两进一天井，后厅略高。匾额黑底金字。东壁张挂着色彩鲜艳、神情蔼然的祖宗画像。他们的脚下是几块朱红的牌位，置于供台上的粗重石头香炉上的香火已经熄灭，阴冷弥漫在这方空荡而幽暗的内部空间。漆黑的屋柱支撑起栖满珍禽奇兽的肥硕的冬瓜梁。方形天井之中，偶尔落下几声悠然鸟语。

以宗祠为中心，周边构建着大量徐姓民居。有一进的，有二进的，有对合楼，有的建筑更是重重叠叠，弯弯曲曲，让陌生人找不到方向。居家厅堂，外有仓门、小院、牌坊式门楼，花砖叠涩出檐，门面和基座为剁斧精细的青石。花草祥云、龙须卷纹的砖雕正中，嵌着蓝底白字的"百世传家"匾额。三进二天井，感觉幽深。内部木柱粗大，梁枋、斗拱、梁托、月牙梁等木构件都精雕细琢，刀法古朴，线条遒劲。穿廊两侧的水池深挖。古宅结构繁复，两进之间还有骑楼，只是萧索，蒙尘，墙角绿苔如茵，徘徊其中，心头涌上人世的荒凉感。

推开振源一路16号民居的木矮门，曲折进入幽暗的院子，里面蜗居着许多老人，与老宅共同度着迟暮之年。打量院落，可以感受到主人的志趣、品味，乃至性情、气息。房柱、门楣多为耕读、隐逸、闲适内容的对联，如"万卷藏书宜子弟，十年种木长风烟""心地芝兰有异香，书田菽粟皆真味"或"巍焕其光崇高气象，锦绣维业久远宏基"。其中"寡过未能思伯玉，谨言有意学南容"一联，乃老学究之作，让我动着脑筋。

"伯玉"是初唐诗文革新人物陈子昂的字,"南容"是孔子的学生。对联引经据典,寓意深刻,境界高尚。以先贤为瞻,勉励后人勤奋苦读,弘扬德行学识,书香耕读之风绵延流长。板壁上一般是梅兰竹菊画幅。冬瓜梁上云纹飘逸。斗拱站着麒麟等瑞兽。彬彬有礼的古人正在作揖。举着尘拂的仙人笑逐颜开。木雕图景意蕴喜禄封侯。天井里一个老者在缓缓洗涤衣物,把衣物浸入盛着清水的脸盆。

　　置身古村,走着看着,河道卵石或片石垒砌的古宅墙基,层次分明,线条曲折,颇具韵味,张扬着山村民居的个性。路面用光滑的赭红粗石铺筑,弄堂口为骑楼,外设巷门,上有石匾额刻着"带水环流"四字,下方,一支清流从墙角淌过,便于村民浣洗。严整的条石门框上方书写"瑞日祥云""紫气东来",其上马头墙高耸。南端还有一座木质过街楼和过路亭。如水时光的漂洗使得栏杆、斗拱和门扉暗淡或惨白。大大小小的弄堂,循山就势,刻意分布,或接古道,或连宗祠,宽处可行马,窄处仅供单人通过。弄堂里的鹅卵石已被岁月打磨得光滑透亮。经历漫长的发育完善,古村形成今人所见的以宗祠为中心、四面辐射的宗族聚居结构,体系完整,功能发达,房派分区完备。伫立其中,不禁喟然长叹,深山密林,水石清丽,远绝尘嚣,风俗素朴,犹可居也。

　　山水有清音,珍重待秋风。离别古村时,戏作《源头杂咏》一首:

四面云山青复青,大公源水四时清。
千树丹枫低夕照,万松疏籁天际停。
醉罢白云犹未知,清虚绝佳桃源景。
城郭年年拜偃王,唯有徐氏最知名。

　　借此表达我当时的心境,也给《源头徐氏宗谱》补白。

七都貔貅舞

龙游县东乡七都村有貔貅舞，在新年春节期间操办。锣鼓一响，全村欢闹，满村喜气，这一习俗沿袭至 20 世纪 60 年代"文化大革命"爆发才以终止。追溯以往，存有我的童年欢笑与梦幻。时光流逝已有半个世纪，今日重提往事，仍然颇有乐趣。

记得过了农历廿四小年夜，貔貅会的兄弟们就要忙开了。先是把貔貅道具从仓库中搬出来，清洗修补，梳妆打扮。貔貅的头部是用木头做的，做好架子，外面用布匹包裹，描绘面相，端正温和，后点缀饰品，置挂流苏，形象逼真。貔貅的皮毛用布匹和苎麻丝编织而成，再用颜料上色。舞动起来，上下起伏，左右飘扬，威风凛凛。其形象与狮子大致相近，村人又将貔貅称作"软壳狮子"。

锣鼓敲起来，开始排练了。雨天在祠堂练，晴天在晒场练。在长辈的指导下，年轻力壮的小伙子披挂上阵。练习从貔貅出场开始，扑食、翻滚、搔痒、戏水到登上塔顶采青等动作，分别为轻、柔、缓、急、强、劲。全套动作包括过山、过桥、上小山丘、叠牌山、上牌山等。几天之后，新手入门上路，和老手搭档。老手在前，新手在后，头部大幅摆动，木制的大嘴上下打击，发出咔嚓咔嚓的声响；新手跟着鼓点不停地摇动屁股，跑动跳跃，变化步法，一前一后舞出气势。儿童们都以雀跃兴奋的心情，在场地伫足观赏。锣鼓不断地敲击着，熙熙攘攘围观的人群闹哄哄的气氛下，一对硕大威武的貔貅，不断地舞动着，跳跃着，变化出各种姿势。此时，整个村子中弥漫着农历过年的热闹氛围。这是处于太平盛世的村民过年过节时欢乐而幸福生活的写照。

貔貅寓意丰富，人们相信它能带来欢乐及好运，古时候人们常用貔貅来作为军队的称呼。传说貔貅触犯天条，玉皇大帝罚他只以四面八方之财为食，吞万物而不泻，可招财聚宝，只进不出，神通特异。这个典故传开来之后，貔貅就被视为招财进宝的祥兽了。

村里的人们是把貔貅崇敬为神佛的。演舞的重点是舞人家，就是挨门逐户地进入每一家房屋内舞演。所以是一项劳累而严肃的力气活。我记的当年舞貔貅的有涂云良、巫志良、李启贤、陈华春等人，都是刚好二十出头，年轻力壮、虎虎生风有劲的后生家，穿着一条红裤子，气势昂扬。年长的敲锣打鼓，提灯笼，点蜡烛，做后勤保障。七都约有三百多户人家，要分两天才能舞完。一般是正月初三开舞。上午，由貔貅会派人提着一盏大灯笼，敲锣打鼓给各家各户派发红帖。大多数人家会接受红帖，并着手准备红包和其他礼品。

晚上五时许，貔貅开始舞人家。舞者身着红裤，打着绑腿，脚穿草鞋，由徐家祠堂为第一户开始舞起，逐家逐户连续不断地一直舞去，要舞到翌日清晨，把村最西头的花公园、上新屋与后滩桃园全部舞完为止。进家庭舞貔貅，不是单纯为娱乐而舞的，而是春节期间人们为保平安、驱邪恶而舞的。不仅白昼要舞，而且是夜以继日地舞。貔貅舞人家队伍次序是提灯笼收取纸包的两人在前开道，舞貔貅者居中，锣鼓压阵。当貔貅要进入人家房屋内去舞时，先由提灯笼者进入人家户厅内收取供桌上所放置的红包，接着铜锣引道进入户内，在一连串急骤的锣声敲击下，貔貅舞以"三角头"展开舞演。其威武的仪表与娴熟的舞演技艺，令人对舞貔貅肃然产生虔诚的敬意。家父在世时，总要备好鞭炮香纸。貔貅一进入家门，便点香焚纸，燃放鞭炮以示迎接。家父是个手艺人。手头比较宽裕，出手的红包略大一些，所以貔貅舞者在我家格外卖力，攀屋柱，爬板壁，演完全套动作后才走，停留时间要比其他家长一些。

貔貅舞有趣好看。貔貅的特长，是会"打滚"，会"生小貔貅"，这两项特殊的舞艺，讨人欢喜。邻居蔡家媳妇婚后多年未育，忧愁不已。那年，迎貔貅进家舞演，锣鼓声不断地敲击着，一对腰身颇长的貔貅不停地摇晃着头，扭动着腰身，在颇有节奏的锣鼓声伴奏配合下，貔貅身下突然滚出一只小貔貅，现场一片欢呼。主人喜不自禁，遂立即把小貔貅抱进房间，让其在床上打滚数个。说来也巧，俏媳妇半年以后居然挺起了大肚子，一家人无不喜哉乐哉。有的人家又视貔貅毛须为吉祥物，也会偷偷拔下几根，打结挂在家里的显眼位置，意在新年驱邪避灾，保佑全家平平安安。

那时，我只有十来岁，曾彻夜未眠而尾随貔貅挨家逐户去观赏。富裕人家高堂大厅华灯齐明，大肆燃放鞭炮，备有糕饼点心茶水，如招待贵宾；也有白发皤然的年老贫妇，独自在堂前烧着香纸迎拜；尚有些贫苦人家所住的太小的茅草屋，貔貅无法进入户内去舞时，只得在其门口简略地舞演几下。然而，人们尽管处境不一，但是对貔貅的敬重却是相同的，就是祈求貔貅能带来新年好运，风调雨顺，大吉大利。

七都旧称上浦，始于唐。家谱有载，徐姓乃开村之祖，属于徐偃王后裔一支。据老人回忆，民国时期村里有毛令公出巡的仪式。正月十三，大约在入夜后六时光景，出巡的队伍由徐家祠堂出发。貔貅会的年长者和地方士绅约有七八位，皆穿着长袍马褂的民国礼服，双手捧着"五祀件"，或手提"檀香炉"，烛光亮丽，香烟袅袅地在毛令公的驾辇前导引。毛令公的神龛轿座是由八个人协力共抬的。出巡队伍之次序，龙灯在前，接着是貔貅，然后才是毛令公的神龛轿座。整个村庄灯火辉煌，热闹非凡。路上挤满了来观赏的人。无论男人女人，或大人与小孩，都是欢欣鼓舞，在这热闹欢乐的气氛里享受着美好幸福的良辰吉日。当貔貅在前头开道后，毛令公的神轿随之在后跟进。临街每家店户的当家人，都要穿着长袍马褂等整洁服装，以虔诚的心意，恭敬的仪态，行往座龛前进香。鞭炮连续地燃放，很久才会放完，浓烟弥漫。俟鞭炮声消落后，才突然听到大铜锣"锵！"的一声巨大的响声，于是抬神轿的八个人才把神龛座轿缓缓地抬起，徐徐而行。其实，毛令公是灵山徐偃王庙内供奉的一尊佛像。毛令公真名张巡，唐朝战将，张气节高尚，宁死不屈，英雄永垂不朽。但张与徐偃王无宗亲关系。不过，乡人祭拜毛令公与祭拜徐偃王的意义是相同的，都是寄托对英雄的崇拜敬重。

七都貔貅小有名气，到过杜家、希唐、湖镇等地演出，也到过灵山徐偃王庙演出。到过龙游县城，当貔貅到达大商号舞演时，大商店以红布条为之"披红"。这对貔貅以娴熟的舞技在剧烈的鼓声下施展出贴地滚舞等动作，身段矫健灵活，忽上忽下，忽左忽右，跳跃翻舞，前俯后仰，令人目不暇接。七都貔貅不仅舞耍得好，舞者也是个个技艺不凡，演舞起来，有板有眼，恰到好处。于是店堂内及店门口围观的人群越来越多，挤得水泄不通。锣鼓不停，貔貅不歇，这场貔貅舞，在滋福堂内舞演了一个多钟头。

貔貅会还有"散灯"的规矩，时间是在正月廿日晚上。兄弟们再次聚在一起，锣鼓响起来，貔貅舞起来，大碗红曲酒喝开来，结账发红包，狂欢至深夜。散灯以后，兄弟们各奔东西，做生活去了。

生活美如斯，世界美如斯。再看貔貅舞，恭候有来年。

一船情愫望故园

　　七月衢水，一江碧玉。夏花妖娆，翠绿成荫。听一声风的呢喃，舀一杯清清的江水，轻拥岁月的温馨。倚在老家的梦幻里，一袭轻盈的暖香，悠悠远远。我用深情为笔缱绻研墨，书写一行绿色的诗笺……

　　衢江在流，画舫在游。我站在游船的尾部，用目光审视白色的浪花，用清心感受时光。望着天际上云舒云卷，云影空蒙摇曳着夏的变幻，俯首青草地边的大自然雕琢，日月的风华催绽开放的小花。衢水如玉，粒粒珠玑，隔着江水远眺，能看见老家美景，一分记忆，一种深情。

　　在这里，雨丝已化成一股股清流，浇灌着凤翔之洲，养育着世代子孙。一块块大小不一的沙地铺开来，有水牛，有桑园，有炊烟，男人锄地，妇女浣衣，田园牧歌的水墨长卷，走过长长的季节，收获着丰收的喜悦。江雾渐渐散去，明亮而深远的美景尽收眼底。白帆已伴随江水远去，只有芦苇立足于此。光线敛约，芦苇丛中白鹭掠过，又歇足其间，声响聒噪，反而显得芦苇的静谧安详，静默不语的和发出声响的，共同应对着时光。没有人会听到芦苇的声响，芦苇的气息素来是温和、素淡的，还有些许薄薄的寂寥，像极了旧日里清瘦的文人，轻轻地来，轻轻地往，静静地翻书，静静地行文，少与人交接而乐于自处。文人的清高也在于不曲学阿世，不靠盘根错节的关系，而是靠一己的诗文，它们是立身的坚定之本。修长之形总是能给人怡悦，由于修长，就有了玉树临风的清洁，内含风骨，细腻脱俗。

　　优美的风景要用心去欣赏，去感受，江风吹来，轻盈细腻，让人感到无限惬意。江雾又从远处飘来，飘飘欲仙，整个古村如仙境。古朴的民居更趋古朴，水光映照的古屋，任岁月梳洗。念想老屋，感受来自内心的温暖。

不错，那是桑树。衢江水岸多桑园。紫红色的桑葚，总是那么有力地诱惑着我的童年，从挂果开始，我和村里的小伙伴们总是情有独钟地守在树下，看桑果一天天变化。我们发现，刚挂果时，桑葚的颜色绿莹莹的，像翡翠，漂亮极了；慢慢地变得黄澄澄的，又像琥珀；过不了多久又变得红彤彤的，像绛珠；待到红得发紫、紫得发黑的时候，就肯定大熟了。成熟时的桑葚胖嘟嘟的，紫黑紫黑，粒粒饱满，像一串串黑珍珠，令人垂涎欲滴。这时，小伙伴们便蜂拥而上，大把大把地采摘桑果，直吃得我们嘴巴四周黑黑紫紫的。想到这些，唇齿间顿感酸酸的、甜甜的。

盈盈衢江，静水流深。流到后滩，江面更加辽阔。水北是白地坪、曹垄两村，即现在的红木小镇。水南为七都村。七都古称上浦，旧时村中有徐氏宗祠，供奉着先祖徐天民画像。徐号水南，生活在明万历年间，精通理学，注重修身立德。知县万廷谦曾搜集徐天民诗稿付梓，并作有《徐水南先生诗叙》，称其"清风亮节，直当与龙丘千古并躅"。七都是我老家，从小就熟知徐天民的事迹。在我的心里，先生乃一谦谦君子：学识渊博不是为了征服别人，而是为了看清自己的渺小；财富的丰厚不是为了炫耀奢华，而是增加扬善的担当；力量的强悍不是为了欺压弱小，而是为了承担更多的使命。

衢江水岸的沙滩，或水汀，或绿渚，生长着一种叫红蓼的植物。成片地生长，茫茫然然。花穗骨朵都较小，红白相间，虽不艳丽却也好看。大红蓼更像是小树，茎秆有大拇指粗细。我在水南先生诗稿中读到过"红蓼花繁，黄芦叶乱，夜深玉露初零。霁天空阔，云淡梦江清"的佳句，区区野草，居然被先生写得如此美妙，如此灵动。我于是更加关注这种野草了。我真的要感谢家乡先贤的不俗，在我幼稚的心灵中涂抹了一层古典的美色，让我以后有了更强的审美意识。

20世纪70年代，这里发生过荒滩造田的历史巨变。那年冬天，工地上彩旗飘扬，喇叭声响，成百成千的民工，举着农业学大寨的牌子，唱着农业学大寨的歌曲，早出晚归，战天斗地，口号是：立下愚公移山志，敢教山河换新貌。接着，金华地委工作组进驻七都村。我作为生产队里的一名社员，天一亮就和大家一齐上工地，挑沙挑石，修路，修渠道。从衢江到工地至少有五百米的距离，我打着赤脚，一上午要挑十五担石头，每担两百多斤，担担都是用秤称的。

更有意思的是，我曾经为此写过一个组歌，让大队文艺宣传队排练演出。事情是这样的，地委工作组有位姓周的女同志，说要把后滩造田的先进事迹编成文艺节目，拿到金华城里去演出。她要我编剧本，编一个组歌，一共六节，有朗诵、独唱、合唱。内容是：东风浩荡红旗飘，批林批孔斗志高；七都儿女多壮志，后滩造田争英雄；十里渠道水长流，十里荒滩绿油油；后滩变成金银滩，大寨精神放光芒。周同志表扬我编得很好。几年苦战，后滩造田两千五百亩，修了公路，修了渠道，修了抽水机埠，田成方，路成网。水田种水稻，沙地种棉花芝麻等经济作物，荒滩真的变成金银滩。我们昔日的汗水已幻化成眼前的风景。

游船缓缓而行，一片片艾草在风雨中摇摆，散发着迷人的清香。素幽的清香一直氤氲在已然泛黄的诗卷里。江边的艾草，长势极旺。它临水而居，青碧碧的茸茸叶片，脉络清晰。叶形如菊叶，饱满莹润，泛着清亮的光泽。在那青翠浓密的百草丛中，傲然挺立，如临水照花的女子，淡淡然，浅浅笑，温婉柔美。看似那么平常，香味却与众不同，有一种浓浓的苦辛味。

这是我自小熟悉的香味。是药香，微麻，气息脉脉袅袅，沁入心肺。轻轻地掐一片艾叶，叶面碧绿，背面灰白。送到鼻端，深吸气，家乡的味道，儿时端午的味道，扑鼻而来。

江水流逝，清清浅浅的老家美景，邂逅灵魂深处氤氲的文字，深入心间，流淌笔尖，融进纸背。正如江边的禾苗，一如既往地茁壮成长，我的心也一如既往地遐想，每一寸光阴都在衢水墨香中饱满。

古村掇英

心仪沐尘

　　沐尘是一个古村的名字，在龙游县境内。这个名字，干净，透亮。"尤喜此村名，情绝世无两。"这是余绍宋先生的诗句，看得出来，他是喜欢沐尘这个地方的，这个地方的天空也常常是明爽的。

　　早年进村，先要过一座城门——凝和阁。凝和阁在村北后龙山麓，临深潭，劈山石，扼隘险之要冲。阁楼用青石拱成，木构盖顶，宽大幽深，城门上方还嵌有青石匾额一方，上刻"凝和"两字，字体苍遒有力。额之右侧落款"万历己酉重修"。城门东西为人字坡，筑台阶，百余级，很宽敞。

　　古村总要有些古。追史，这座村庄的兴造，可以远溯至唐宋。劈山筑垣的，无可考也。但是，古宅巫氏厅却是有故事的。巫氏厅是明代建筑，三间两搭厢楼屋。明间两缝穿斗前廊用八柱，牛腿雕刻精细、美观。天井青石铺砌。鼓形础，下置覆盘。三合土墁地。这是一座名冠龙南的豪宅，房屋由戴氏族人所建，后被祝登元购买修缮，称祝氏官厅。再后来祝氏又将此屋转卖给巫家，改称巫氏厅。一座房屋，三个主人都不一般。先说戴氏，《戴氏家谱》有载：戴氏，始迁祖戴谱，字茂明，唐大中八年（854）进士，官至殿中侍御史兼浙西兵马司御史，都总知衢州府事，值梁主篡位弃职不仕，父子退隐属邑龙丘之南，隐居三十二都，遂家焉。居史 1150 年。如果此事属实，沐尘可是千年古村。再说祝登元，生活于明末清初，崇祯十七年（1644）选贡，历任福建漳州知府，署监军漳泉道等职。著作有《心医集》《镜古编》《字学考》等百余卷，一时声名鹊起。最后说到巫家，也是南乡大户，百年兴旺，直到中华人民共和国成立。特别值得一提的是，1939年春，余绍宋先生随浙江省通志馆南迁避居沐尘，即居于巫氏厅，也称邻竹斋。先生于此作画赋诗，创作颇丰。著名的《龙丘山图》就作于此，留下一段佳话。

沐尘古村算得衢处古道上的一处要隘。旧时，凝和阁上悬一块匾——"龙南咽喉"。这几个字，压住了四近山川。传说，南宋亡，丞相陆秀夫后裔避难于县内罗家乡陆村，暗走衢处古道，踏过峻壁悬崖百余里，从浙南入闽粤。一路上天寒缺粮，遇到峰岭阻隔，将士用毡毯裹住身子，从陡坡滚下，冲出一条生路。险途千转，兵将和开山壮士拼死效命先主。这个地方叫上塘岭，占龙南之形胜。再往南是马戍口，一看地名就寒气逼人，有兵有马，刀枪相见，古风犹在。其关口扼衢处两州，历来屯兵把守。很容易想象那个壮盛悲歌的场面，旌旗猎猎，马革裹尸。雄心逼退困厄，乘险越过，可算立功名而不朽了。

村南有凤凰山，古塔亭亭。沐尘塔为空心塔，可进塔内，可望而不可攀。明朝的沐尘有两座砖塔，一座已毁。当地至今流传着一个关于古塔的传说，明朝时期沐尘人在外为官甚多，眷属在家受苦受累，埋怨不迭。有人便在村之南北各建一座砖塔。后来是塔成官贬。我静静地看了一阵子，看出了古塔雄姿逸态，其实是说不清楚的，全靠感觉。古塔不会说话，多少晦气尽在砖缝间盈着了。静的历史中，有动的情绪。苍苍暝色中，寻那当年高官富贾居处，古迹无存，湮没于荒芜。村头没人，那叫一个静，仿佛世界注意不到这里，这里也渐渐跟世界隔开了，只有历史在眷顾。

村西流过一条江，灵山江。江水是从遂昌县境白马山下来的，水很清澈，不带泥沙，一眼看到底。我去时是清秋季节，这时节的江身，偏瘦，加上这段江收束得狭了些，加上上游修了水库，水势不大。江心堆着一些石块，从浅水中散乱地半露出来。水穿绕着，悄默地流过去，泛出几道白色波影。滩头的矮草疏疏的，不像两岸的竹林那般丰茂。近旁的山绿得浓，远处的则要淡些，云雾也聚得紧。村东的断崖下，我们找到了颇有名声的"沐尘泉"。泉并不大，长宽约两米，全石为底，四周以石块和鹅卵石混合砌成，一泓清泉，深不盈丈，却异常清冽，常年不涸。泉因绍宋先生而声名大振。余绍宋先生避居沐尘时，常饮此泉水，深有感受，便手书"沐尘泉"三个斗大隶书，并附行书小字："此泉至清，余避居沐尘常汲饮之，真堪沐吾尘俗也。因以名也。己卯春。余绍宋。"

古村中间一条街，村民称上街和下街，南北走向，长约千米。这条街直来直去，通向牌坊。牌坊择势很好，紧挨灵山江，站在这里，"沐尘八景"尽收在眼睛里了。街道被两侧的楼一夹，显窄了。楼，多为双层，门扇、槅窗、檐廊，匠人修饰过后，透出一种轻秀的风致。底层开作店铺。逛街的游客，是店家在门前常常看到的，也就送出笑意，很纯很纯的笑意，叫人发暖。门前摆几个柜台，堆满货，大多是山货，如茶叶、笋干、番薯粉条等。有家糖坊，卖的是姜糖、牛皮糖，还有花生酥、瓜子酥。有个系围裙的男子，拎着一柄快刀，对着刚做的一大盘花生酥切下去，整整齐齐。酥饼、核桃饼也卖，没等转过身，酥香味老远就闻着了。馒头店也很有名气，几代人经营，销路广，老牌子。

古村曾有一段很重要的史实，那便是畲族先民的到来。明清之际，一批批畲族兄弟从闽粤迁徙于此。清澈的灵山江水，荡去他们跋涉的足迹。理想的火焰在畲族人民的心底燃烧，苍翠的竹海，丰饶的田亩、繁盛的井邑让初到异乡的平民的眸子一阵阵发亮。在沐尘古村前，他们停住身，恋恋地凝视，目光柔和而亲切，深吐一口气：到"家"了！古村接纳了他们，他们融入了古村。村中光景的改变，应该从这时算起。始于南夷山海的东迁，是一次艰难的远徙。他们为什么到这里来呢？真如一部史书，不是在这里就能说完的。

沐尘古村离安静近，距纷扰远。外头的人到了这里，它不会送上表面的热闹，很有些矜持的味道。抽着烧烟枪的老汉，坐在门前絮絮地聊着，从不高声吆喝生意，卖多卖少，有一搭无一搭，不见计较的意思。邻里街坊，说起话来，嗓音低，调子缓，神色稳，一句话：不着急。不着急，也是一种气质，这座古村的气质。听他们闲聊。门前横着一道浅渠，渠里的水活泼泼地流着，溅湿了一路花草，香气也便带上来一些。累了，瞧瞧清亮的流水、水边的彩花，解乏。要不就合眼养一下神。融融泄泄，真叫和乐。花色很艳，一条街都给映红了。花，差不多全栽在盆里。香花临水，殊显秀润。兰花最多。

中午了。家家饭桌上飘起菜香。厨师的调鼎功夫全在"南乡十大碗"上。十碗菜，食材多种，有肉有山珍，盛得很满，碗碗冒尖儿，摆了一桌子。酒是甜的，水酒，自家酿的。豆腐，自家做的。牛、羊、鱼，热汤滚沸，早已软烂。兑汤，朝里下豆腐、青菜，解腻。竹笋，大山里的美味。一年四季从不停息。殆相似矣。听说余绍宋先生爱吃这口儿，吃笋，让长年在外为官的他，梦回家山。

　　世间存在一种建筑之上的建筑，营造之术外，别有沉实的岁月负载。沐尘古村之所以值得看，正是因为有可忆之事、可怀之人、可追之情。梁思成先生说过："无论哪一个巍峨的古城楼，或一角倾颓的殿基的灵魂里，无形中都在诉说，乃至于歌唱，时间上漫不可信的变迁。"是啊，旧日楼台，不只是供生活和居住的，还能保留历史事件的痕迹。诗意和画意之外，更有一种乡意情结存在。依此来看沐尘，沐尘就是这样的。

　　余生也晚，早于我出生的年代，这一盘盘千百年来沐尘人讨生活做梦想的汤汤水水，在历史的长河里且沉且浮，渐逝渐远，所剩无几了。所幸的是，一脉文化源远流长并没有因此间断。眼下，当地的党政领导审时度势，议振兴乡村之大计，谋传承文化之伟业，豪情满怀，复古纳新，延续乡土历史的香火。治水治污，修路筑亭；种花种草，美化庭院；整洁村舍，点缀风景，有模有样，倾力打造美丽畲乡，书写千年沐尘的云锦天章。我们深切感到新时代发展潮流的不可阻拦，心中不由得充满对未来的憧憬。

　　抚今追昔，常常激动得不能自己。虽然岁月迢迢，但一时之性情，万古之性情，相近的心性，相通的诗情，尤令生于斯长于斯的我们情思激荡，心驰神往。文化浸润在我们的生活中，决定着我们的思维与行动。只要怀抱朴素的文化真理，拥有足够的文化底气，我们就可以在沐尘这块古朴丰饶的土地上，一展自己的阅历和才情，写出属于自己，也属于这个时代的经典华章。

志棠营造谁人解

志棠村位于龙游、兰溪、建德三县交界处,以北面的天池山为靠山,东南以大麦山为案山,模环溪流经西南,建村选址契合堪舆。距县城30公里,316省道穿村而过。地处丘陵,海拔80—323米。志棠由前邵、卸厅、后邵、席家四村合并而成,三村主姓邵,席家主姓席。全村410户,人口1800人。

《志棠邵氏宗谱》载:"始祖尚一公,讳斗字应奎常自寿昌往来于兰溪之地,见志棠地理美景,有志迁居而未就,赖子齐二公克承厥志于至元二十八年(1291)遂卜居焉,生平广行阴德赈济饥民乡邻,闻于郡邑,朝廷诰封为朝政大夫之职,冠带荣身。"家谱详述择居理由:"前有金壶观峰之秀,后有玉屏天马之奇,左有泉溪,右有天池,乃狮象昼开夜关之祥地也。"

古人云,历史文化村落,要有经典的堪舆布局,有合理的聚落结构,有巧妙的排水系统,也有优美的自然景观,如此等等,才有今天的敬天畏地、天人合一、和谐与持续发展的传统科学文化。更严格地讲,风水文化,村落选址和先祖迁址,建筑营造,住宅形制与民居建筑,厅堂与祖屋结构空间,公共及文化建筑等元素,构成我们今天所谓的"生态人居"。谁能解其奥秘?志棠村或许能给出一些答案。

据考证,志棠原名"梓塘",村前有一口很大的水塘,塘边长有一株巨大梓树,因而得名"梓塘",后衍变为志棠。民国《龙游县志》(氏族考)载,邵氏先人于元代至元二十八年(1291)由寿昌迁入,距今已有700多年的建村历史。南宋时期,北方战乱,迁都临安,大量移民南下，志棠因是狮象昼开夜关之祥地，被移民看中，纷纷落脚志棠发家兴业，至明代最为鼎兴之时，人才辈出。考取功名后，诸多朝廷命官回乡造厅，光宗耀祖，留下不少宝贵文化遗产。

志棠古村以花台脚为中心枢纽，世称小街古里，小街巷弄相接，楼宇相通，自古为官商要道，酒肆茶店，药铺杂货，商业繁荣。四周滴水，形成一个布袋口，寓意招宝聚财，肥水不流外人田。古村从三个方向往外扩展，建筑民居村舍、宗祠大堂，遂成村落。现存古建筑 66 处，其中明代 27 处，清代 34 处，民国 5 处，近代 1 处；已列入省级保护的有 3 处，县级保护的有 7 处。"东陵侯"门厅东厢房壁上尚有"乾隆三十五年（1770）二月集秀班"等演戏题记，古戏台已列入世界文化保护遗产五大集成之中。

雍睦堂，也称邵氏花厅，明代中期建筑，至今已有 500 年以上的历史。大堂高达 7.5 米，宽 13.42 米，深 56.3 米，前后五进三开间，建筑面积达 755.5 平方米。90 根柱子落根。在大堂正门前的平台上，左右各有 3 个旗杆洞，依稀可见。跨上 3 个台阶，两侧竖着抱鼓石，高达 1 米，石料精细，花纹清晰，给大堂增添了一种威严的气氛。走进大堂，只见地上铺着青砖，门庭、过廊上装饰着天花彩绘，花草图案，美轮美奂。90 根大柱下部都有石柱础垫着，上部斗拱顶着大梁。大梁扁形，呈弧状弯曲，两头各有一根歪歪扭扭的龙须，既透露出建筑工艺的精湛，又透露出龙的传人的历史寓意。

传说明代木匠邵高师在建造雍睦堂时，一天中午贪杯多喝了点酒，飘飘然，竟把大柱少算 1 尺。邵高师心中明白此事的后果，不仅 90 根木头全部报废，而且有损自己高师的名声，便急得日不思食，夜不成寐，焦虑成疾。他的娘子得知此事，就给他出一个主意，下加石垫，上加斗拱，不就补足高度了吗。邵高师果真用此办法解了危厄。当然，邵高师可能不会预料到，这种解危之策竟然成为明代建筑的传统风格，在中国建筑史上占了一席之地！

2000 年，邵氏后人秉承祖训，在雍睦堂续修家谱，持续 3 个多月。对邵氏后人来说，是自 1944 年以来最大的节庆。一本家谱汇成中国平民的历史。

东陵侯厅位于村西北边。该建筑坐南朝北，《邵氏宗谱》载，始建于明嘉靖八年（1529），邵氏三兄弟，每人各造一厅，故在"东陵侯"边房的门上刻有"邵三和"字样。东陵侯五进三间，通进深59.9米，通面阔1255米，总面积751平方米，与众不同的是整座大厅坐南朝北，正门有一对抱鼓石，门背悬"东陵侯"木匾一块，门两边有对联一副：三达德近智近仁达勇，和为贵惟孝惟友惟忠。门前有一块镇妖石，正门两侧有厢房，常用于演员化妆及放置戏箱和道具，东厢房内壁横梁上有演出题记："乾隆三十五年二月二日，集秀班在此六叙，沈德文、童德华二人。""嘉庆四年二月初一，金吧三秀班到此一叙，好乐也，永砥题。"第二进设戏台，台座高约1米，若在左右台座上搭上木板，戏台面积约有30平方米。主厅明间两缝九梁前后双步，后廊设卷棚，次间缝穿斗式，木质形础，下置覆盆，硬山顶。后进建筑年代较迟，但地形比前厅约高1.5米。第五进为后楼，供奉先祖灵位。明间后墙存有彩绘一方，有神话、佛教人物数十人，"文化大革命"时用石灰粉刷，2001年被村民发现，得以复原。四、五进均为鼓形础。建筑整体用材讲究、粗大，艺术构件工艺简洁大气，突出明代风格，后进部分清代重修风格明显，山柱间砖砌护壁与山墙合为整体。该建筑工艺精湛，具有明显的宗祠建筑特征，沿用至今，具有较高的文物价值。

席氏家族原居安徽桐城淡竹村，宋末始迁志棠。清朝初年建席家宗祠，三进三开间，坐西北朝东南。高7.6米，宽14.7米，深33.6米，占地494平方米。三进均七架抬梁前后廊。前后廊柱上有牛腿，上置讹角座斗，斗上一组象鼻斗拱承托挑檐檩，设计美观又合力学原理。保存完好，屋顶望砖完整，且木构件无虫蛀腐朽。

工匠中隐潜着许多真正的建筑大家。前代建筑师的遗留，又给后代工匠默默的滋养，于是志棠的明代建筑群，浓浓地吸纳无穷的才情，变得神秘又安详。退休教师邵裕后所住民宅也是明代建筑，庭院布置得清洁幽静，整整齐齐。老邵年逾花甲，在这座房子内出生长大。从他懂事之时起，这古宅从未因狂风暴雨而瓦飞墙歪。房子东首有一根断梁已有三十多年，至今依然如故，不影响整座房子的安全，可见房子结构之坚固。他说，住这种房子冬暖夏凉，十分舒适、养人。

在惊叹众多大堂花厅之际，我们又深深地感到疑惑，对当时每家只种几亩薄田的山民而言，只有果腹暖身之力，要建造数量众多规模巨大的建筑，筹措这笔巨资绝非易事。巨额费用从何而来？有资料称龙游商帮萌发于南宋，鼎盛于明中叶，资金庞大，业绩辉煌，跻身于中国十大商帮之内。因此，把龙游商帮与明代建筑串在一条线上进行论证，有了下面的推测：志棠的山民们凭依浙西官道的便利，率先从古老的村落中走出来，打破农耕社会的封闭格局，摆脱土地的束缚，结伴而出，到外地谋求发展；远行贾商，惨淡经营，率先跨入商业流通的门槛，由此改变自己的生存状态。于是，滚滚财源流进故里，于是，座座大堂名宅拔地而起……

从此，山民们可以在祠堂里举行族人聚会，操办祭祀仪式，祭拜祖宗，讲授族规，编修家谱，接受民族精神的洗礼和熏陶；可以在花厅里搭台唱戏，释放狂欢，艺术的天国是自由的殿堂；可以在深院古宅内安居乐业。婚姻嫁娶，繁衍子孙。

就这样，先人们日出而作，日落而息，守着这片黄土地，守着这些大堂花厅，春夏秋冬，周而复始。这些大堂古宅顶住风雨雷电的折磨，避开频繁的战乱和野蛮的战火，苍凉兮兮、零零落落地保存下来，这真是一个奇迹。这笔丰厚的历史馈赠，是志棠村民的巨大财富。它的意义已不再是以土木建筑实际内容给社会以知识，而是作为具有历史的民族传统文化丰富内涵的象征而存在，使人联想到我国文化保持和流传的艰辛历程，联想到一个民族对于文化的渴求是何等悲怆和神圣。

志棠的大堂古宅终于走进了当代社会。它们并没有完全失去光亮。人们的心态在嬗变。古宅老屋又成为一道风景，重新受到人们的青睐。

天池盛开富硒莲

　　天池村位于龙游县北部最高峰天池山脚下，与兰溪、建德交界，是杭州、金华、衢州三地的要塞，旧称"廻源城里"，村口是流淌千年的廻源溪。天池村由原杨家村、新宅村、下店村、儒大门村四个行政村撤并而成，合并后以山为名。

　　村庄历史悠久，全村有王、杨、鲁、徐四大主姓，分别于北宋、南宋和明朝先后迁入，各有家谱可考。廻源王氏始迁祖王烽为第十四世，字燧宁，号慕槐，又名贤字君聘。娶李氏，生三子德元、德熙、德泽。端平元年（1234）元兵灭金，淮汉大乱，烽与弟煜举家徙迁寓居龙游北乡宣教乡。因世代书香门第，人才辈出，被喻为儒家子弟，故将居地称为儒大门。杨氏为汉杨震之后杨宗明之后裔，杨氏宗谱载：宋代始迁祖杨彬游览于此，见此地山清水秀，犹如世外桃源，即从梅岭迁居此地，故名杨家。鲁姓来源十分纯正，源于鲁国故城兖州（西临"东方圣城"曲阜），先祖近峰公因避世乱，自廷阳赤石迁至龙北廻源，爱林泉胜景，土沃地平而卜居焉，子孙奉为始祖。后邱三公本迁居廻源，后因族大众多难以共处，复分居于邵源坞。宋时徐偃王七十七世千三、千六公自沙溪遨游溪东，因见其地山明水秀，人物享阜，遂居于此地，于是英才辈出，子孙繁衍。

　　两侧青山绵延，驱车数里，在群山交会处，方见一隘口。入天池村古往今来只有一条道。豁然开朗，一瞬，唯见土地平旷，屋舍俨然，横生武陵人入桃花源之错觉。前行几步，成片成片的荷莲，烁然笑绽在平静的水面。田田荷叶，袅袅红莲，村人最爱这花中君子。开阔的静水荷塘，三百亩荷莲亭亭玉立，清隽淡远，铺展如画。朗空碧日，游人或静观，或摄下翩然扶波的风光。

龙游有种莲传统，旧《浙江通志》记载，南宋乾道四年，即 1168 年，龙游知县林自立，试种白莲，并建白莲桥以示纪念。

天池村栽莲历史业已 800 多年，爱莲到了极致。全村千亩荷池，养莲蔚然成风。看村民家门前的一口青花瓷瓮，清水浮叶，孤高的菡萏才露尖角。现今，消失于历史的白莲桥在这里复原，村口最大的莲池内铺了赏荷道，立了观荷台。周敦颐说莲，可远观而不可亵玩焉。然静距离观荷，另有一番乐趣。仙子凌波去，蜻蜓觅浪来。漫步赏荷道，花叶间多见红蜻蜓，这小生灵舞着，轻轻点水，却不急于飞出一花一叶。白莲高洁，出尘离染，清洁无瑕。独乐不如众乐，这个曾相对封闭的村庄，引来愈来愈多的君子花知音。除了荷花供赏，很长一段时间里，莲子是村民重要的经济来源。天池荷花，明清时达到鼎盛。许多农户家还保留着明清时种莲的莲篓、莲子筛等用具。

清乾隆年间，皇帝下江南微服私访，一日沿钱塘江逆流而上来到龙游，在街头小巷寻觅喜爱之物，当来到北乡小店前，乾隆举足不前，也许是宫中吃惯莲子羹的缘故，乾隆要了一碗莲子羹，只见水晶透亮的莲子羹中白里透红，红枣、枸杞子把莲子羹点缀得如画，一股清香扑面而来，乾隆胃口大开，连吃三碗，并对莲子羹中的莲子看似未烊，入口即化大为赞赏，询问店主莲子出自何方。店主如实相告，这是北乡田莲，主产地志棠廻源，现正是赏花采莲之时。次日，乾隆便来到廻源，一路上，亭亭玉立的荷花在翠绿如盖的荷叶中翩翩起舞，鲜艳夺目，不时被乾隆誉为沐浴刚出的真妃，凌波挺立的佳人，浓妆淡抹的宫女，正当乾隆陶醉在荷花的秀容丽姿中时，远处忽然传来了清脆动听的歌声："芍药争春耀彩霞，芙蓉秋尽却荣华，有色有香兼有实，百花都不似莲花。"听闻着美妙的歌声，只见一群天真烂漫的少女，像出水芙蓉般娇艳，乾隆看得目不转睛，着实呆了一会儿，对荷花的一见钟情，乾隆在莲乡停留半月有余，留下了"新游龙戏凤"的佳话。乾隆回宫后，念念不忘北乡莲子羹，于是下旨龙游知县每年进贡志棠白莲，志棠白莲因此盛名于世，流传至今，志棠贡莲的传说也由此而来。

天池村有荷花长廊。全村千亩荷池，养莲蔚然成风，村口最大的莲池内铺了赏荷道，立了观荷台。每年 6 到 8 月，一朵朵荷花争相绽放，花蕾挺立于绿叶之上，成群的鸟儿穿梭荷叶间，几只白鹭来回飞掠长廊，白墙黛瓦的房屋与娇艳的荷花遥相呼应，似在谱写一曲优美的乡间乐曲。

先祖们以儒士、教谕、训导为主，不善经商，过着以农耕为主的生活，其中因种植莲荷著名。这里民风淳朴，村民热情好客，在漫长的农业生产生活过程中形成了以传统祭祀、传统舞蹈、传统戏曲、传统音乐、传统饮食制作技艺等为主的众多非物质文化遗产，目前拥有稻草龙和龙游婺剧两大省级非物质文化和銮驾、十八传郎等市、县非物质文化遗产。全村共有古建筑文物 85 处，其中有国家级文物保护单位 2 处，省、县级文物保护单位若干。

三槐堂（王氏宗祠）位于儒大门自然村，由闾门、门楼和正屋（五进三开间）组成。门楼前有旗杆石，门楼由三间组成，门楼正中有匾额一方，楷书"岁进士"。后进前廊天花饰彩绘，保存较完整的尚存十八块。后进板壁上有金箔描绘。该建筑整体呈"T"字形，规模宏大，用材粗大考究，为典型明代风格，雕饰华丽大气，具有很高的文物价值。2013年 5 月被公布为国家级文物保护单位。

关西世家位于杨家自然村，为杨氏宗祠。八字门楼，歇山顶，重檐，有匾额一方，楷书"关西世家"。该建筑始建于明代，布局严谨，用材粗大，特别是门楼庄严华美。碑、匾俱全，历史信息丰富，具有极高的艺术价值。2005 年 3 月 16 日被公布为浙江省重点文物保护单位。

2005 年浙江省地质调查院调查发现，天池村处于富硒地带，所处地域富含硒，且有利于植物吸收的有效态硒含量相对较高，出产的莲子硒含量高出富硒标准 2.27 倍，围绕富硒这一主题，形成了富硒莲子、硒莲酒、富硒大米、富硒紫薯等拳头旅游产品，游客现场采摘莲子、垂钓等观光农业旅游及吃莲子系列佳肴、喝硒莲酒等农家乐休闲文化旅游也得到了开发。物以"硒"为贵。农民初尝富硒产业的甜头。在天池村，连片的荷田莲花展现眼前，出产的富硒莲子，价格比一般莲子高出许多，收购商抢着上门收购。一家土特产公司用富硒莲子酿酒，莲子酒每公斤的批发价卖到五六百元。天池是富硒宝地，村中养莲的水源来自杨垄水库，出产的莲子富硒，口感粉糯，入口即化，比市面上的普通莲子贵上一倍，仍供不应求。一亩荷莲，如管理得当，可产生五千元左右的经济效益。

午后两点，正是一天中最热的时候，天池村为了采摘到最新鲜的食材，做出一桌极具当地特色的富硒莲子宴，莲农走进莲田，采摘莲蓬、莲叶、莲花。

剥莲蓬，取肉，剥膜，通芯，一通忙活后，新鲜的食材被送进了厨房，大家一边欣赏着美景，翘首期盼着美食出锅。百年古樟树浓荫覆地，木质回廊古韵悠悠，坐在樟树下，眼前是郁郁青山，绿树成屏，满目莲田，宛如世外桃源。傍晚的天气，刚刚还是云灿霞铺，一会儿天色一变，晚风袭来，分外凉爽。莲子羹、香酥荷叶、莲子炖鸭……"连荷叶都能做成美食，天池人对美食的创造力简直难以想象。"

天池村素有十里荷飘香，富硒养生地的美誉，环境优美，绿树环抱，自然旅游景观丰富，幽谧的天池山，风光旖旎的杨垄水库、千亩白莲基地翠绿的荷叶和绽放的荷花将天池村环抱。古村落的悠久历史和美丽乡村建设和谐统一。这里山清水秀，荷花飘香，空气清新，宁馨幽雅，是一幅纯朴宁静宛如世外桃源般的山水画卷。沁人心脾的阵阵幽香，使人心旷神怡，真是美得令人心醉！

在石墎寻找温馨

仲秋晨，金桂的芬芳浸润着石墎村的每个角落。我和我的文友们正走在这个温馨的山村里寻找温馨。

的确，凡是到过石墎的人，差不多都会认同这个山村是一座"美丽山村"的说法；而来到石墎的外地人，差不多都能体验到一种家庭式的温馨感。

旧版浙江《龙游县志》载："又北，曰石壁，去治西三十里。下临灵溪，有石桀立水上，石壁循水而北为石墎。""墎"同"郭"，是城郭的意思，意为群山环抱如同城墎。当地方言"墎"与"角"同音，后来被误写成石角村。石墎村依山傍水，静谧安详。水绕群山，山环灵江，村内保留着万寿宫、古码头、状元桥等古迹，以及大量风貌各异的古宅院。

而今，沿江铺设的步道，与复原的埠头融成一片。路的一边是青翠的茶叶地，另一边则种满了红豆杉、紫薇树、桂花、杨柳、红叶石楠等观赏性植物，不同的时节里呈现出不同的色彩。游人三三两两，迈着缓慢的步子，悠然信步于此，看老牛犁田，听鸟鸣虫吟，享受着田园牧歌式的满足和轻松。

驻足间，可以想象，灵山江两三里江面上昼夜舟楫林立，南来北往、各种口音的商客云集，码头上货物装卸热火朝天，人声鼎沸。据说，古时经石墎埠头的船筏一天两百艘有余，埠头还因此流传"夜照万盏灯"的说法，即使在夜间，江面也是被船筏上的灯火照得通明。古时石墎段水路有处称石角斗，石角斗为一处大型圆石，被舵手戏称为"龙珠"，有"过了石墎斗，铜钿金银算到手"的说法。过了石墎斗，水势较为平稳，舵手们便在石塘埠头靠岸，吃饭，喝茶。

石塘古村落在布局上讲究"天地人合"，结构上体现儒家"中和"思想。灵山江流贯全村，谓之"金带环抱"。或许是这般重教的氛围，使得以商贾著称的石塘村依然有丰富的文化积淀。徐氏家谱里的手绘地图，娓娓道来石角"城郭"，这样一个小村落，居然传下来"八景"：徐山齐雪、元峰春色、石壁泛舟、幻潭烟雨、渡口归帆、双石乔松、阴桥红叶、龙井飞瀑。如若胸无点墨，还真难欣赏总结出小村落的美景。

炊烟升起来了，从道士源、草鞋岭升起来，从方家埠、石竹坑升起来，依依袅袅，飘过蜈蚣堰，飘过古水碓、仁政桥，丝丝缕缕四处散开，再升高，再飘远，与翠竹，与山冈为伴，最后和山岚相融相合，成就一幅飘逸的画卷，铺在天际。

石塘的自然风光无疑是美丽的。但石塘之所以美丽可人，恐怕还在于她很安静，很清洁，很温馨。旧村小巧，新区精致，新屋旧宅都收拾得非常干净漂亮。石塘人的性格，总体上说是比较温和的；石塘人的作风，总体上说也是比较文明的。

石塘，温馨美丽的家园！

然而，石塘最温馨之处，就在于她像一个家。

石塘的人际关系，相对而言是和睦的，相处也是融洽的。中午，我们在一家名叫"山里人家"的农家乐用餐。老板姓范，年纪六十出头。祖父一辈从县城范家迁居此地，已近百年。他和我们闲聊，说村里邻里互助，一家有难，邻居都会伸手相帮，可以夜不闭户，路不拾遗，古风犹存。言谈举动间，他对石塘村的村风民风赞叹有加。我们也从他的嘴中得知，他家所在的周家村，村中的赌博风早已绝迹，而且数十年没有过发生刑事案件。

这种家庭式的人际关系无疑是能给人以温馨感的，而只有热爱自己家庭的人才会热爱自己的村庄。事实上，石塘人也确实比较看重自己的家庭生活。石塘人在建设自己的村庄时，也像在建设自己的家。这个村的决策者和建设者们有一个共识，就是不能以牺牲环境求得经济的发展。因为石塘是石塘人共同的家园，不能为了眼前的一点经济利益毁了自己的家。在灵山江的西岸，村文化礼堂周围，原本打算要建的住宅取消了，留出了大片的绿地让村民休闲。建设美丽的绿道，笔直的大道常常会拐一个小弯，因为那里有一棵樟树需要保留。大道两旁沿着水岸线，是草坪、花坛和建筑小品，还精心设计了停车的泊位。于是一条原本用于改善交通的道路，同时也变成了一个开放的公园。

石埠村1900余人，全村竟有姓氏110个之多，其中不乏闵、撒、虞、荀这些龙游、衢州一带都少见的姓氏。村里的长辈们时常提及水运时期的繁荣。当时，这个村作为陆路转水路的中转站，是农产品商品流通的要塞。温州的盐就是经过石埠码头销往安徽、江西，返程时又将衢州江山的石灰挑运至丽水的遂昌、松阳。因为村庄有山有水，航运发达，还能做生意，不少人住下后就不想走了。久而久之，更多异乡客在石埠村落脚，他们生息繁衍，其后裔族人姓氏各异。

村中有祠堂，徐氏是村中的主姓，徐氏宗祠有数百年的历史。她就像一位母亲，虽历尽沧桑，却总是儿女向往的地方。现在这里不仅是徐氏后人，也是全村村民安放灵魂的地方。在这里有先前的风气，有千年的老规矩。供奉着祖先牌位，供奉着天地人的大道理。血脉绵延，传承赓续，生生不息。

石埠村南有余端礼墓，余是本乡冷水村人氏，生于南宋绍兴五年（1135）。22岁中进士，官至权力中枢，拜右丞相，一生清正廉洁。石埠村民为缅怀余公的大恩大德，取余端礼的字"处恭"，在徐氏宗祠大门上方悬挂"处恭堂"匾额，以志纪念。

走进祠堂，仿佛感觉到先人说过的家常话和他们熟悉的脚步声，还有他们的喜怒哀乐甚至他们的心跳呼吸之声，都散布在祠堂的每个角落里，这一切充满了家的味道。抬起头，一股股草木的清香随风入窗。在这里，品质和德行是最要紧的，比什么都重要。需要一种传承，更期待一种希望。一直以来，耕读传家，清白明世，都是大家必须谨遵的家训和深刻领会的要义。

走在祠堂中，人会迷恋一种生活的气息。孩童时代最初的朦胧记忆在祠堂里显现：在偌大的祠堂里跳田、玩耍、捉迷藏，在青石板、鹅卵石铺就的小径上高兴地蹦蹦跳跳，在香烛的袅袅烟雾中想入非非却装作和大人们一般正襟危坐，看祖宗的牌位时一排排看过去仿佛看到祖先们依长幼次序端坐在神龛上。

走在祠堂中，人们迷恋一种木头的香味。这是祠堂里上了年纪的木头发出的清香。在老祠堂厚厚的木门上，黑褐色的木墙上，在檐头横梁上，在楼栏廊柱之上，在花格漏窗之间，总缠绕着一种木香，如水流般漫溢，缓缓流淌，久久地在祠堂上空盘桓不散，挥之不去。这种木香，是一种清香，悠长绵延而又含蓄、内敛、深沉，仿佛与生俱来，如母亲的棉布，舒缓、温暖、软和、亲切，是亲人和乡邻的气息，是平淡生活的味道。四时八节，祭祀不断。大伙总是认为祖先就在冥冥之中保佑着家世的兴旺，子孙的繁衍。祠堂祭祖，已然成为血脉汇聚、增进感情、精神认同的家族功课和不忘根系、感恩思孝、端行修德的人生功课。

石塘的温馨，还得益于她美丽乡村的建设。

诗意地居住，是人类共同的美好向往。而石塘的美丽乡村建设的做法有一个特点，就是说实话，办实事，让村民们通过美丽乡村的建设过上好日子。老百姓是很实在的。当他们在村两委出台的一系列举措中，切切实实地体会到好处时，不用动员，不用号召，他们自己就成了积极的参与者和主力军。有力出力，有钱出钱。事实上，这个村美丽乡村建设最主要的成就，不在村容，而在民心。这就是把美丽乡村建设的种种要求变成了人们自身的内在素质，变成了人们自觉自愿的行为。因此，在石塘，讲文明，守公德，已成为许多人的习惯。一个合格的石塘村村民，人人做到垃圾分类，不乱扔果皮纸屑。如果找不到垃圾箱，他们就会把这些东西捏在手上，直到找到垃圾箱为止。

村支书张炎林更是个实在人。几年前村里搞"五水共治"工程，先是关掉养猪场，后要关掉养鸡场。其中有一家养鸡场是他的兄长办的。有村民说，书记哥哥不关，我们也不关。张炎林苦口婆心地做兄长的工作，要兄长带个头。兄长埋怨弟弟不帮忙，两人闹得不愉快。张炎林硬着头皮，赔着笑脸，终于说服兄长关掉了养鸡场。后来全村8000多平方米的鸡舍全部关闭。村庄环境变得更美了。

正是由于石塘村民的同心同德和齐心协力，石塘变得更美丽、更温馨、更可爱，又反过来使得石塘人更爱石塘。于是，石塘的美丽乡村建设就形成了一种良性循环。这种循环一旦形成，就有一种自我运行功能，而无需外力的作用。所以，石塘人活得并不累。石塘人在奋斗的同时，活得优哉乐哉。

然而，我更关心的并不是石塘人和石塘村干部做了些什么和怎样做，而在于他们这样做时的那种心态。许多人都注意到，石埗人无论是在建设自己的村庄，还是在维护自己的村庄时，态度都十分自在、自如、自然，就像是在装修和打扫自己的小家和住房。这种从容乃至安详无疑来自只有石埗人才有的对自己村庄的"家园之感"。正是这种"家园之感"，使得他们不必依赖于监督而能自觉保持街道的洁净如洗。也正是这种"家园之感"，使他们像服从内心道德律令一样，不做有损自己村庄形象的事情。于是，"石埗是我家，环保靠大家"就不是一句空话，而是实实在在的行动。

的确，这种把自己村庄当作自己小家来看待的家园情愫，也许就是石埗人有别于其他地方人的紧要之处。我们知道，对自己家乡的尊崇和偏爱，大约是人类一种共同的情感。许多地方都有"唯我家乡独好"的说法。但似乎只有石埗人，才把"唯我石埗独美"的情绪表现得那么随便，那么自然，那么漫不经心，那么理所当然。因为石埗的美丽是真实的，石埗人的家园之感也是真实的。

畲歌飘过社里春

"社里有个三月三，山哈乌饭香满天。断头龙舞马夫地，放歌畲乡心里甜。

社里有个三月三,十里八乡心相连。梯田花海新天地，畲汉同创幸福园。"

又是一年农历"三月三"，畲族最大的传统节日。今天，沐尘畲族乡社里村举行盛大歌会，吃乌米饭，载歌载舞，款待来客，热闹非凡。

社里村是个畲汉混居的山村，其中畲族人口约占三分之一。他们的先人来自广东、福建和省内的丽水、遂昌等地，时在清康熙年间，居住史三四百年。畲族前辈开垦土地，伐竹搭铺，繁衍子孙，生生不息，弘扬着本民族的传统特色。在承传畲族风情文化的同时，与汉民族一起共同创造着龙游的文明。

村子长在大山的一条褶皱里。大山叫仁峰山，山上长"宋茶"，以前为朝廷贡品。山上流下清冽冽鞋带似的一条小溪，叫社里溪，大约五公里，流向灵山江。溪水潺潺，草木葳蕤，花乱蝶舞。

畲族的阿哥阿妹们身着民族服装，在舞台上又唱又跳，歌舞正酣。我们悄悄溜出会场来到村里。春雨淅淅沥沥，入眼都是崭新的民舍，整洁的弄巷，翠绿的花草。看着到处悬挂着的红灯笼，看着农家炒春茶，听着春茶在锅里的吱吱声，闻着香气，醉了。走进一座农舍，今年70岁的畲族人蓝金丙正在厨房里忙碌，他今天有两桌客人，他磨了豆腐，杀了土鸡，还到山上挖了春笋。他说，他是五年前从高山上搬迁下来的，花了一生的积蓄，建起了三间新屋。现在山里有收入，平时外出打打工，日子过得还是宽裕的。他热情地邀请我们在他家吃午饭。我们回答，心意领了，不麻烦了。

听村民说，山沟两边，一年四季长满了可供吃的东西。冬日里，竹林里有冬笋可掘，野木耳沾着晨露款款展开，被冬雪饿扁了肚子的野猪拱了这里，又拱开另一处。春日里，一场雨过，满地都见春笋挺起。夏日里，溪水中的鱼一团一团在集中游行，调皮的孩子下水忘记了脱裤子，就有鱼呀虾呀钻进裤裆里。秋日里，南归的大雁在这里落脚戏水，地里的番薯一个个笑裂开来，一锄下去，一嘟噜一嘟噜的。玉米熟了，放在火上烤，放入锅中煮都好吃。一年四季都有野菜可挖，采蘑菇得在雨后，抓田螺得在夕阳时。

午饭，我们是在一家名曰"山哈"农家乐吃的。菜是土得不能再土的菜：山上长的，地上挖的，溪里抓的，屋边养的，酒是番薯酿造烧制的，名为土烧酒，俗名"枪毙烧"，意为辣口，一口下肚，如子弹从喉咙穿过般炽热。

这里的农家乐老板们，摸透了城里客人的喜好。冬天，他们让客人上山去，告诉他们冬笋生长在竹子的阳面，因为有阳光照着，地下的笋芽才会生长。夏天，客人看见清冽的溪水想要下去，村民说，莫惊了溪中鱼。客人笑笑，不下溪了。更有客人晚上打着手电去捉石蛙，手电光中的石蛙一动不动任人去捉。秋天里常常有篝火晚会，村民们唱着畲族特有的山歌民谣，山外的客人乐得竖起大拇指。一个冬日，来自欧洲的客人对村民家的石臼感兴趣，老板就在第二天蒸上米粉，让他们在石臼上打麻糍。老外乐了。

其实，从老村庄，到新村庄，社里村经历了一场痛苦的蜕变。改革开放后，山外工业文明的发展，促使山里人外出打工，那时候的社里村，人去屋破，没有半点生气。村民渴望有智慧的能人带领大家脱贫致富，就把眼光瞄准了他。邓生云担任村支书十多年间，先是对处处茅草遮楼窗的马夫地自然村进行彻底的改造，让大多数农户住上了新楼房。接着建造畲族文化广场，村口建造畲族牌楼。后在上级政府支持下，修订新村规划，高山农户下山建房。加上多方努力，也让三个自然村的村民都住上了新楼房。农家别墅一幢幢竖立在社里溪边上，成为一道亮丽的景观。

芬芳社里，畲寨风情。这一天，社里村还有一件大喜事——荣膺国家 3A 级旅游景区称号。邓生云说："我是党员,党员就是为人民服务的。我是本地人,我的祖宗坟墓都在这里,我治理自己的村,有正统感和责任感。"听了这番话,我也在想,社里人,谁让你拥有了一双慧眼?别的地方都被工业文明代替了,这里依然保存着良好的生态和民俗,村民得像珍爱自己的眼珠子一样珍爱它,这可是祖宗留给社里人的金饭碗。

溪水潺潺,本该杜鹃声声,却没听见。才想起,杜鹃是春鸟,日子刚从二月走过来,现在还是早春。听村里人说,山上的杜鹃花开了,杜鹃才"啾啾"叫起来,可好听了。

大街梯田画乡愁

　　走在雨雾弥漫的龙游县铜钵山间，路边盛开的鼠曲草时隐时现。其实，这么怪异的物名，却只是一种不显眼的草花。在山道两旁密集生长的荆条藤蔓中，它温和地张开极小的花瓣，如莲花垂落亦如金钟倒悬，似在传递草野间隐秘的信息。进山时，离芒种还有两天的时间。二十四节气里，这个叫芒种的节气本是我最为喜欢的，虽然江南的黄梅雨下个不停，但我知道，在北方，有芒的麦子该收了，在南方，有芒的稻子也该播种了。

　　在细密的雨雾中沿着山道徐行，只待有风吹开云雾，我们就能看见蓄满了泉水雨水的梯田，一丘一丘，形状各异，在眼前层层叠叠，向下舒展，如村姑青翠的裙摆，在斜风细雨中飘曳。远远望去，临山脚的田里已插上点点秧苗，近处梯田却仍是一汪清水。越往山顶越凉，因此季候要来得晚些。靠近山顶处，有披着蓑衣的老农在那窄小的梯田里劳作，正在为准备插秧平整田板。田埂旁，是黄泥打墙的老屋，灰瓦木柱，墙边码放着一捆捆干柴，柴堆前斜躺着竹编的鸡笼，一只老母鸡，在屋檐下护佑着它羽翼未丰的孩子。一群雏鸭，摇摇摆摆穿过菜地和长满紫苏的小院。远山高岗，是密密麻麻的毛竹，翠绿欲滴，有着竹海长浪的气势。

　　这样的画面，其实已延续百年千年。云里雾里，仿佛时光倒流。先人们是如何一年年辛苦开垦才造就了今天的美景？对游客而言，它们是山间美景，对先人来说，它们便是衣食父母，是养育后代子孙的财富之源，是上天的恩赐。多少年了，山外沧海桑田，山中岁月留痕，祖先留下的梯田，依旧年年结满稻谷。

作为一个外乡人，乡愁就像遥远的地平线上一道无望的风景。那个可以采摘、戏水、收割、拾柴的家乡，从父辈少时离开后就永生永世地失去了。所以，每次走进那些青山绿水的地方，就像回到祖先流浪经年后终于注目停下的第一站，让人幸福得眩晕。

来大街乡前，只知它美，并不知它有多美。科里村古梯田，千百年前的徐家先人，选了深山中这块地方落脚生根，且取名科里。一定是那座山给了他们安宁，一定是读过陶渊明的《桃花源记》吧。依我的理解，科里，应该是科举状元进士之所吧。但我翻阅了村民的家谱，其中没有这样的记载。那就有了另外一种解释，就是徐氏祖宗希冀晚辈后人勤勉苦读，励精图治，博得功名。这是一种寄托和期待。

山风、山雨、山雾中的梯田，离我们记忆最深处的家乡有多远？梯田里最古老的一幕，我们未能遇见。想象中，那是女子拉犁，男子扶犁耕田的场景。男人扶犁，因为那是最要力气和技术的活儿。女人拉犁，是因为在一条条田埂垒起的窄窄梯田中，是无法使用耕牛的。千百年来，雨下了一场又一场，稻花开了一回又一回，隐匿在雨声和稻花中的男人和女人的故事，也随着流水消失得无影无踪。但只要梯田在，故事就永远延续，家乡也就结结实实地存在着。

只朦胧地知道徐偃王是春秋时期徐国的国君，在楚国大军入侵之时，他因不愿老百姓遭受战乱之苦而放弃抵抗，率领臣民避往江南。我国历史上素有"春秋无义战"之说，当时的统治者为了扩张领土和势力，不断进行"争城以战，杀人盈城；争地以战，杀人盈野"的战争，徐偃王的行为因而被誉为"爱民不斗，以国易仁"，成为历史上有名的"仁义之君"。龙游是徐氏族人南迁的重要落脚点，徐姓也就成了龙游的第一大姓，号称"南徐之宗"。徐姓广布南方山野。汉民族的农耕文化，在这南方深山的角角落落里继续传延。有时想，农耕文化的根本精神是什么？真的是某些学者所说的保守和自私吗？可我为什么觉得只有农耕文化，才最接近人类的理想？只与大自然相安共处，依靠合理的耕种劳作养活家人和族人，且耕种之余并无太多奢望，只是读书研理，体悟生命的价值，这样的生存方式，与血拼自然资源的生存方式相比较，是不是更符合上苍的心意？

就像老农身披的蓑衣，不过是棕丝编织，却既可防雨，亦又可透风防湿寒，一旦无法再用，便可回归自然。现代生产的塑料雨披除了使用时方便，其他何能与之相比！

听说，大街已有少量梯田开始撂荒了，先人的智慧，还有多少能留住呢？

塔影江波张家埠

张家埠村总是笼罩着一片薄薄的雾霭，悄悄地向外流露着塔影江波的魅力。

这个古村位于江心洲上，衢江之水从四周流过，碧水漾漾，浩荡东去。从高处俯视全洲，可见其一片宽阔的沙地，形状略长，上下两端尖狭，中部宽敞，绿荫蔽天，草长蝶飞，呈凤之凌空飞翔状。而在我的眼中，张家埠村更像漂浮于衢江之上的一叶孤舟，矗立村西头的浮杯塔与村东的湖岩塔，像两支竹篙，将古村牢牢钉在江流之中。

在波光云影下摇曳生姿的是江边最常见的芦苇。所谓"蒹葭苍苍，白露为霜"，相对于精耕细作的小麦和水稻，这种水生植物更接近原始与野性，也更接近天空与心灵。芦苇成了片，就会有浩大的声势，在水陆交错之处，风乍起，澎湃起好大一片绿色。划船进入其中，头顶、身边，满是望不透的绿色。

终于来到浮杯塔下。塔以杯名，是有故事的。县志记载，明万历三十九年（1611），诸生请求在永福寺废址建塔，知县万廷谦也是性情中人，一口答应，并以家藏古玉杯镇之，故名浮杯塔。从现有史料看，万知县在任时对文化工作是充满激情的，如编撰万历《龙游县志》，为学者徐天民整理《水南遗稿》，并作《徐水南先生诗叙》等，弥足珍贵。

万廷谦知县在《重修浮杯塔记》中这样描述："岿然一柱造天，壮丽雄伟。适当其阙处而两流联绾如契，也一时盛举也。"塔基用条石砌筑，西面有一拱券门。由此而上每层隔面做拱券门，用五层菱角牙子叠涩出檐。塔顶有铜质露盘，四面用铁索固定，塔身第三层有"浮石宝塔"匾额。塔作为一种单体建筑，有佛塔、风水塔之别。就建筑风格而言，浮杯塔属于风水塔范畴。遥想当年，江面辽阔，烟波浩渺，白帆点点，又有古塔辉映，该是一幅多么秀丽的山水画卷。时至今日，如果站在虎头山大桥观望，北有千里岗，南有仙霞余脉，中间有衢江万顷碧波，而浮杯塔矗立其间，一幅灵动、壮阔的画卷，让人激情飞扬。

环顾，沃野葱茏，农舍烟起，衢江浩浩荡荡地游向薄雾深处，似乎在诉说过往的辉煌与忧伤。

顺着当地人的手指，遥望尹氏厅的遗址，却只见百年树冠，难见古柏下的厅堂。尹氏厅，又名新官厅。坐北朝南，前后五进。第一进五开间，余三开间，一、二两进内院相隔，两边厢房。最宽处二十多米，通深七十二米。木雕花俏，砖雕精细，柱础以汉白玉精雕，是县内清代时面积最大的厅堂建筑。可谓老树绕屋檐，翠竹拥道边。皇宫殿，重修于清乾隆年间。坐南朝北，二进五开间，临街而建，两搭厢及东西两侧屋六间，冬瓜梁下雀替饰花卉图案，牛腿镂雕精湛，青石板铺地，有戏台。殿祀冯毅，号灵泽王，村人称廿九相公。

游船沿着张家埠村顺水而下，便到了湖岩塔。古塔建于明嘉靖三十七年（1558），六面七层，高三十米，是阁楼式空心砖塔。有"湖岩壮观"砖砌匾额。村人尹焘作《湖岩塔记略》：

嘉靖丙辰，余归自京师，先君谓兄照及余曰：山川之秀，人文所系，兹岩之胜，可无塔以壮观乎？余兄弟奉命，即以询于族众，佥曰：然。则首捐百金为倡，属余转秩南曹兄独任之，众亦乐助其成。于是，校工用，审制量，选募匠役而即工焉。始于丁巳十月朔日，讫功于戊午之春三月。甃级七层，顶址以石，总计高一十二丈。既成，宏壮夭矫，亦孔之固。山若培而高，水若浚而深，地若增而奇，因名之曰"大观识胜"也。余闻浮屠之制，自汉魏始有之，凡以标形胜、镇灾厉、示崇报、昭文明，亦裁成辅相之一端也。是塔之建，上以翊宣王度，下以焕发地灵，其所系岂小小乎哉。

湖岩塔下，衢江之水奔流不息。原先的小溪滩，落差较大，水流湍急。21世纪初在此筑坝拦水建起小溪滩水利枢纽，形成一个近十平方公里的湖泊，从此碧水荡漾，绿水悠悠。

水，在中国从来就是一个等同于智慧的文化符号。水的流动注定它会走向桀骜和诡谲。张家埠因水而生，因水而名，因水而兴，因水而美。一方水土养一方人，也孕育出一方人的独特性格。历史上的张家埠崇尚教育，文风鼎盛，尤以明清两朝为盛。史志和家谱记载，该村当时有正六品以上官员十余名，七品知县就更多了。他们或效忠朝廷为官四方，或以学问道德闻名于世，造福桑梓，传承文脉，为后人所仰慕。

在明清两朝四百余年间，张家埠村尹氏家族更是名人辈出，人才济济。明代有"一门三杰"之誉。

尹蒙，字养正，号湖岩居士，曾任刑部主事，官至六品。早孤，事母以孝闻。性好义，急人之难，曾经买棺安葬里中贫而死者，遇上灾荒之年，辄免去他们的田租和欠债。行善积德，受乡人爱戴，引领乡风，有乡贤风范。有一次在旅途拾得遗金若干，同行者欲分之，尹蒙坚持不可，护金百里，悉数归朝。消息传出，众人称奇。高风亮节，里称长者。卒年八十九。德高望重，为后人所追思。

其长子尹照，字漱南，明嘉靖十年（1531）举人，任新会县知县。该县与新宁县相邻，竹源、古兜一带盗匪猖狂，民皆避居城中，积年不能平，人心惶惶，百姓怨声载道，敢怒而不敢言。尹照上任伊始，表面上不动声色，一方面节约浮费开支，同时暗地招募武勇之人，并要求上级派兵为援。得到上级同意后，犹不告人，兵至，始发令进剿。盗匪的魁首正在竹源，一举擒之。尹照下令解散胁从，地方于是恢复平安，百姓都很感激。

尹蒙的次子尹焘，字觉亭，明嘉靖二十年（1541）进士。自幼治学专心致志，善于思考，常常沉醉于古书典史之中，达废寝忘食之程度。后任浔州府知府，为官宽厚仁惠，政纪严明，善以诚意感化百姓。后因刚直不阿而得罪当道，罢官归家。从《湖岩塔记略》中，我们知道这座塔的建造和他们父子兄弟是分不开的。

张家埠原来还有一座翊秀亭，建于明嘉靖二十六年（1547），也是尹焘所建，原立于张家埠村北面的山中，远望很有点"有亭翼然"的味道，后来移建到鸡鸣山了。

眺望着远远近近的袅袅炊烟，沙洲绵绵，牛羊成群，一番田园牧歌景象。让人不由得想到，古村文明，得益于衢江之水。水是古村之魂，水是万物之本。土地肥沃，物产丰富，孕育富裕大户，治学兴教。仕吏反哺故里，增其建筑，光宗耀祖，代代相传，凝结成厚重的文化底蕴。

空旷的江面，柔软的沙滩，绿色的桑田，安静的画面，都带着美妙空灵的乐感。我依稀觉得，人类的家园就是如此，有山，有水，有鸟，有鱼。能闻到泥土的味道，淡然的一草一花，绿了沙洲，记忆随风自由自在。

这幽静的沙洲俨然成为一方迷人的地方了。

福耀佳垣前桥村

前桥自然村地处衢江以北小南海境内，距县城约 10 公里。现居住 200 余户 680 人。耕地 660 亩。周、郑为村中大姓。古村落多以水为脉，前桥村亦如此。前桥溪从村西向东一路而下缓缓流过。其地忠贤望族，道统流芳。历来紫阁祥云物华天宝，朱轩瑞气人杰地灵。

1991 年版《龙游县志》载，周氏始祖周葵，字伯齐，宋宝祐年间为衢州通判，避元兵弃官归隐居龙游贺隆栗园（地名今无考）。元至正年间再迁下宅。明洪武年间分迁前桥。其后分迁东周、西周两村。根据这一记载，前桥周氏的居住史有 600 余年。

《前桥周氏家谱》如此描写家园："天下之民则有仁里互乡之别，乃择地而居，必得风淳俗美之区。然后可成家立业也。周氏自道瑞公卜居是里，族愈大丁愈繁，皆恂恂雅饬，古道是崇，男耕女织，外无他求，所谓瘠土变桑田，劳而善者洵不诬也。然观村落之胜，尤可羡者则有曲溪垂柳环绕如带，石桥秋月潭影似镜，莲沼浮香芰荷荡漾，凤山朝日气象雄伟，又有轮碓春云，八岭归樵，坐朝松屏拥翠，横顾香阜晓钟，其风景之异常，当开围之严密，殊不异桃源深处，无虑无忧者也。诗曰，爰居爰处爰得我，所谓万年不易之基，衍百世于弗替也。"

正如家谱所言，前桥村风水俱佳，堪舆布局经典，聚落结构合理，排水系统巧妙，自然景观优美。村落敬天畏地，天人合一，遵从规律，在农耕社会里是一块不可多得的人居福地。

从老路进村庄，村口即水口，前桥溪轻轻流动。溪上有古桥，名曰"钱桥""前桥"。村因桥而得名。桥长约 20 余米，宽约 2 米，高约 3 米，取当地红砂石铺就，单孔拱桥，建筑年代无考。当年建新桥时，有人动议拆除老桥，镇村干部及村民坚决制止反对才得以保留至今。此处即为"前桥八景"之一的"石桥秋月"。有诗赞："前身明月在三霄，漫拟扬州足此桥。乌鹊飞时云影淡，十分秋色化工描。"桥旁有一古樟树，蔚蔚然也，300余年迎送宾客，守护家园。树上贴着许多红纸，乃村民所为，村民视樟树为风水树，企求庇护，消灾避祸。在石桥望古村，真如一幅美不胜收的山水素描。

走进古村，民居以周氏宗祠为中心，向东西两个方向延伸，基本上不超越宗祠南墙。房屋大都坐北朝南，背山面水，村落规划严谨有序，整齐和谐。山似画屏绕古村，水如棋局分渠流。横巷直街行方便，三进两院大住宅。房前屋后清溪水，杨柳紫薇满湖堤。如今村庄格局风貌与百年前家谱描绘大致相同。宗祠西首有成片明清古居。随意走进一户，是已故村民周荣富故居，清早期所建，二进三开间，门楼宽大，上镶画板，书"南极福垣"四字。门前鹅卵石铺就的图案，清晰可见。对门墙上有"福耀归垣"匾额。四周墙基牢固，四址分明，沟通水流。屋内保存较好，有人居住。周荣富的祖先以务农为生，勤劳耕耘，创下基业。太平天国事发，周氏家族受重大影响，房屋被火烧，人口遭殃，家道开始败落。周荣富因病死于抗日战争时期。其子孙后也迁离前桥。所居古宅转让他人。旧时全村有古屋近百座，时光流逝，破坏严重。时至今日尚存10余座。炊烟袅袅，传递着朴素的乡土文明。

深冬，山间气温降得快，晨间的阳光似乎也带有丝丝凉意。91岁的村民李曼奶如往常一般早起，走出老宅大门吸了一口新鲜空气。门口一株300多年老铁树，蒙着一层薄霜。每逢农历初一、十五，李奶奶起床后的第一件事，就是洗手洗脸，给老铁树进香鞠躬，然后再去忙其他事务。李曼奶11岁时从泽随到前桥周家当童养媳，在村里生活80年，如今子孙绕膝，享受着天伦之乐。门口的老铁树，有人出2幢楼房的价钱收买，她拒绝之。在她心里，在她眼里，前桥就是一块福地。村里80多岁的老人很多，大都住在老宅内，他们对老宅有着难以割舍的情感。平时喜欢聚在周氏宗祠前聊天喝茶，晒晒太阳。

周氏宗祠是村里最古最大的建筑，建于明代，木质门楼，宽约14米，高3层，约7米，门口一对抱鼓石。门楼飞檐翘角，造型壮观，气势雄伟，令人惊叹。有牛腿等木雕构件，工艺精细，古意浓郁。门楼上方悬挂龙游籍画家包辰初先生题写的"仪凤堂"匾额。旧时，门楼4根大柱书写两副长联，第一副"宋末挂冠来优游栗圆谁识三衢旧司马，明初分系后迁徙前桥须知九派共濂溪"。第二副"文章遵祖训守诗书习礼乐家学渊源不替，典报宗功陈俎豆笃馨香岁时孝享攸隆"。细读两联，意味深远。特别是第一副，把前桥周氏的历史渊源来龙去脉都交代得明明白白，清清楚楚。宗祠四进三开间三天井，99根柱子落地，面积587平方米。内有戏台，就在大门背后，朝北。周氏后人热心保护，近年又加以修缮，宗祠基本保持原貌，完整完好。不过，对照家谱，宗祠门楼上方应该悬挂"周氏宗祠"之匾额。而"仪凤堂"是个堂名，其匾额应悬挂在宗祠第三进的大梁上。当然，现在的做派也不影响我们观瞻。村里另有一说，周氏宗祠原是钱氏宗祠，有待考证。

何谓"仪凤堂"？家谱也有描述。"仪凤堂引言：周德之盛凤鸣岐山，由为百世瑞兆也。其后遂以国为氏，子孙如祥鸾威凤，世相辉映，前桥周氏聚族而居，文人不乏其里，山水明秀，祠后山曰凤山，钟灵正未有艾。兹因谱事告竣，嘱书堂额，爰取仪凤堂以名之，俾与其姓其人其地咸相符，若并希兆文明于世云。"这段文字由嘉庆庚午年间一位姓余名华的文人所撰。

周氏宗祠雄居村庄核心位置，坐北朝南，背靠凤山，门前是一块开阔平地，走过平地即是前桥溪，常年清流潺潺，绿柳成荫。溪南良田沃土，万物生长。百米开外有低山高坡，村人呼其名为金山。站在宗祠门口，可以欣赏到"前桥八景"中的三景。松屏拥翠，村前金山，长过千米，高不过百米，古时松树茂密，景色秀丽，恰如村庄之画屏，有诗赞："平山环绕万松青，晴雨天然列画屏。翠拥一村疑欲滴，涛声风夜共清听。"第二景是莲沼浮香，莲是周氏祖先周濂溪所爱，一篇《爱莲说》传颂千年百代，周氏族人引以为荣。凡有周氏之地也是莲荷之乡。前桥周氏不忘祖训，也在宗祠门前筑塘植荷，赏荷。有诗赞曰："周氏多君子，池载君子花。一篇爱莲说，千古属君家。绿叶浮香露，红衣艳晓霞。淤泥知不染，羞把六郎夸。"又曰："荷花开满塘，芬芳何处着。有客忽大呼，香从天际落。"第三景是凤山朝日。凤山乃村之靠山，虽不高耸却也巍峨，虽无名胜却也灵秀。村人生于斯长于斯，歌于斯哭于斯，生命之根，乡愁之源。有诗赞:"高岗幸借祥禽号,春日浑疑凤羽新。写出太平图画色,朝阳处处九苞身。"又赞:"闻道凤凰台,太白曾载笔。安得台上人,来此看日出。"文字中流露出乐于田园生活的文人情怀和对家园的热爱。

前桥村清末属太平乡太都一、二、三图,清化乡清都二、三图及二十八都二图。民国时属团石乡。1950 年归属箬塘乡。1956 年 2 月入团石乡。1958 年属曙光人民公社,1961 年归属箬塘人民公社。1983 年复称箬塘乡,1992 年撤箬塘乡,前桥村归属小南海镇。2008 年,前桥村与吕家、黄村三村合并成立龙丰村,全村 670 户 1980 人,村域面积 6.03 平方公里。

仁礼书香鸿陆夏

　　龙游县小南海镇鸿陆夏村，地处衢江以北黄土丘陵，距县城约 15 公里。全村 460 户 1400 多人，耕地面积约 2400 亩。历史上村民大都以务农为生，日出而作，日落而息，是典型的农耕文明传统村落。

　　鸿陆夏村现有夏、张、吴、杜、邱、林、刘等姓氏，夏姓人数最多，居住时代最久。《龙游县志》（1991 年版）载：夏氏宋末自夏峰分出一支，居茶圩里，因茶圩村屡遭水患改迁黄麻角山。明末，由黄麻角山徙居夏湖后山，今称鸿陆夏。另清光绪二十五年《前岗夏氏宗谱》载：夏文瑞，字彦修，明弘治三年（1490）从大坟头迁入。至今已有 500 余年。

　　据我们调查，鸿陆夏村现有明清至民国古建筑 18 幢，而历史上则有百座之多。这些古建筑以周易风水理论为指导，其布局形态成环状形，工艺精湛，内涵丰富，文化多姿多彩，体现了天人合一的传统哲学思想，以及对大自然的向往与尊重。创造了既合乎科学，又富有情趣的生活居住环境。

　　这里的古建筑，既有大厅高堂，也有小室民居。大厅是夏氏宗祠，规模宏大，是族人团聚议事之所，虽历经百年风风雨雨，但几经修葺今日仍保持了基本框架。民居构造精致，门面高大，石刻砖雕，美轮美奂，"钟灵毓秀""芸辉光碧""仁礼绵喆"等匾额，引人注目。这是鸿陆夏传统民居的精髓，也反映了鸿陆夏村深厚的人文底蕴。但这些民居现在多数阴暗潮湿，墙基歪斜。在我们看来已不适合居住，居民也有怨言。如何做好保护与改造，可能也是一个难题。

　　书香古村，泽彼百家。500 多年来，鸿陆夏村尊师重教，耕读传家。

识文断字，代代有人。贫富兼顾，书香万家。古代建有文昌阁，近代办有私塾和小学堂。家里再穷，也要变着法子让孩子上学。当地有民谣"门里穷得叮当响，门外书声琅琅"，就是如此。1873年，江西广丰人氏林良柏逃难至龙游，落脚鸿陆夏村。此时龙游遭受太平天国战祸，人烟稀少，哀鸿遍野，土地荒芜。林良柏开荒种粮，养家糊口都勉为其难，却能将两个孩子送进学堂。这种远见之士在鸿陆夏村比比皆是。书声琅琅，儒风荡漾，仁礼村风，源远流长，成为这个百年古村独有的文化现象。

在这个千余人口的古村落，目前有在职和退休教师近30人。可谓学风鼎盛，人才济济。杜如望先生是这一群体的代表人物。杜如望（1914—1998），中国美术家协会浙江分会会员，衢州书画院特聘画师。20世纪40年代就读于国立英士大学艺术系，上海艺专和杭州国立艺专（现为中国美术学院），先后师从陈松平、郑午昌、汪声远、潘天寿、吴弗之、诸乐三等名师。擅长画山水、花鸟，尤以山水为著。其作品既富有传统的技法，又有新意，用笔娴熟自如，作品题材广泛，构思严密，于古朴中见韵致，典雅中显清幽。所画的一峦一峰，一曲一殇，大得全景，小得精致，笔下无不生情，充满活力，富有情趣。传统技法在画面上表现得淋漓尽致，用笔娴熟老练。20世纪30年代，如望先生在衢州、杭州等地举办个人画展，引起画界的震惊与好评，"老年变法"已渐入佳境。如望先生一生以教书为业，历任龙游师范及多所学校的美术、英语教师，不以环境的不顺和生活的艰辛为意，孜孜不倦教书育人，砚耕不止潜心书画艺术而遐迩闻名。先生为人厚道，德高望重，誉满乡村，堪称乡贤。

因为书香，鸿陆夏村民忠厚敦行，古风依旧。村民严银根照顾瘫痪37年妻子的故事，村人皆知，并视之为学习之榜样。严银根夫妻1970年结婚。两人恩恩爱爱，生活美满。29岁那年，刚生完第三个女儿，妻子张菊香患病了。严银根带着她四处求医问药，不见好转。到杭州复查，结论是类风湿性关节炎，病情严重，无法控制，今后只能瘫痪在床。

晴天霹雳！张菊香一向勤快，如今让她躺在床上生活，她如何能接受？张菊香使尽全身力气让自己硬生生地从床上滚下来想轻生，严银根生气又心疼，他拉着女儿走到床前说，这个家不能没有你，只要你活着，这个家就在！

张菊香和严银根育有三女一儿，加上年迈的母亲，这个七口之家压弯了严银根的腰。女儿四岁那年得了重感冒，发烧还抽筋，下着蒙蒙雨，严银根戴着一顶草帽背着三妹拉着大姐就进了城。走了十几公里的路，却因为身上拿不出钱，医生不肯收治，他抱着三妹在医院的走廊上忍不住地哭。所幸，医院同情他们家的遭遇，先给三妹看了病。这时他身上只有一毛钱，给孩子们买了个馒头，自己却饿了整整一天。

10 多年前的腊月，张菊香发病，胸口胀痛难忍，医院也束手无措。严银根听说遂昌的山里有种草药或许能缓解这个情况，正月初二一大早，他只身一人到了遂昌，找朋友带路，爬了 2 小时到山顶，从高山的石头缝里采了草药。没想到，这种草药真的能缓解病痛。从那以后，严银根便常进山挖草药。时常，他们家的门口晒满了草药。为方便喂饭，严银根还"研制"了特殊的饭瓢；担心外出时，老伴身上痒难受，他又做了轻便的"不求人"……这些"发明"是严银根对病妻满满的心意。37 年来，照顾妻子已成为他生活必不可少的一部分，虽然儿女都很孝顺，但他还是喜欢自己给老伴擦洗，冬天隔几天一次，夏天每天擦，"她爱干净，我不能让她被人嫌弃"。

严银根的大美之举，感动了四路八乡。

因为书香，鸿陆夏村民敬老爱老，洋溢着浓浓的伦理孝道之风。吴文有今年 97 岁，是村里的老寿星，育有三个儿子、两个女儿。他与儿孙同吃同住，四世同堂，其乐融融。儿孙们把老人视为家中一宝，照顾老人周到周全，早有子孙问安，晚有媳妇盖被。一年四季，嘘寒问暖，从不间断。儿孙们有事外出，打电话报平安，第一句话就是老太公安否。回家带的礼物，也都有老太公一份。于是，老太公平时的零食补品，都是晚辈所赠。有一年，老人突然高烧不退，西医治疗不见效果。二儿子跑路十几公里，从邻县一老中医那儿找来偏方，连服七帖中药，终于转危为安。如今，吴文有身体硬朗，平常在村中走动，受人尊敬。

因为书香，在鸿陆夏古村落里，邻里情谊，出入相友，守望相助，妯娌和睦，婆媳和气，蔚然成风，古意浓浓。

诚信美德照项家

　　龙游县横山镇项家村，位于衢江以北，距县城约20公里，是县内古村落之一，由项家、芦塘底、翁家山、小殿下四个自然村组成，计568户1600人。区域面积2395亩，耕地面积1824亩，芦塘（古称泗塘）面积60亩，为北乡古已有之的最大池塘，是立村的"风水塘"，有聚财塘之誉。

　　项家村主姓项，人数约占全村一半，畲族人口近400人，其余有李、吴、张、邓等姓氏。《泗塘项氏家谱》记载，项氏起源于周，远祖是黄帝，浙江淳安系项氏后裔。至四十四世康山公生一鹏、一训两个儿子。一训仪表堂堂，聪明好学，科举中进士，官居湖北荆门知州。为官清正廉洁，从不收受贿赂，名望很高。任职期满，与父、兄回淳安，途经龙游北乡泗塘(今项家芦塘)遇上暴雨，道路被毁。"父子三人宿于黄叟之家。翌日，天晴雨霁，公同父及兄散步于外，见泗塘山清水秀，田宽畈平，正风水所钟之大地也，遂起迁居之谋，询于黄叟。黄叟答曰，此地山川毓秀攸钟，且有田可耕，有山可樵，有池可渔，有园可蔬，正可以居君子也。"一训公于是在宋淳祐元年（1241）"命工伐木，构造厅堂，前后竖两厅，檐牙高耸于云霄"，在泗塘定居，"由是创置田地、山塘、圃园，以足一家之食"。乃成项家始祖。

　　项家村地临官商古道，自古商号众多，代有商人巨贾，诚信美德源远流长，荡漾古村，滋润心田。民谣："项家穷么穷，还有三十六担铜。"隐隐约约传递着往昔曾经辉煌的信息。项氏家族走过700多年的风风雨雨，繁衍生息，开创基业，终成名门望族。而这一段历史，与龙游商帮从萌发兴盛到最后趋向衰败的时间是相吻合的。弘治《衢州府志》卷一记:"龙游,濲水以南,务耕稼;以北,尚行商。"在地理区域上与龙游商帮也是一致的。我们通过大量的田野调查,又在家谱史书中梳理寻觅,钩沉发微,探究项氏家族与龙游商帮相关联的点点滴滴,以补阙。

项氏宗祠如今依然巍然屹立于村西山岗之上,后有晒场一块,前有"文化大革命"时期所建小学旧舍。尽管周边环境零乱,宗祠还是宗祠,老年人对其敬重有加,由专人掌管钥匙。祠堂雕梁画栋,气势壮观,供奉开村始祖画像,终年香火相伴。祠堂不畏灾害所迫,不为政治斗争所伤,历经数代修复,为项氏后人争得许多脸面。无奈正门有低屋挡道,破坏风水,有碍瞻仰,乃一大憾事。

村中有子容公祠,三进二天井,明清时期所建,建筑精美,特色鲜明,颇有气势,保存也较为完整。村人素有敬重。子容公何许人也?后人何故为其建祠纪念?带着这些疑问,查家谱发现:"项子容为项家第三世,一训公之孙。自号东野主人。平生清心寡欲,不慕朱紫之荣华,优游泉石之乡,乐耽山水之趣。有司屡举贤良,辞不就,甘效古人之清隐也。且天性慧明,博通群书,尤精于阴阳地理医卜之技。迁祖宅之东号曰墙里,杰构高大之居。广创膏腴之业以遗后人。今子孙繁衍,税产增加,咸由公存仁积德以得之也。"真所谓一座古宅就是一个故事。厚厚的家谱告诉我们一个真实的人,收获大矣。但是,子容公如何广创膏腴之业,家谱未做交代。古人视经商为末技,是不载入正史的。正因为此,龙游商帮存史资料甚少。我猜想,经商是其门路之一,他或许就是龙游商帮之先驱。古人云,小富在智,大富在德。以诚待人,以信经商,诚信理应是商人的基本道德。项氏先人做到了这一点,后人建祠立碑是理所当然。道德丰碑更重要的意义在于,不仅仅是为了光宗耀祖,更是要用祖宗的美德教诲后人,约束后人的行为,保持家族百年长盛,青春永驻。

家谱又载:"项子忠(项子容之弟)为人勤俭,立志以耿,忠直立心,平居寡言,不与人谑戏。自以务耕为业而致家业之富足。元末大荒,慨然出粟以济人饥。及我朝平定,挺身而出运粮于京。有司知其尚义,赐以冠带,不受,甘隐林下享天年。"

读读这些道德文章,让人肃然起敬。项氏家族富户而有道德,难能可贵。道德立身,道德立命,已经渗透到项氏家族的血脉之中,代代相传，后继有人。

项氏家族是龙游商帮中的一支重要力量，他们在经商中言而有信，信守契约，重视信誉，重视商品质量。龙游北乡黄土高坡旧时盛产乌桕。乌桕经加工后成白蜡，是制作蜡烛的主要原料。明末，项氏三兄弟做白蜡生意，做到江淮一带，贸易量很大。有一次，货船装着100担白蜡运往扬州，停靠苏州码头时，当地商号以高于扬州百分之十的价格要他们的货。项氏兄弟回答，我们与扬州商号签有契约，不可言而无信，败其信誉，断然拒绝了这笔生意。货船沿京杭运河继续北上，数天后到达扬州。白蜡卸船堆置于仓库中，当夜突发大火，白蜡受热融化全部流入阴沟。当时还有另外三个老板也有白蜡置于同一仓库。流入阴沟的白蜡属于谁家，就成了难题。其他三个老板为了争得这批白蜡，遂向官府起诉。最后还是扬州商号出面摆平此事，这批白蜡当属于龙游项氏兄弟，理由有二：一是这批白蜡质量优等，产地出自龙游；二是龙游项氏白蜡最迟到达，就堆在仓库门口，火是从门口烧起的，龙游白蜡损失最重。而其他客户的白蜡堆在仓库里间，基本无损。在扬州商号的庇护下，项氏兄弟争回了这批白蜡。由此可见，龙游项氏兄弟在商界口碑甚好。

在《泗塘项氏家谱》里，还记载着许多诚信的人和诚信的故事。项文鼎，自号翠林主人，生平简重，诚信正直刚方，为当代之伟人，不求闻达，历览江湖，以至殷富士大夫美之。经营中言而有信。有次与常州客商做一笔烧纸生意，合同约定一个月内交货。然而货船在桐庐江面上突遇大风，船翻纸毁。获悉后，他马上组织货源，装船发货，日夜兼程，终于赶上交货时间，自己损失不少银子，却结交了生意上的朋友。对方知情后很受感动。民国初年，项小军的祖父开了一家商铺，主营陶器。平常从兰溪等地采购缸啊罐啊，转手买卖，小本生意。有一次挑着数只酒坛路过横山溪，一阵大风刮来，把他吹进山溪之中，人伤坛碎。被救起，因伤及内脏，村医回天乏力。弥留之际，祖父再三叮嘱子女，拖欠窑主酒坛货款已过期限，快快送去，不可遗忘。说完此话不久，便合上眼睛驾鹤西去。

书香古村芝塘金

崇山峻岭，茂林修竹，又有清流急湍，映带左右。山上，红树与白云笼罩，青松和翠竹拥抱；层层梯田种粳秫，叠叠青山植松篁。采于山美可茹，钓于水鲜可食。山下，青瓦黄墙飘炊烟，少女浣衣蹲溪畔。青春男女勤耕于陇间陌上，鹤发童颜闲步于左闾右邻。更有琅琅书声回绕在秀水明山之间。

这段文字有点像陶渊明笔下的桃花源，其实不然，它描述的是芝塘金村的村容村貌，完全是真实的。更有意思的是，此地真有一个自然村，就叫桃源。

芝塘金村位于龙游县罗家乡境内，区域面积6.6平方公里，340户1000余人。金氏是该村大姓，约占全村一半人口，占姓、傅姓各占二成，俞姓约占一成。

《龙游县志》记载，芝塘金村金氏元末明初由兰溪迁居桃源里。《芝塘金金氏宗谱》有载，孝公之后裔则良公，明正德年间（1506—1521）携子文十三公自金华东宅来龙，素号桃源之地，见其山明水秀，田卒污莱，居民稀少，可以开辟而成家，爰弃旧族挈家小而播迁兹土。由是父子相依，不遗余力，栉风沐雨草莽变成膏腴，戴月披星荒郊渐成沃土，日复一日，年复一年，万世不拔之基端籍乎。始祖初傍小溪而作室，取名桃源里溪滩金，之后向艾坞山坳扩建，建金氏祠堂，号"树德堂"。

500年风风雨雨，芝塘金村从历史长河中走来。至今村里仍保留明清古建筑30余座。金氏祠堂"树德堂"居村中心，明代建筑，坐西朝东，面积276平方米，三进三厅堂二天井，50根柱子落地支重，开间宏大，气势非凡，现为县级文保单位。祠堂大门之门联"艾坞家深远，芰塘世泽长"，寓芰塘金金氏历史悠久之意。祠堂门前有照壁，壁画"天官赐福"长 10.7 米，高 3.45 米。历经百年风吹日晒雨淋和"文化大革命"糟蹋，如今再露真相，线条清晰，画像优美，实为少见。壁画洋溢着家族授福人丁兴旺情怀。

从"树德堂"往北走一里之地，凤凰山麓，横源溪畔，有一地名称"晒书岗"。晒书岗为一小高地，居高临下，地势开阔，四面采光，是村里日照时间最长之地。早年，金氏一族耕读传家，敬书重读，蔚然成风。江南山区多雨潮湿，书籍极易受潮发霉生虫腐烂。于是每逢农历六月初六那一天，金家书生都会把一箱箱书籍抬出家门晒晒太阳。我们现在无法知晓当年晒书的盛大场面，但是，我们可以从《金氏名人士宦谱》中寻觅曾经的辉煌。现简录如下：

金文清，以小戴礼，应乡书四冠，其选绍兴廷对，天子亲挑为一。

金端臣，宋绍兴年间进士，再调临安府录事参军。

金景阳，端臣之子，宋淳熙年间进士，后知枢密院事。

金安节，宋宣和中进士，调新建主簿绍兴，初累官至户部侍郎擢尚书兼侍读。

金极，绍兴初举进士。

金从龙，宋嘉定年间进士。

金君卿，宋举进士，累官至庆支郎，曾著易说，有文集十五卷。

金彦，力学，善属文。天资敦厚，金氏后裔奉诏举孝廉为天下第一。

芰塘金金氏宗谱载有家训十条，分别是孝亲，敬长，交，兄弟，闺门，婚姻，力田，教读，息讼，廉耻。其中教读条，"记云：人不学不知道古今，哲人未有不从学而知道者，然其在于父兄。父兄不令从学何有知道乎？况天分过人者，可借学以显亲扬名，亦何惜而不教之读耶。为父兄者其知之，为子弟者功勉之"。正因为有了家训的熏陶，也因有家训的力量，才造就了芰塘金村儒风荡漾，百年鼎盛，人杰地灵，代有贤人。

芰塘金村，一个充满书香的地方。与金氏家族一样，俞氏家族也是儒风浩荡，百年兴旺。《桃源俞氏宗谱》载："十三世敬山公者游山玩水见桃源之胜，览其山环水抱，甚敬爱之。因自号敬山以寓意，携其子徙宅于是焉。"其时在明末，由兰溪迁入。该家谱自明洪武庚戌年（1370）

初修，止修于 1949 年。宋濂、文天祥、吕祖谦等名人先后为其作序。在俞氏家族浩大队伍中，也是人才济济，精英荟萃。俞震益、俞震豫就是其中的代表人物。

俞震益（1913—1987），1936 年考入浙江大学土木工程系，翌年改读机械系。1941 年毕业后进湖南祁阳机械厂，因回家探亲交通受阻，任教县战时初中学生补习学校（龙游中学前身）。龙游解放后被推选为校务委员会主任，为节省建校经费，跋涉山林月余采购木料。1951 年底奉调衢州农校，任副校长。1951 年 9 月调任江山中学总务主任，教高中物理。1955 年 9 月调金华二中任教导主任。其间省教育厅两次商调浙江农业大学机械系，均服从组织安排留在中学。1962 年任教金华一中，至 70 岁退休。金华县三届至六届人民代表大会代表。

俞震豫（1915—1993），浙江大学教授，浙江省政协四届、五届委员，新中国土壤化学奠基人之一。1936 年考入浙江大学农学院农业化学系。1941 年毕业后被委任为福建省地质土壤调查所技佐，为福建省创建了第一个土壤标本馆。1944 年底，因奔父丧，携眷返乡。先后受聘于龙游县县立中学和龙游县简易师范学校，任英语和化学教员。1950 年 2 月，应邀到杭州浙江省农业科学研究所从事土壤肥料工作，培训全省第一批棉麻技术干部。1953 年，他担任浙江省农科所统一组织的水稻工作组组长，成为浙江省全面推广半旱和旱秧田育秧之先驱。1955 年以后，一直在浙江农业大学任教。1956 年被评为副教授，1978 年评为教授。任浙江省土壤肥料学会副理事长、中国土壤学会土壤发生分类和土壤地理专业委员会副主任、中国土壤学会会刊编委。1961 年，他把 19 个土科归纳为 11 个亚类和 5 个土类，从而把浙江省主要土壤类型划分清楚，体系明晰。浙江省第一次土壤普查中划分的一些重要土种，在全国也具有相当重要的代表性。如红色盆地或高原原面的黄筋泥、河网平原区水稻土中的青紫泥、黄斑田和小粉土等，对它们的自然属性、肥力特征及土壤资源评价方面，都做出了对国内有一定影响的论述。

1984 年，俞震豫患了肺癌，经及时的手术治疗，得以化险为夷，健康逐步好转。1987 年退休后，仍从事本学科学术论文的评阅工作，并担任《中国农业百科全书·土壤卷》编委会副主任和总论分支主编。主要著作有《土壤学》《浙江土壤》，主编及参加编写了土壤改良、学非洲土壤、土壤发育及其鉴定和分类等多种教材。1990 年获浙江省科技进步一等奖。在近 50 年漫长的教学和科研工作中，俞震豫对我国土壤科学的发展和农业生产水平的提高做出了较大贡献。

芝塘金村是一篇古韵深厚的经典散文，无论以哪种形式呈现，都离不开文化这条命脉。

自古芝塘金村崇尚读书，重教兴文，"读书为第一要务"在村民心底生根发芽。这里流传着一句古话"空无隔夜粮，也有读书郎"。父母教育子女，"吃得苦中苦，才有人上人"。

一花一世界，一树一菩提。芝塘金村的文化元素太多了，老宅、深巷、天井、石子路、雕花格子门，略微倾斜的门洞，还有许多通古达今的长者。徜徉于村庄，走进芝塘金村的今天与明天，让人觉得每个毛孔都注满了文化的气息。一朵清幽的文明之花，如莲蒂生。芝塘金是世外桃源，书香最是浓醇。

脉元龚氏竞风流

　　对于清代的脉元商人龚海民来说，一生最荣耀的事有两件：一是在咸丰元年中了秀才，二是苦心建造的宅子在老家脉元村完成。自明代以来，脉元龚氏便是龙游的一个大家族，祖祖辈辈擅长经商，一直财丁两旺，而似乎每代人都重视读书，希望子弟中有人考个功名才好。宅子建成之后，龚海民便把明万历年间任职礼部侍郎的祖先龚承荐的官帽放在厅堂供奉，以此教育子孙，激励后生。这个传统一直保持到民国初期。

　　脉元村地处衢江之北横山镇境内，距县城约15公里。区域面积2.7平方公里，400余户，人口1400余人。《龙游县志》（1991年版）记载，脉元龚氏原籍福建莆田，宋宝祐年间，龚自元（字以长）任衢州知府，因事赴睦州，道经县北慕然村（今脉元村），爱其山川秀美，离任后便定居今里。明初有一分支迁下张坞。由此推算，脉元龚氏开村居住史大约有760年。

　　脉元古村，历史悠久，人文荟萃，古宅新楼，相互呼应。村民或勤耕于陇间陌上，或闲步于左间右邻，还有琅琅书声荡漾于明山秀水之间。龚氏人才济济，代有贤人，如群星璀璨，千百年来风流人物，家族世代引以为荣，堪称龙北名门望族。1926年重修的《脉元龚氏宗谱》，共16册，现存6册，由村人龚水生保管。其中多有先贤记录。

　　龚世仰，生活于明嘉靖年间，举人，任望江知县。

　　龚承荐（彦升），生活于明万历间，龚世仰子，进士，先后任四川按察史、礼部侍郎等职。著作有《征蛮录》《啸歌集》《抒愤集》等。

　　龚承志，明万历年间任南京兵部、吏部员外郎。逝世后葬县城北

15公里处的下宅乡腰塘边村腰塘水库，有墓志铭出土。

龚璇。清康熙癸丑《龙游县志》有记载：商文毅公辂未遇时，曾设帐于城中祝氏，道经脉元，避雨水碓中，与龚璇邂逅相值。璇曰："雨打先生何处去？"辂答曰："天教才子这方来。"璇甚奇之，因款留至家，讯及生辰，乃同年月日时，遂结为兄弟。后辂显贵，授璇七品散官之职，所以报也。

商辂何许人也？商辂（1414—1486），明代首辅。字弘载，号素庵，浙江淳安人。商辂是明代近三百年科举考试中第二个"三元及第"（同时获得解元、会元、状元）（第一个是黄观，被朱棣除名。所以说商辂是明代唯一"三元及第"），仕英宗、代宗、宪宗三朝，历官兵部尚书、户部尚书、太子少保、吏部尚书、谨身殿大学士，时人称"我朝贤佐，商公第一"，卒谥文毅。著有《商文毅疏稿略》《商文毅公集》等。

龚璇与商辂的友谊，成了千古佳话。这足以反映出脉元龚氏的人品道德和文化素养，也足以让脉元龚氏的人文故事传颂百年千年。

明清时期，凭着吃苦的精神、过人的胆识，龙游商人与晋商、徽商、苏商、闽商等并驾齐驱，跻身于"十大商帮"之列。龙游商人时常心系诗书，从事的也多是珠宝、书画、刻书等与文人有关的生意。脉元龚氏也是此中翘楚。龙游实力颇丰的大书商，不仅刻书卖书，也读书，"弱冠尽通五经三史"。明史记载，当时除杭州外，浙江全省有11个著名刻书坊，嘉兴、宁波、台州各有1家，其余8家全在衢州龙游一带。

随着龙游商帮的崛起，商帮文化的繁荣，大批商人在外经商，积累了大量资产，纷纷回故里置田购产，建房垒屋，修桥铺路，兴建村落。这也是他们以一种特殊的形式和手段来显示光宗耀祖的目的，这也符合商人叶落归根、荣归故里的思想。

龚海民在建造自家宅院时，也把亦商亦儒的特点贯穿了进去：一方面，门梁做成"商"字的顶部形状，两根立柱构成一个框，人往中间一走，就构成了"商"字，寓指进门的人会带来商机；另一方面，这座两进三开间、480多平方米的大宅建得前低后高，寓意为"步步高升"，屋中随处可见读书养性、花草怡情的木雕、砖雕和对联。斯人已去，繁华犹存。透过这一栋栋集中展示的传统建筑，借助那些巧妙的构思、精湛的工艺，后人得以一窥龙游商人昔日的富裕与雍容、儒雅。

　　龚海民所建龚氏民居，面积 288.9 平方米。二进三开间，是龙游住宅民居的典型代表。建筑正门门楼饰以砖雕，内容有戏曲人物图案、渔樵耕读、八仙过海等。正中砖匾刻有"日辉云彩"四字楷书。砖雕雕刻精细，造型生动，图案逼真，人物形象栩栩如生，砖雕宏伟的气势和质朴细腻多变的风格充分体现了古代劳动人民的聪明才智。

　　第一进为天井，天井两侧楼上作厢房，楼下明间廊上饰有假藻井。柱为垂莲柱，柱上置牛腿，垂柱与全柱间上部有双狮戏球的镂雕，并在狮身上刻有两枚古币图案，中有"咸丰通宝""癸丑仲秋"字样。

　　值得一提的是，从这个建筑中还体现出一些封建道德伦理思想。第一，这座民居为前厅后楼配置，厅堂是会客议事的地方，具有公开性，后厅堂则是长辈住的地方，具有私密性，这就是古代建筑体现的"前公后私"原则；第二，该建筑后进比前进高，这是象征着厅堂活动都掌握在高辈老人之中，这就是"前下后上"的原则；第三，古时候等级观念强，建筑讲究正偏，如主人的厢房不是随便什么人都可以进的，丫鬟用人端茶送水要打招呼才能进，天井两边的搭厢房一般是用人和轿夫住的，这就是古时候的"尊卑有等"原则；第四，楼上一般是读书楼或是小姐住的地方，男人不能进，这就是"男女有别"的原则。

　　龚氏民居两进各设一个天井，在古代天井是很有讲究的，天井起到采光、通风、汇集排除雨水、保持室内清凉干爽的作用。天井可见天触地，自然界阴晴雨雪风月的变化融入堂屋之中，说明家庭生活与大自然息息相关，是天地的象征，也是天人合一观念的体现。整幢宅基呈"八字形"，后进宽，前进窄，后进加宽部分解决了楼梯位，增设小天井，加强采光和通风，"八字形"取"发"之意。从建筑结构看，设计科学、考究，这种设计也是很少见到的。

　　脉元村西南有古代采石场遗址，石质为红砂石，与龙游石窟基本相似。根据遗址崖壁雕刻的摩崖题记和人物造型判断，这一遗址属明代正德至嘉靖（1506—1566）时期。遗址沿山体从西到东呈环状分布，西边阴面采石工艺痕迹清晰可见。珍贵的是，在采石场岩壁的崖面上发现了9块摩崖题字。其中4块非常清楚，从南向北依次为"嘉靖八年七月""嘉靖八年七月、田""嘉靖廿一年、王家""正德三年三、王宅"等字样。字体大小在10—15厘米。在老虎洞山西边的崖壁上有一处石刻造像，以单线刻画为主，宽约 60 厘米，高约 80 厘米。造像人物具有典型的明代特征：半身造像，头带儒帽，身着交领右衽开襟襕衫，身份可判断为明代士人。

脉元村有古桥，名黄桥，为双孔石桥，长 22.1 米，宽 3.4 米，高 6.3 米。桥基础用方块红砂石砌筑，桥拱用红砂条石错缝平砌起拱。建筑年代不详。村里长者言及，黄桥桥墩、桥面及周边村落的古建筑墙脚，大都采用这处采石场的石料。专家们也认为，它的发现对考证龙游采石场工艺提供了准确的时间依据，也为龙游建筑发展史及龙游商帮文化研究提供了佐证。

如诗如画芝坑口

庙下乡芝坑口村位于龙游县城南部山区，距县城约 40 公里，村庄紧依县内最高山峰绿春湖，梓溪穿村而过。全村 220 户 725 人，有 12 个自然村，面积 5 平方公里。严为主姓。

夏日的午后，山雨初歇，雾气弥漫在大山上，袅袅娜娜，空气浸润在沁心的清新里，散发着林木翠竹的馨香。大山中的古村落，掩映在幽深的修篁翠竹间，山涧溪流，泉水叮咚，时而跌宕，时而委婉，如江南丝竹，声声入耳。层层梯田，重重叠叠，蜿蜒起伏；碧绿的庄稼，错落有致，透着生机。牧归的老人，吆喝着他的牛群，而牛群时而悠闲地嚼着嫩草，时而抬头四望眼前的秀色，不紧不慢，一路走来。

《山后严修谱新序》曰："严氏乃两浙之名宗也。郡封天水，派衍春山，由来旧也。希一公者乃始祖，子陵先生三十二世裔孙率其惠连由富春山徙居于龙游南乡山后，卜筑而居是为肇基之始祖也。"由此可见，严氏家族乃芝坑口村开村之祖，时在明末清初，距今近 500 年。若干年后严氏从山后严移居芝坑口，因村口长着一排金刚刺树，俗称刺坑口，后改称芝坑口村。至今芝坑口村仍沿用山后、山后严、山后源等旧地名。

"以三衢辖下有通仙胜景在龙游之南源，层峦耸翠，清流激湍，乃饭甑山一脉。突起峰峦，俨如图画，此中异桃源实开天之胜景也。公惠连同游此地，爱其山清水秀竹木森然，遂安居于此，名曰山后。"家谱如是描述自己的家乡芝坑口，村里早年建有盲门殿、华佗殿、庄平寺等。并命名了"龙游南乡横源山后十景"，即文笔凌云、芝坑飞瀑、青蟾望月、赤鲤奔波、东坡耕耘、人峰毓秀、风生空谷、苗秀八坡、鹿湖耸翠、五马归槽。

走进村庄，芝坑口的灵性和活力正在于这条清浅的小溪，山岩突兀，横卧溪中的巨石历经千万年冲洗、打磨，或如卧牛，或如元宝，千姿百态。溪中乱石铺陈，几乎没有泥沙，纯净清亮的溪水可直接取来饮用。时有小鱼游过，引起浣衣村妇的惊喜，这正是"赤鲤奔波"景色的再版和延续。村中上了年纪的人都记得，当年用洗衣的竹篮就能捕鱼的。

村后是高山，叠嶂重峦，巍峨高耸，远望状如巨笔，遂命名为"文笔凌云"，有诗云："雾卷云开丽碧空，文笔西崎雪初融。师承虽有丹青笔，难夺遥天点染工。"而村东的平畴良田，盛产稻米菜蔬，故有"东坡耕耘"之景，诗曰："一竿斜日雨初晴，水满田田东坡平。羡煞山农勤且力，扶犁叱犊事农耕。"

出村西口，前行数百米向右拐，进入一条峡谷，宽约十米，两边山势陡峭，修竹滴翠，风清境幽，山涧小溪潺潺而下。踩着碎石，一脚高一脚低走了半个多小时，身体出汗，鞋子打湿，才见一股山水从数十米高的崖顶喷涌而下，此处就是芝坑口十景之一的"芝坑飞瀑"，清人有诗云："百丈悬崖裂，白龙舞起时。银珠天半来，入池便成诗。"

建村之初，严氏族人在山后严自然村建严氏祠堂，各家民宅依附祠堂，往四周散开而建，规划有序，错落有致。《严氏家谱》中保留着当年村庄平面图，让人感慨不已。岁月沧桑，时过境迁。只有家谱让人心生安全与踏实。每年农历九月十八日，村里举办"九月会"，四路八乡的亲朋好友团聚一起，热热闹闹三天三夜，烧香拜佛，做大戏。还要从庙下的大殿里抬来郭子仪塑像巡游。郭子仪何许人也？他是唐代政治家、军事家。在平定安史之乱的战争中，指挥攻克河北诸郡之战、收复两京之战、邺城之战等重大作战；安史之乱后，他计退吐蕃，二复长安；说服回纥，再败吐蕃；威服叛将，平定河东。他戎马一生，功勋卓著，史书称他"再造王室，勋高一代"，"以身为天下安危者二十年"。郭子仪不但武功厥伟，而且还善于从政治角度观察、思考、处理问题，资兼文武，忠智俱备，故能在当时复杂的战场上立不世之功，在险恶的官场上得以全功保身。当地人称其为郭令公。巡游其塑像意在企求风调雨顺，国泰民安，这一礼仪直到中华人民共和国成立初期才以停息。

严氏家族历来崇尚读书，耕读传家。筑村初期就在村西八宝山建造文昌阁，高两层，上有魁星点状元雕像，十分抢眼。兴办私塾，书声琅琅，儒风绵延。文昌阁前辟有字纸炉，专供焚烧字纸。在芝坑口村，无论老人小孩，对文化文字都充满极高的敬意，有字之纸是不可随意焚烧的。今年八十高龄的涂富老人清楚记得，年幼时逢年过节，父亲会带着他把家中无用之字纸拿到字纸炉去焚烧，并告诫他爱惜有字之纸，读好诗书，立志成才。其他人家也是如此。

芝坑口村现有严、郑、华、谢等四大姓氏，400年间和睦相处，共耕共荣，同心同德，推进村落发展。

清雍正年间，郑氏家族一支从福建上杭出发，辗转各地，奔波千里，最后落户在芝坑口村茂里。建郑氏祠堂，号"繁昌堂"。有诗云："儒学精神跻大同，难忘郑氏旧门风。人民今日皆仁孝，文物真遗万代功。"

郑氏家族也称永世义家，忠孝乃治家之宝。《郑氏家谱》载"家训八条"，句句如雷，震撼人心。如治家以耕读为先，或耕或读，不得赌荡；败其家业，不得辱身；践行异迹，五伦不分；奸盗诈伪，一切莫为。如有犯之定格祠外。勤俭以惰奢为戒。惰则有失身之路，奢则有丧家之阶。

坚守家训，恪守族规，郑氏家人在芝坑口这块富饶的土地上，以农为本，克勤克俭，和睦相处，安居乐业，繁衍子孙，守护着自己的家园。清朝末年，县内大灾，粮食短缺，百姓啼饥号寒，苦不堪言。不少灾民涌进茂里山沟，挖树根填肚充饥以度灾年。郑氏族人纷纷让饥民来家同食，因此救活不少灾民。村民郑德迮施粥月余，谷仓掏空，最后家人只能靠番薯充饥。灾民无不感激涕零，没齿不忘。

当年，茂里山谷古树成片，遮天蔽日，尤其是红豆杉群树龄千年，名声在外。郑氏家人有着浓浓的古树情结。我们猜想，古树可能是他们卜居此地落脚生根的原因之一。200余年来，他们在风中，在雨中，守着古树，与古树对视，与古树对话。古树散发的气味，伴着山间清风，弥漫整个山谷，也沁润着人们的心田。而古树的生命密码，也在有意无意之间开启着人们的智慧。在历史的长河中，茂里古树也经历过磨难，也遭遇砍灭的厄运。最近的一次是20世纪50年代，大炼钢铁的斧头已经深深砍进红豆杉树干，是当地村民挺身而出，据理力争，才保下这片风景树。

现在的茂里古树群有国家一级保护植物南方红豆杉9棵，红枫8棵，香樟、罗汉松等千年古树名木 32 棵。古树群与古村落默默相对，彼此相依，散发出的沁人清香弥漫于整个村庄。古树参天，枝繁叶茂，苍郁遒劲，历经千年，成为省内外难得的保护得最好的古树群之一。一代代村民接力护树，而古树又静静地守候着眼前的古村，这就是自然辩证法，在人与树的相互守护中，历史在前进，社会在变迁。如今，一个以红豆杉古树群为核心的景区正在紧张施工中。

芝坑口村，壮如诗，美如画。那梦一般的山水家园，如此怡静秀美，天然无须装饰。顷刻间，那淡淡的乡愁，浓浓的思绪，萦绕在山间，飘飞在竹海中。

板凳龙舞青塘坞

　　每年正月十三，是社阳乡青塘坞村板凳龙的灯日，是一个比过年还要热闹的日子。这天村里要举行盛大的舞龙活动，祈求风调雨顺、国泰民安。夜幕下，烛光闪烁，龙灯狂舞，照亮一片天空。

　　青塘坞村位于县城东南约 22 公里处。这里山清水秀，景色宜人，老百姓依山傍水而居，幸福而安宁。全村共有耕地 1508 亩，林地 11068 亩，农户 330 户，总人口 1004 人，村民收入以农业、林业、外出务工为主。

　　劳姓是青塘坞村的主姓，全村有七成村民姓劳。民国《龙游县志》（氏族考）载：宋兵马总辖劳清次子劳福自余姚冶山迁居县城丛桂里为始祖，历四世，仁贵生文质，迁居青塘，相地以居，筑室构堂，为青塘坞村始迁祖。

　　这是一个古老的村庄，村里的古建筑就像一群历尽沧桑的老者，在诉说着逝去的流年。村里古建筑 29 座，其中有 600 多年历史的劳氏宗祠，有"垂裕堂"，有劳氏民居砖雕门楼等。这些古建筑连片相聚，传统格局和历史风貌保存完好，主要特色是筑马头墙、墙饰花纹、留天井、雕牛腿等，布局严谨，小巧秀气，具有江南民居的典型风格。其中"九狮壁"形态逼真，惟妙惟肖，乃罕见之艺术珍品。在一片青砖黑瓦的古建筑群中，鹅卵石与青石板铺就的小街，贯穿整个村庄。行走在幽深的巷道中，会有一种穿梭在漫长时光隧道里的感觉，一些被记忆剪碎的旧事，在一种古旧气息包绕的氛围里，会重新浮现于眼前，在思绪中臆想着这里曾经发生的故事。所以，青塘坞是一个有故事的地方，这里的每片黑瓦，每条小巷，都蕴藏着一个个动人的故事。

　　板凳龙最能体现古村的人文渊源。板凳龙又叫板灯龙，始于元末明初。板凳龙由手工制作而成，集书法、绘画、剪纸、刻花、雕刻艺术和扎、制、编、糊工艺于一体，具有民俗、历史研究价值和民间工艺传承功能。龙身制作比较简单，当地每家每户基本都会，在长约两米的木板两端装上一尺多长的硬木龙轴，板上再装两个灯座，用竹篾扎一圈护栏，裱上透明锃亮的纸，最后画上鳞纹、牡丹或茶花等图案，并写上"安居乐业""五谷丰登""心想事成"之类的祈颂语，即可告成。龙头与龙尾的制作工艺难度较大，步骤也较为烦琐，由村里牵头制作。龙头由硬木精细雕刻而成，口、鼻、耳、目、鳞、爪、须一应俱全，栩栩如生，附以铜钉、蜡烛和铁架。光龙头就重达百斤，舞龙时需一壮年背着，六个人在两侧用铁叉举撑。龙角足有一米五长，龙身一百一十节，整条龙长约两百四十多米。

　　板凳龙制作完毕。舞灯队伍也很重要，灯队组织严密，纪律严明。参加舞灯的人员分为六个组，每组为十八人，各组派出两个代表进行"抓阄"，六年为一代，谁抓到一号就为第一年负责组织龙灯的有关事项，在灯会的前一天晚上由这组人设摆"箍桶酒"，意即吃了此酒，不离不散，一心一意完成事业。这一习俗相传至今。

　　正月初十，龙灯活动的主要发起者就将龙头和龙尾摆放在本家祠堂劳氏祠堂内。按照传统，此举就是出龙灯的告示，家家户户就开始准备各自的龙灯，所以龙灯可以说是全村人智慧的结晶，因为一起参与编扎龙灯，全村人更加团结了。这些龙灯一般每户一节，每节长约两米，上面用鲜花扎成一个个花篮摆放在龙身上进行装扮，然后每户将各自的龙拿去连接。下午，劳氏祠堂内人声鼎沸，做事的、看热闹的、烧香磕拜的人络绎不绝。威武的板凳龙龙头高昂挺立，龙头前摆放着香案，虔诚的村民纷纷前来祭拜。

　　下午四时，礼炮三声响：一炮通知各家各户烧晚饭；二炮按顺序接灯；三炮起灯，开始按原定的线路进行迎灯。而后，板凳龙离开祠堂，到达村中广场进行游龙活动，并停放在广场上等候村民接龙。至五时许，村民不断加入，舞龙的村民身背香袋，内装蜡烛和香纸。整条龙已有上百节，十分壮观。

　　舞龙活动正式开始。锣鼓开道，村民们抬着"夏禹王"塑像引路，板凳龙紧随其后,至村口夏禹庙举行祭拜仪式。一丈多高雕刻精巧的"夏禹王"身着龙袍,头部描金,用玻璃罩着,栩栩如生。迎接场面甚为壮观,开路先锋刀矛銮驾,其后是双开锣,再是"夏禹王",四人大轿抬着,压阵是"板凳龙"。队伍两边还有四位铳手一路放铳,浩浩荡荡,锣鼓喧天,威武雄壮,平添威严。四种灯接后举迎,外村也有灯队赶来助兴。

天黑以后,村民在各节龙身内点上蜡烛,一条巨龙显得非常耀眼,熠熠生辉。整条龙在村中进行巡游,晚十时左右,又重新回到村广场,举行舞龙活动。舞的方式主要有:迎舞,即沿路举迎,边走边舞;盘龙,以龙头为轴心,快速盘卷,状似圆盘;蝴蝶盘,以龙头为中心,盘龙卷起,龙头回转半条龙后,又与别的龙灯、龙尾为中心再盘,呈两大圆盘。舞龙是一个融合了体育、杂技、舞蹈等艺术的活动。在舞龙过程中,通常有龙头钻阵、游龙戏水、穿花打旋等传统阵势。完成这些动作,需扛龙的人使出浑身解数控制节奏,颇耗体力,所以通常是青壮年上阵。

隆冬的夜晚,万籁俱寂,天地苍茫,青塘坞村却璀璨无比,热闹非凡。板凳龙游拜之时,龙身花盆中的蜡烛都会点燃,此时的板凳龙便成为一条五颜六色、活灵活现的"神龙",在村里的大路小巷来回穿梭,行游在村庄的家家户户。

其实,这也是农民兄弟的狂欢节。他们抒发出农耕文明的情怀,传递着对土地、对先祖、对苍天的膜拜,以及对新年丰收的期盼。沧海桑田,诚上心香。念兹在兹,伏惟尚飨。

下童百年小脚灯

　　土色的泥墙，细软的沙滩。巍巍古樟，滔滔衢江。田园牧歌，宁静安详。时光千年百年流过，乡愁掩映在历史的烟雨中。这就是眼前的湖镇镇下童村。2015 版《湖镇镇志》记载，下童村原名浮牌洲，鼎新下童，主姓童，何时迁入不详。南宋淳祐年间童克忠因避疫迁居至兰溪之孟塘，约明洪武十一年（1378）由童孟荣从兰溪孟塘回迁。下童村上童童氏，南宋咸淳年间由童益茂从兰溪寺口孟塘迁入。该村地处衢江江心洲，三面环水，空气清新，景色宜人。现为县首批新农村特色村、浙江省民间特色文化村。

　　龙灯源于大旱时节的"接龙"求雨，寄寓人们祈求风调雨顺的愿望。民国志卷二《地理考·风俗》有"制龙灯自数十节至百节不等，进城祀神并游街市"的记载。中华人民共和国成立，群众积极参与各种文化活动，1949 年冬，村民自编自演的文艺小品和活报剧深受群众喜爱。1951 年村里成立业余剧团，开始排演古装戏。1953 年该村被列为全县文化点。1957 年村里开展了广播、图书、展览、篮球、拔河等 17 项文化活动。是年，全县文化工作现场会在该村召开，可连演 10 天不同节目，闻名县内外。《浙江日报》1965 年 2 月 1 日刊登该村业余剧团演员排练节目的照片。改革开放后，该村的坐唱班、硬头狮子、老年秧歌队重新组建和演出，目前村里拥有 7 支文化队伍，100 余名业余演员，占全村总人口的 20%。演员队伍中年龄最大的已有 70 多岁。1991 年，湖镇区文化站专职干部童亦平，下童村人氏，被评为全国文化系统先进工作者，上北京出席表彰大会，披红挂彩，受到党和国家领导人的接见。

　　古村悠悠，民乐悠悠，民舞亦悠悠。因为喜爱，所以流传。甘蔗龙，相传有 500 多年历史，因地处圩地，村盛产甘蔗，村民将甘蔗有关传说融入了民间龙舞。甘蔗龙一般长 26.8 米，染甘蔗绿，形似滚花龙，龙背画有甘蔗图案，柄上绘有甘蔗节。动作套路有摆龙阵、游龙、跳龙腰、打云头、弓步龙阵、蹲龙、狂舞、长蛇阵等。

狻猊，头由樟木或构树雕刻而成，额头有眉毛，头顶部刻有卷毛状图案，外部漆成红色、黑色、金黄色。毛由黄麻制成，外罩为用麻绳打成的特殊网状结，称为古门钿，颈部染成红色的绫毛，麻布做夹层。狮子成对，每狮二人，一人舞头，一人舞尾。舞者穿草鞋，扎绑腿。该舞以跳八卦为主，人称"八卦派"。给人的感觉是动作粗犷，威武猛烈。乐队由 10 多人组成，大锣开道，镗锣伴奏。相传起源于明崇祯年间，一直延续至今。这个节目已被列为国家"七五"文化科研项目，入选《中国民族民间舞蹈集成》和浙江省第二批非物质文化遗产保护名录。

"十二月花名"灯舞是 20 世纪 80 年代挖掘整理的采茶灯舞之一，入选《中国国民族民间舞蹈集成》。十二花名分别是瑞香、茶花、桃花、蔷薇、石榴、荷花、兰花、桂花、菊花、芙蓉、梅花、蜡梅。整个舞蹈过程分 12 段唱词，演出时由 12 位少女装扮花旦，在舞台两侧列队同时出场，台后放一副茶担即大花灯，由小丑逐一与少女边唱边舞，如此左一位，右一位，直到十二位舞完。乐队由 5 人组成，乐器有鼓、锣、钹、笛、笙、二胡、月琴等。

小脚灯，下童村民间舞蹈之精粹。相传 1916 年由兰溪传入。民国县志卷二《地理考·风俗》中有"村童并骑走马，唱采茶歌以为乐"的记载。"采茶"并非摘茶叶，而是"进茶""献茶"之意。表演者为旦角 4 人，车夫 4 人，小生 4 人，小丑 2 人，乐队 5 人。旦角旧时男扮女装，着戏装、褶裙，站在车内做坐车状，趋小步，宛如坐车悠然而行。车夫皂衣红裤，做推车动作。小生穿白色或肉色戏装，身套篾制马头、马尾，做骑马状。舞蹈走阵为主，有串阵、打四角、单开四门等。民歌伴唱，有独唱、对唱，合唱《拜年歌》《双开门》《看灯歌》《洗菜歌》《劝郎歌》等。民国后掺入婺剧曲调。主要舞步有马步和车步，表演内容为弟弟推着挂有彩灯的"洋角车"，送姐姐去看花灯，路上遇上骑马的小伙子，双方一见钟情，于是互唱情歌，倾吐爱慕之心，时而又有扮演小丑者在一旁插科打诨。其特点是车、马、人、乐队边走边唱边煽情，热闹喜庆，且风趣诙谐，气氛轻松，富有浓厚的戏剧色彩。

早在100多年前，下童村有坐唱班，先唱昆腔，后唱徽戏，配有月琴、徽胡、大钹、大锣等10件乐器，只唱不演。1951年村建婺剧团，后改名鼎新婺剧团，能演《百寿图》《玉麒麟》《三请梨花》《十五贯》等十几部大戏，也演《三家福》《小保管上任》《买表记》《送货路上》等自编自演、配合宣传的小戏。龙游籍婺剧名演员周越先、周越芗曾经给予指导。婺剧曲调高亢激昂，气氛热烈。1964年，金华县举行农村俱乐部会演，该村有两个节目参加。一个是集大合唱和表演唱于一体的《鼎新大队十五年巨变》，他们自豪地唱道："十里桑园绿油油，十里渠道水常流，耕田不用牛，点灯不用油……"另一个节目是他们自己创作的婺剧小戏《送女》，讲的是女儿去学医，结果当了兽医，其母反对，其父支持女儿的选择。其母因此迁怒于丈夫，丈夫抽烟时一把夺下他的烟筒。后来还经历了不少矛盾，自家养的猪病了，幸亏女儿回家医好病猪，其母终于想通了。丈夫拿起烟筒吸烟，妻子主动划火柴帮其点烟。《送女》得到过周越先的指导，剧中夺烟筒和点烟的细节就是周越先设计的。大合唱节目先后被选送参加金华地区和全省会演。"文化大革命"期间，村剧团排演《红灯记》《智取威虎山》等样板戏。1976年后一度重演婺剧《三打白骨精》《梁祝》《打金枝》《僧尼会》《对课》等。

近年来，小脚灯舞蹈队把婺剧小调改编成《小脚灯舞》的曲调，用婺剧《进花园》曲调改编成《十二月花名》，表演的节目《天地双龙》令人瞩目。天龙由男人挥舞，地龙由女人迎举，分别代表天干与地支，寓意天人合一，四季平安。节目以保护众生、智斗恶魔、勇除祸害为主题，表演灵活多变，刚柔并济，音乐曲牌粗犷豪放、节奏分明，还能排出"龙行天下""天下大吉"等字样。小脚灯等节目作为龙游的主打品牌参加了在南京举办的龙游石窟旅游促销活动、上海国际旅游节、西博会、中国国际民间艺术节等重大节日活动。

清水淡墨三门源

著名电影导演谢晋20世纪90年代游历三门源村时，我有幸陪伴左右。他以一双慧眼审视古村，用电影美学的语言连声赞叹，这是一幅精彩的水墨画卷，时光是古村的一点点淡墨。清水淡墨，渐渐淋描在古村的眉目和肌肤上。一帘清幽梦，碧澜映明月。聆听了他的褒奖之辞，当时我只觉得谢导文采飞扬，出口成章，内心很钦佩。但对于三门源村之美，我的认识与感觉是有所欠缺的。

以后，我又多次来到古村考察，每次都忆及谢导的教诲。循谢老点评的思路，慢慢欣赏，细细品味，渐渐悟出一些韵味，成就这篇小文。

三门源村是沿碧溪两岸铺陈筑舍的，依山成形，傍水取势，独成气质。气势恢宏的牌坊，格局非凡的祠堂，成片成片的民居，矗立在碧水蓝天中，静默在苍烟夕照下。当年，富足的龙游商人耗费巨资，延揽天下能工巧匠，描绘精美水墨。将古老的文化历史精心熔铸在黑白两色之中，黑得坚决，白得透彻。给后人留下美妙绝伦的水晕墨章。

《叶氏宗谱》如此描述自己的家园："青山面面拥流水，以绕柴门，翠幄重重垂清荫，而落院宇。堂开绿野，阅陌上之桑麻池畜锦鳞，候门前之剥啄，珠帘初卷，翡翠来果，春水方融，鸳鸯并浴，间栽杨柳，不殊西子湖头。"

我以为，这样的文字，是一种白描，又是生活环境的彰显，而不是文人的抒情。久读不厌，历久弥香。历史的陈香，像矗立着的人性丰碑，倔强而朴素，置身古村，人们仿佛走进明晃晃的光阴皱纹里去了。村里的民居素有"粉墙黛瓦马头墙"的美誉。粉墙黛瓦的诸多建筑，像言语不多的老者，却阅历万象，闪耀着智慧的亮光。房屋所筑马头墙，要高于山墙和屋面的高度，以墙面中点为中心，呈对称结构，体现出儒家中庸之道和讲究规矩的礼制。先民们利用他们的智慧将思想深深地镶嵌在村落建筑的一砖一瓦中，轻巧淡雅，秀丽大方。

造型酷似"马头"，线条稳定富有秩序，动静结合。远远望静谧村落，犹如诸多马头墙连在一起，万马奔腾，给人一种动感之美。马头墙的边檐黑瓦与整面白墙，疏密虚实、高低起伏、起承转合。马头墙封山火，防狂风，遮骄阳，一夫当关，功莫大矣。然而马头也是藩篱墙，女主人往往独居盼夫归，掸纤尘，卧莲房，醉娉婷。月扣西窗剪小调，香台墨暗雪无殇。

古村沉浸在微雨的庄严朴素里。古桥青苔，流水潺潺，岸边杜鹃，野草芬芳。晨耕依旧，炊烟袅袅。且听风吟，耳闻鸟语。"门前新溪水，源通石涧泉。山翁无个事，持竹钓苍烟。"诚然，心灵的泉水，至今还在静静地流淌。弄堂的木雕小店里，老艺人戴着老花镜低头刻东西，古朴雅致，诗意幽幽，犹如挽着岁月的裙角，将思绪抛掷到云端之际。手捧青花瓷碗的老妇人慢慢走过，瓷碗里泊着白嫩的豆腐。牵牛花在斑驳的围墙上静静开放，世间的祥和安然，都在三门源的空气里飘逸开去。

世道沧桑，乡愁无限。三门源的清清溪水不仅仅是明丽的，待到苍茫四起，是否还能激起乡愁的大雾呢？叶、翁两族，维系着古村的来来往往。兴盛百年，代代余庆。学童、商贾、烈女、孝子，一个个影像缓缓地缭绕在黑白两色之中，或许有很多话要说。待到天落小雨的时候，湿了墙瓦屋檐，岁月的苍苔也似在独自叹息。而今日的乡间女子，用细密的步履撑一把雨伞，一路滴湿脚下的石板路，心中恍若得悟，连缀起来竟像一阕宋词。

走进叶氏老宅，木门、天井、大缸、浮萍，传达着积善读书的礼仪，有从容入世清淡出尘之妙。雀替如飞，牛腿如生。厢房的花窗刻有"龙凤呈祥""花开富贵""鱼跃龙门"的图案，千百年的诗书都活在美轮美奂的木雕里；后院蕉肥石瘦，有碧水红鱼，紫薇正开得烂漫，是否曾有红顶商人与其如花似玉的美眷在此品茗赏月呢？

玲珑砖雕，青砖为本。刀法干净，粗放挺拔，雅拙素朴。置于墙壁，一块砖雕就是一出戏。"刘备招亲""渭水访贤"，誉之婺剧活化石。还有渔樵耕读、福禄寿喜、琴棋书画等图本，也是栩栩如生，赏心悦目，演绎成为古村的精华。

如今，虽听不到龙游商帮月白风清、隽永绵长的悠扬吟唱，但那种真正气沉丹田的声音，那种动人心扉的盼望与坚守表情，让我恍惚间生发一点点历史的醉意。如是，意合了龙游，便可以有幸隔着一个仰望的距离，一路看遍戏台，可以值锣鼓敲击与板胡拉响之际，闭上眼睛，回忆婺剧的韵脚，有时圆婉超然，有时纵横飞扬，有时左右开张，有时禅意芬芳。

君不见，怪石、云海、水墨、砖瓦，烟锁古村，雾笼山峦。一帧帧的风月回忆，一圈圈密合弥连的春夏年轮，从水口悄然淌到足下，寂然沧桑百年。是谁在云路上轻拂翠柳捋尘烟，红尘何曾老，倾心长相随，却不知泪眼早已蒙眬。慢慢踏进小巷，麻粒石子在脚下铺开，它的奇特在于平日里显赭青色，遇雨则为浓黑色。清风明月，松涛石泉，华堂古韵。此时，刚下了一场雨，石子像一笔散发着醇香的浓墨，把三门源的文化一路铺展开来。

空气里水汽氤氲，一汪温和而平静的溪水里，倒映着不老的青山，仕途家业，深居高院，这曾是谁人，何时天下笑傲？明月松间，清泉石上，淡然品茗，一缕馨香，盛世繁华，怎敌我笑醉一回？前尘旧梦，若眼前山水之间鳞次栉比的民居，心香却是一叶轻舟，荡起一片涟漪。人醉心醉，醉在清水淡墨之中也。

诚如是，在我心里，古村里的每一幅木雕、每一块砖雕、每一杯淡茶、每一簇花，都是一卷水墨丹青。这幅水墨画干湿浓淡，境界天成，静美恬淡。这也是文化的水墨，历史的水墨。

古村三门源气闲神定，烟雨稀疏，总在趁人不备时，悄然徙转。黛瓦粉墙，烟芦云树，小桥流水，一步步走去，曲径通幽。弄堂长廊，石雕池塘，庭院深深深几许。所有这些，都印证着古老窗棂里的优雅和寂寞，真有"一任阶前、点滴到天明"的意趣。须臾之间，这儿的雨夜滴下来的仿佛不是雨，而是淡淡的墨了。

乡贤笔记

赵友钦与范家村新考

　　灵山江畔，鸡鸣山麓，有个范家村。小村有山有水，与县衙一水之隔，果然灵气四溢，风生水起，才子聚集。因为有了赵友钦，范家村便成了一个有故事的地方，一个充满神奇色彩的地方。赵友钦是我国古代历史上一位重要的科学家。2015年版《龙游县志》有载："赵元督，宋宗室之子，原籍江西鄱阳，约生活于宋末元初。隐遁自晦，或谓其名敬，字子恭，或谓其名友钦，莫衷一是，世人因其自号称之为元督先生。浪游东南海上，或骑青骡往来衢婺山水间。后择寓龙游县城郊鸡鸣山麓，卒葬鸡鸣山。"2013年，新知社将其列入中国古代百名科学家大系，并撰传记。

　　赵友钦其人颇具传奇色彩，他的生卒年月，甚至他的名与字，一直说法不一。如1979年版《辞海》赵友钦条目只是含含糊糊说他生活于"十三世纪中叶至十四世纪初"，而其他资料也是各执一词，难见定论。

　　赵友钦生活在宋末到明初之间，他曾在鸡鸣山上建立天文台，观察星系运行规律，对天文、经纬、地理、数术莫不精通。曾著有《金丹正理》《盟天录》《推步立成》等书，均已佚，现仅存科学著作《革象新书》。他的具体科学成果有：以外圆内接正四边形起算圆周率的方法，获得 π 近似值为3.141592；以实验的方式，发现"小孔成像"原理，为照相机制造的物理学理论鼻祖；首个发现日道远，月道近，进而首先推出了"日之圆体大，月之圆体小"论断；发现测定两颗恒星上中天的"恒星时"时刻差来求它们之间赤经差的新方法。他所采用的大规模的实验方法在物理科学史属于首创，比世界著名物理学家伽利略早两个世纪。1992年，我县知名乡贤、浙江大学资深教授许钧翻译的法国学者艾田浦所著《中国之欧洲》一书，作者赞叹赵友钦的数学成就："在 13 世纪，赵友钦以等边多角形近似圆周的方式，精确到圆周率的 7 位小数，实为远东伟大的数学家的成果。"

但是，关于赵友钦的身份，是鸡鸣范氏入赘女婿，还是他将女儿嫁给姓范的人，多年来人们对此一直争论不休。有文章称：赵友钦，字敬夫，号缘督或缘督子，宋宗室后裔。因家庭出身背景，终身未与元朝政府合作。他是龙游鸡鸣范氏入赘女婿，他与范家的结合更多是政治原因使然。范家是宋范文正公后裔，他是宋太宗第十二世孙。也有人持不同意见。

事实到底如何？究竟谁对谁错？有人专门查找资料，八方考据。万历《龙游县志》，上面有赵友钦条目："元赵友钦。鄱阳人，少好天官遁甲家。一日于芝山酒楼遇道人，方瞳绿鬓，与饮酒。既而尽出怀中书授钦。由是遂浪游东南海上，或乘青骡来衢婺间，止龙丘萧然一室。……晚自称缘督子，卒葬鸡鸣山。"

民国《龙游县志》，上有记载："元末赵缘督（赵友钦）侨寓县东鸡鸣山麓，以女嫔于范，其后子孙繁衍。"

在这几段文字中，可读到文章中的不同的含意，一说是赵友钦入赘范家，一说是赵"以女嫔于范"，即赵将女儿嫁给姓范的人。

明万历《龙游县志》早于民国《龙游县志》，民国《龙游县志》为民国人士余绍宋所撰，余绍宋是治史大家，考史严谨。估计余所撰县志未循旧志说法，必已对相关资料搜索质疑。而民国考据元朝人物，最大的可能是寻找家谱资料。于是有人循道转而从姓氏家谱中寻找线索。

查龙游鸡鸣村《范氏家谱》有以下记录："……宋范仲淹之裔原居兰溪清口村元时有钰者遇赵缘督奇其貌抚育之成人并妻以女后随缘督来龙游卜居东郭鸡山之阳为其始祖。"

看到这些文字时，有人提出，为什么赵缘督与范钰谁翁谁婿会有两种说法，最大可能是断句时出现了问题。

将这句话这样断："宋范仲淹之裔原居兰溪清口村元时有钰者，遇赵缘督奇其貌抚育之成人，并妻以女，后随缘督来龙游，卜居东郭鸡山之阳，为其始祖。"此范钰为岳父。

而如果换一种断法："宋范仲淹之裔，原居兰溪清口村，元时有钰者，遇赵缘督，奇其貌抚育之成人，并妻以女，后随缘督来龙游，卜居东郭鸡山之阳，为其始祖。"此可读出赵友钦为岳父。

兰溪图书馆查《龙门范氏家谱》，在此家谱中，查到范姓第十一代祖为范钰，谱上有记录："第十一世讳钰，字促庚……以祖葬龙游竹桥，因往拜扫，时有宋室宗派避乱寓居通驷桥之鸡山里者，其裔赵缘督公，询知为名门之后，遂以女赘之。"这段话白话意思为：第十一世范钰，字促庚，因为祖先安葬在龙游竹桥，因此前往拜扫，这时有宋朝皇室后代为避乱居住在通驷桥的鸡鸣山里，其中有个后裔叫赵友钦，问过范钰知道他是名门之后，于是将他招为上门女婿。看过这个记载，事情是否可以这样认为，范钰是赵友钦的上门女婿。由此也可推断，赵缘督当时无子，仅有一女，因此招郎入赘。结合龙游鸡鸣《范氏家谱》记录，范钰入赘情况应是如下：赵友钦在宋末元初为避战乱，从江西鄱阳县寓居于龙游城东鸡鸣山下，范钰小时候随家从去龙游竹桥扫墓，碰到赵缘督，赵缘督看他相貌奇异，于是将他带到家中抚育长大，并招为上门女婿。

范钰是兰溪纯孝乡清口村人，元代大科学家赵友钦的女婿，这一点可以明确了。赵女后无子，又从兰溪清口村范姓中挑选了一个孩子为嗣。因此，目前鸡鸣山下赵友钦的后人，其实也是兰溪范氏的后人。有史料传，范氏族人每年都要"率族众往鸡鸣山谒墓展敬，因登高临水，步先生观星台徘徊眺望，踵为故事"。

据说，赵友钦有两位著名的徒孙：一位道学徒孙是大名鼎鼎的武当派张三丰，张三丰名扬四海；另一位是天文学徒孙月庭和尚。月庭和尚又叫孟月庭，光绪《兰溪县志》记载："孟月庭，邑人，初为某寺僧，通天文地理学。至元十八年，胡大海兵至邑，获月庭。"朱元璋为攻婺州到兰溪后，胡大海将月庭推荐给朱元璋。月庭和尚是明太祖朱元璋的一位天文学老师，朱元璋曾经在金华为他建过观星楼，并虚心向他学习天文学知识。

宋濂在《革象新书序》中说："先生复悉弃去，乘青骡从小苍头往来衢婺山水间。"赵友钦跟金华兰溪确实很有渊源。他既有儿女亲家在兰溪，又有徒孙月庭和尚在兰溪。他会经常从龙游来兰溪看亲家，或者看徒孙月庭和尚。落笔有据，不曾想到这种游山玩水之行为，却被大家宋濂记录于兹。

还有一种说法，即赵友钦是亦翁亦婿。先是赵友钦落户范家村，做范氏上门女婿；赵无子，有一女，乃招范铿入赘为婿。香火传承，范氏得以延续。这一说法也不无道理，而且与县志与家谱之记载也是大致吻合的。

通过这一梳理，我们发现，尽管说法多多，但是有一点是肯定的，就是赵友钦落户范家后，具有广泛的名人效应，他为范家村乃至鸡鸣村增加了名气，增添了光辉。

龙游人物札记

叶仕魁的气节

叶仕魁，龙游县马叶人，字子先，号郎微，明代进士。崇祯九年丙子岁（1636）浙江乡榜以西安籍中式，崇祯十三年庚辰岁（1640）春闱二甲二十三名。崇祯十四年辛巳岁（1641）叶仕魁授江西南昌府进贤县令，癸未岁（1643）二月廿九为进贤知县，崇祯十七年（1644）进贤知县期满，擢升南昌府礼部仪制司主事，时逢清兵入关，归里隐居不事新政，立志不履清土，不食清粟，于进士厅后又建后楼，整日蛰伏楼上，新粮登场竟不食，终亡去，享年五十。

叶仕魁是一位有气节、有风骨的官宦。忠君，爱国，不事权贵，体察民情，高风亮节，百姓爱戴。民国《龙游县志》几条有关叶仕魁的资料：

其一，叶仕魁的父亲《人物阙访》云："叶有芳，《新采访》载徐应秋撰传云：'字蕙实。性至孝。''父病几危，夜割股肉投缶中和糜以进，所苦遂除。'又云：'晨起道拾遗金，候其人至，询之则鬻子以输官也，恻然还之，仍赠以赎子之直。'"

其二，《人物别录》云："叶仕魁、叶仕昌，皆有芳子。"徐应秋撰传谓其"母病，兄弟并仕魁妻汪氏不谋而合，咸割股以进"。

其三，《人物阙访》云："余日新撰传称其（叶仕魁）任江西进贤知县时，发奸摘伏，明察如神；剔弊惩贪，猾胥齿击。时南昌、临川两邑皆欲得之而治，绅耆请于当事、进贤绅耆恐其去，亦相率署如公牍以争。"

其四，《人物阙访》云："叶景亨桥头谱载叶士魁撰赞云：'孝友性成，强毅天赋。闵父充军，挺身代赴。万里崎岖，常往不顾。迨替得还，年已及暮。里巷优游，人钦雅度。'"

所以叶仕魁道德品质值得敬佩、孝亲、廉洁。居官克尽其职，为政简约，鼓励人们向善，安居乐业，依法严惩为非作歹鱼肉百姓者；异族入主中土时，忠肝义胆，护国庇民，独持操守，在社会变革动荡中表现出的忠义之举，怎么能被淹没在历史的尘埃中。

据说叶仕魁还在寒窗苦读之时，龙游一带饥荒连年，虽然叶仕魁家境尚殷，然究竟也只能有上顿没下顿凑合着过。一天，叶仕魁夜读正酣，窗外有个鬼伸出一只手来，要问叶仕魁讨吃的，而且纠缠不休，他拿起笔，在鬼手心上写了个"山"字，当下鬼手如被重物所压动弹不得，鬼不停地求饶，一会儿叶仕魁又拿起笔，在鬼手心的"山"字上又叠写了一个"山"字，鬼手如释重负，立马缩回去，再也不来纠缠了。

马叶村位于县城西十二公里处，北有衢江过境，西有唐代盈川县古城，地处龙游和衢江交界处，明代为繁华市镇。马叶村为两县分治达一千余年的村庄，一村二治，以村中心为界，一方属龙游县，一方属衢县。马叶北门建有进士坊，建于明末的"树德厅"，又名进士厅，就是叶仕魁的故居，直到20世纪八九十年代后才被拆除。

"樟苟仙"医病

十六岁那年，我在金华县湖镇中学上学。每个周末往返于老家与学校之间，都要路过新屋底村，常遇一位老翁，身着长布衫，留齐耳长发，脖挂三尺烟管，右手提根拐杖在乡野小道缓步而行。在那个年代，这身穿着像个怪人。有村民相告，此老先生名呼"樟苟仙"，乃一土郎中，手有绝招，不可妄议。我顿时心生几丝敬畏。时间久了，脑子里真的装了不少"樟苟仙"医病的奇闻逸事。

1968年秋，花公园自然村一位年近八十的老妇半月水米不进，县医院诊断是伤寒，其舌黑唇燥，谓是铁板伤寒已难治疗，嘱其家属准备后事。家属心有不甘，转请"樟苟仙"诊治，时先生年近九十，望舌由学生代劳。嘱曰，如舌苔墨黑便是阴液告竭则难以救治。如为湿灰之黑色，则为寒湿化热之候，津液尚存。老妇尚属后者，服先生药五剂而愈。

只花两元药费而保一命，老妇对先生感激涕零。

"樟苟仙"身居乡村，接触贫病者为多，从不计较酬金多寡，八十多岁仍行医乡间，医技高明，医德高尚，口碑极好。胡家村有一产妇产后二十天突发癫狂，送医院注射镇静剂后神情呆滞。"樟苟仙"诊断为产后瘀血化热，上扰心神，投以活血化瘀清热之剂，便神安病消。对症下药，药到病除。病者称其"仙"也。"樟苟仙"之名在龙游东乡一带日趋响亮。

竹窝村有一村妇与先生沾亲带故，连日茶饭不思，神疲力乏，前来诊治。"樟苟仙"三指号脉，极具功底，但也有一时疏忽，竟未问妇人经事，脱口而出。妇人身无它病，只见喜脉。该妇当即翻脸，说先生如不是亲戚长辈，如此污辱她的名声，非扇几个耳光不可。先生内人闻之，急招先生于后堂，训斥先生，你真是个老糊涂，人家早已丧夫，哪来喜脉。先生这才恍然大悟，只怪自己专心号脉，忘乎所以。后此妇果育一子，系后夫所生。此事传开，乡人皆称先生是神仙。

"樟苟仙"的"仙"在下面的故事里更见神奇。青田铺村刘昌辉患肾炎，经治疗消退好转，先生嘱其近期禁忌鱼腥。病家允承。忽一日病情加重，先生按脉察色，知病人近日偷食过鱼腥，病者否认。先生作细审舌苔状，言道，你何必瞒我，你舌苔上明明有一条小鱼的阴影。病者惊疑，一阵脸红，只好承认自己偷食小鱼美味之事实。此乃知常知变之经验，却为先生增添几许神秘"仙气"。

我高中毕业那年，"樟苟仙"驾鹤西去。人们手捧蜡烛香纸，从四路八乡赶来，烧香祭拜，表达对他的悼念。出殡那天，送葬的队伍长达数里。吃"老寿饭"的流水席开了六七十桌。

若干年后，我才弄明白，"樟苟仙"，真名徐冲远，生于1880年，卒于1972年。清末中秀才，原以教书为业，后习医。中华人民共和国成立后曾参加中西医联合诊所，后自感年事已高退职还家，擅长伤寒热病及妇科诸症。以上文字已录入《湖镇镇志》。

徐伯珍箬叶学书

古今中外，勤奋苦读成就大业的励志故事有许多许多，徐伯珍箬叶学书则是其中光彩夺目的一章。

徐伯珍是龙游灵山人，生于414年。出世的时候，长辈希望他长大能知书达礼，做个鸿儒，故取其名伯珍，字文楚。伯珍的父亲是个文化人，担任过掾史，是小官，品级低，酬薪当然也低，家里的日子过得并不宽裕。过了几年，父亲死了，家境更加贫寒。到了学书识字的年龄，眼看着小同伴都拿着纸笔走进学堂，徐伯珍心里十分难过。

然而，徐伯珍并没有被难倒。他偷偷来到学堂门前，在沙地上练习写字。他找来一根竹枝，用刀削成竹箭，在地上一点一横习字，一遍不行两遍，两遍不行三遍，写错了，就用小手抹平沙土重写，日复一日，渐有长进。教书先生见之，颇受感动，觉得伯珍乃奇人也，自幼聪慧，日后必成大器，便允许他旁听诗文。但是伯珍无钱购买纸笔。怎么办？他灵机一动，跑到村边的竹山上，采摘来大捆大捆箬叶，以叶代纸，书写练字。这箬叶真好，书写便利，字写上去后用水一抹，还可以重写，重复使用。那些年，邻居们经常看到小伯珍上山采摘箬叶。他还把自己认为满意的习字箬叶收集起来，堆得高高的。《龙游县志》称徐伯珍"学书无纸，常以竹箭、箬叶、甘蔗及地上学书"，说的就是这件事。至今在灵山一带，还在传诵着徐伯珍箬叶学书的故事，励志的故事激励着一代又一代青年学子苦读成才，成就事业。

盛夏时节，绿春湖暴雨如注。灵山江水骤涨数丈，南源竹木，排荡俱下，冲毁堤岸，淹没良田，冲进村庄，毁坏民房。邻居见状，纷纷收拾细软避难后山。此时，伯珍手捧《诗经》，吟诵不止，全神贯注竟连邻居的呼喊都不知晓。很快，洪水冲进院落，又冲进房屋，伯珍却依然沉醉在古诗文之中。逃避已来不及。伯珍干脆坐到床上继续诵书不辍。洪水又涨上来了，漫过木床，伯珍又将家具堆叠在床上，人坐在家具上继续埋头读书。屋外一片汪洋，屋内书声琅琅，直到洪水退去。

徐伯珍的叔父徐潘之学问深广，精通经史，与当时的学问大家颜延之交情颇深，两人一起创办精舍传授讲学。于是徐伯珍就跟随着叔父在精舍求学，他十分珍惜这个机遇，如饥似渴，博览群书，十年苦读，终于精通经史，"游学者多依之"。

东阳太守琅琊王昙生和吴郡人张淹闻其名声，都很郑重地召他入仕为官，但他每次应召后就告辞回家，拒绝赴任。如此反复多次，不以为然，淡于仕进，闭户治学。《南齐书》记载道，吴郡大学者顾欢为了测试徐伯珍学问到底如何精深，特地选取《尚书》中的怪句难句让其解读释义。徐伯珍一一作答，稳重得体，有条不紊，条理清晰。从此，徐伯珍声名鹊起，当时的儒家学子们都对他尊重有加。乡人以他为荣，孩童以他为楷模。县乡学风旺盛，民风大变。

徐伯珍在熟读儒家典籍的同时，还爱好研究佛学老庄道学，并且通晓道术。有一年大旱，徐伯珍占卜数卦，祭天拜神，果然如期而雨，乡人无不称奇。他把自己比作孔子的学生曾参，处处以儒家规矩约束自己，行为端正，高风亮节。早年丧妻，直到晚年仍不复娶。

龙丘山，是东汉龙丘苌隐居的地方，山上有许多龙须怪柏，望之五彩缤纷。伯珍心仪已久，后来就干脆搬到龙丘山，过起了隐居的生活。古书云，徐伯珍隐居后，怪事接二连三发生：先是门前突然间长出一株梓树，长得特别快，一年后就长大成合抱粗；后来是房屋东面石壁，夜里忽然有红光照亮；再后来是有白雀一对栖居在门窗上。这些都是伟人降临的好兆头呀。人们说这都是徐伯珍平时修心积德所致，是天地人心的感应。

其后，县人将徐伯珍与后汉龙丘苌、唐徐安贞奉为龙游三贤，建三贤祠，世世代代，以瞻以仰。

传灯大师种樟树

释传灯大师，明代高僧，中国古代佛教史上一个响当当的人物，一生撰有著作二十四种一百余卷，其中《天台山方外志》和《幽溪别志》十六卷，存目于《四库全书》。

传灯大师出生于七都乡下埠叶村的一户叶姓农家，号无门，别号有门。其父以医行世，母张氏，尚佛修斋。他自幼学习儒家典籍，不羡科举之名却遁入空门，十九岁削发出家，讲经说法四十余年，声名远播，听者如云，后来成为天台宗一代祖师。

传灯大师对故土一往情深，晚年回乡，讲经布道于城乡寺庙。化缘捐款在老家修建大宇殿。大宇殿位于凤翔洲东，门对浩荡衢江，东连白地圩村，西接张家埠村，三面环水，境幽景美，乃一块风水宝地。大殿既成，拜佛求签，善男信女云集，常年香火缭绕，盛名于衢江流域。

到了清朝末年，人们发现，有着数百年历史的大殿出现了严重的安全隐患。经检查，殿宇的十根横梁受白蚁侵蛀，已经风化腐朽，需要立即更换。这些横梁都是由巨大的樟木制成的，为了保持大殿三百余年的历史风貌，必须用樟木更换。在那个年代，要找到十根巨大的樟木也不容易，或者能够找到，但每根樟木至少也将花费上百两银子。这令大字殿的主持大伤脑筋，一时拿不出好主意。

这时，传灯大师的族人赶来进言，先祖在世时已经考虑到后人会面临的困境，当年就在叶氏宗祠的公地上种植了一大片樟树，并立下规矩，这批樟树不可砍伐移作他用，只许用来修缮大殿。

这真是一个让人肃然起敬的消息，一个和尚三百年前就有这样的用心和远见。事实就是事实，这是一般人无法理解的。传灯法师的墓地早已荒芜，但是他的善举还在布施着凡人世界。

其实故事本身并不重要，伐倒十株樟树，当地人会再补种上十株，也许还会种下更多。那么这样一个故事能给今天的人们以什么启示呢？我们尽可能去联想当下一系列的词汇，可持续，资源，环境，奉献——但这些都显得太弱。然而，我们只是期望一种力量会永远持续下去，那就叫"善心"。

善待自然，善待社会，善待凡人。数百年前的乡贤做到了，我们理所当然该做得更好。

千古高风龙丘苌

　　在中国古代社会里，生活着一个特殊的群体，被称为隐士。他们有才能，有学问，能够做官而不去做官，崇尚自然无为的人生态度，选择避世自修的生活方式。寻求诗意的栖居，远离政治，放下仕途官宦情结。有振衣而归的高士情怀，陶醉其中自然怡乐。安贫乐道，被视为隐士高洁人格的最重要的特征。隐士是中国古代的一种文化现象，在龙丘苌的身上，无不流露出这一千古高风。

　　龙丘苌（？—24），西汉太末县（今龙游县）人，隐居龙丘山（今金华汤溪九峰山），以种田为业。笃志好学，与同郡严光、钟离意相友善，志同道合，不为荣辱所移。并以志向高洁和学识渊博而名闻朝野。

　　史载，西汉后期，社会矛盾复杂尖锐，百姓民不聊生。刘汉皇朝无所作为，国体衰弱，岌岌可危。龙丘苌就生活在这个危机四伏的年代。不久发生了王莽篡政，改朝代为"新"。西汉政权落入外戚之手，世道大变。王莽登基以后，为巩固其统治地位，不惜重金高位相诱，四处网罗人才。其大臣久闻龙丘苌的人品才学，三番五次邀请龙丘苌入朝为官。然而龙丘苌却是"四辅三公连辟不到"，辞谢不受。《后汉书》称其"志不降辱"，决不归附于王莽朝廷，与其同流合污。道不同，不相为谋，仍旧过他的躬耕山野的日子。

　　龙丘苌的生活是贫困的，但其精神却是富有的。有了做人的精神，便有了做人的骨头，显示了古时文人隐士的铮铮风骨

　　到了西汉更始元年（23），王莽垮台。任延出任会稽郡都尉，敬贤礼士。其属官请召龙丘苌，任延说："龙丘先生躬德履义，有古高士之风。我

亲自去为其洒扫门庭,尚怕损其名节,召之不可。"于是派功曹修书奉谒,赴其家探望,并经常送医送药。如是经年,龙丘苌深受感动,才走出九峰山,登门致谢。任延礼敬备至,恭请龙丘苌出任仪曹祭酒(负责教育的官员)。任职后因病辞归,不久去世,任延亲临祭奠。

龙丘先生是一座高山。他把做学问作为他个体生命中坚守的一部分。他做学问,不是为了混饭碗,不是为了求名利,而是一种带有浓烈的民族传统色彩的文化自觉。那不是迂腐,而是学养;那不是逃避现实,而是坚守国学。他的一生,后人可以任意评说,而个中滋味,并不是我们后人所能完全体会到的。

龙丘苌多年隐居九峰山,山因人而出名,故又名龙丘山。唐改太末县为龙丘县,即因龙丘苌而命名。这一县名沿用了近三百年,直到五代时县名才改龙丘为龙游。

说龙丘苌是隐士,也对。然而在我看来,他的行为做派,又有着孔子说过的"邦有道则仕,邦无道则隐"的文人特质。这种高风亮节,一直铭记在龙游人民心中。

近 2000 年来,龙丘苌一直受到县人的崇奉追思,尊其为乡贤之祖。后人将其刻像供祭于隐居的石室之中。并在县城东华山兴建龙丘先生祠,供人们祭拜。历代文人骚客纷纷撰写诗文以示怀念。知县袁文纪作《龙丘名贤赞》:"独善有心,慕外无愿。躬德履仁,超夷迈宪。新都再征,韬光不见。允冠乡贤,坐享壤奠。"其他如宋代进士吕景著撰《三贤像赞》,明代兵部尚书尹直撰《乡贤祠记》,儒商童子鸣撰《龙丘祠堂记》,漆成美撰《重建龙丘先生祠堂记》等,褒奖之辞,世代流芳。

时间过了千年,元朝曾任淮南行省左丞的诗人余阙(1303—1358)抵龙游,探访任县丞的朋友程子正,也以龙丘苌作为话题。在题为《龙丘苌吟赠程子正》的诗中说:

> 战龙起新屋,群鸟亦翩翩。
> 伟哉龙丘生,抱琴归故山。
> 仰视天际鸿,俯弄席上弦。
> 清音发疏越,逸响遗涧泉。
> 悠悠凤翔汉,婉婉虬媚川。

　　　　清风自千古，何用能草玄。

　　程子正即程养全（1297—1354），字子正，号正庵，又号白粥道人，
江西德兴人。龙游县丞，廉介有声。有《纪事》诗：

　　　　公退已黄昏，红尘息骏奔。
　　　　有书闲教子，无客净关门。
　　　　拾菜供朝膳，携琴贷晚尊。
　　　　向来经济意，郁郁共谁论。

　　程养全的诗平和有致，他好歹也是个县丞，"拾菜供朝膳"，恐系苦
吟风格吧。余阙诗以汉魏为宗，骨力遒劲，才气排宕，此诗借歌诵龙丘
苌而劝勉友人，意态十分洒脱。
　　余绍宋先生是中国近代著名的方志学家和书画理论家。他在众多诗
文画作中，对龙丘先生多有敬仰之情，感慨颇深。20 世纪 20 年代，由
他主撰的民国《龙游县志》之"人物传"，收有龙丘苌其人，还专门为之"赞
曰"："县之得名由于先生。明成化时，乃以先生隐处析汤溪，然今日之
龙游犹先生之乡里也。高风可溯千岁匪遥，嗟我邦人可以兴矣。"
　　1938 年，余绍宋先生专程赴龙丘山游览，归来后作《游龙丘山感赋》
七言长诗一首，并撰长序：

　　山以汉龙丘苌先生隐居得名，后南齐徐伯珍、唐徐安贞复居之，益
著称于后世。《汉书》所谓"九石特秀，色丹，远望如莲华，峰其复有
岩穴，外如窗牖，中有石床"。《南齐书》所谓"山多龙须柽柏，望之五
采，世呼为妇人岩者也"。吾县本名龙丘，即以先生著，实为吾县唯一
名胜。明成化时割隶汤溪，吾县立名遂失依据。戊寅九月往游，风景绝
胜，具如史册所载，惟已无先生祠祀。先生隐处改为僧寮，俗僧寝处其
中，间以土墙石床遂不得见。寺中石刻三贤神位虽存，仅有一像，不审
为谁，其余则供所谓送子观音财神等像，于佛乘亦无依据者也。汤溪士
绅竟无起而纠正之者，盖缘志乘皆据道藏以二徐为仙人，视此山为仙绩，
而先生之名遂不彰。俗僧据之杂揉二氏愚民牟利，遂至支离败坏。若此，

可为太息者也。

　　今日重读诗文，人们仍能感觉到余绍宋先生的浓浓龙丘情怀，以及那一声"吾县立名遂失依据"的千秋长叹。
　　云山苍苍，瀫水泱泱，先生之风，山高水长。

吏部尚书汪应辰

在龙游历史上，出过两位状元。一位是刘章，灵山寺下村人氏，知之者众。还有一位名叫汪应辰，知之者寡。他出身寒门，聪颖过人，年少得志；他正直刚方，仕途坎坷，人生跌宕。居庙堂之高则忧其民，处江湖之远则忧其君。阅读他的故事，批评他的人生，人们无不热血沸腾，感叹不已。

汪应辰（1118—1176），原名汪洋，字圣锡，小南海镇团石湾人。幼年时家境贫寒，拾薪度日。但凝重异常，勤奋好学，多识奇字又博闻强记，经常借他人书挑灯夜读，过目不忘。五岁已能与对对，十岁会写诗。游乡校郡博士夸他可以和十三岁能作文赋诗的韩愈相比。他回答，孔子及其弟子三千，而论道的也只有仲尼一人而已。言外之意，自己是比不上韩愈的。丞相赵鼎延之馆塾，让其跟随张九成潜心攻读，学业益进。有一年干旱，鼎令其祈雨名山。越人说是相公雨，而赵鼎却说这是状元雨。

宋人周密所著《齐东野语》中有这样一段记载：

汪圣锡应辰端明，本玉山县弓手子，喻樗子材为尉，尝授诸子学。有兵在侧，言某儿颇知读书，可使侍笔砚。呼视之，状貌伟然，不类常儿，问能属对否？曰："能。"曰："马蹄踏破青青草。"应声曰："龙爪拿开白白云。"喻大惊曰："他日必为伟器。"留授之学，且许妻以子。

绍兴五年（1135），圣锡以玉山籍中甲科进士第一（状元），年方十八。殿试时考策论，以吏道、民力、兵势为题，圣锡答以为治之要，至诚为本。高宗帝亲览对策，觉得论述精当，文笔精美，言辞精练，估计是位老成之士。等到召见时见其年少英俊，格外高兴，不但作御诗、书中庸篇赐之，还特赐名应辰。高宗打算留应辰在朝中任职，宰相赵鼎建议让他先做地方官，锻炼锻炼。于是，授应辰镇东军签判。

受三年地方磨炼后，应辰业有长进，入朝为官，被任命为秘书省正字。当时，尚书右仆射秦桧仗着有皇帝撑腰，力主与金议和，朝廷声音一边倒。他迫害反对者，重则放逐，轻者罢官，一言不合则不再提拔。大臣中轻躁者阿谀邀宠，畏儒者则默不作声，以免引火烧身。但汪应辰生性刚直，敢言敢担，为天下安宁计，大义凛然上疏反对议和：

俘帝在廷，中外汹汹，朝廷之上，号令纷然，患议和之不谐。议和不谐非所患，所患者，因循无备，上下相蒙，实可畏也。

应辰认为金虽通和，疆场上宜各戒严，以防备金人侵袭。臣愿勿以和好之可无虞，而思患预防常若敌人之至。秦桧当然容忍不下血气方刚的应辰，结果是立马将应辰赶出朝廷，降职任建州通判。对此，汪应辰以告假回乡相抗争，寓住常山永年院。蓬蒿满径，一室萧然，馈粥不继，以修身讲学为事，胸中浩然之气不屈。当时，他的老师，权尚书礼部侍郎兼侍讲张九成也因为与秦桧当面顶撞，被贬谪到邵州家居，一些亲朋好友怕受牵连，都不敢和他来往，只有汪应辰经常通信问候。张九成父亲去世时，汪应辰还专门赶到杭州吊唁。别人担心这样做更会遭秦桧迫害，汪应辰不以为然。汪应辰后又迁居衢州，郡守张山臬敬重他的人品与才学，特筑室菱湖紫金坊，聘汪讲学。

应辰为官谨慎律己，廉洁奉公，温恭待人，公余又专心治学，曾深得皇赏识。宋孝宗说："得卿一通判，积年之案及弊端革新殆尽矣。"绍兴十年（1140），应辰任静江（桂林）通判；绍兴十八年（1148），应辰任袁州通判；绍兴二十四年（1154），应辰任广州通判。绍兴二十七年（1157）八月，诏应辰为尚书左侍郎。升迁左侍时，汪以侍奉母老为由请求改任外官，于是出知婺州。

绍兴三十一年（1161）正月，应辰回京任秘书少监，兼权吏部尚书。当时池州都统制李显忠打了个小胜仗，便上报军功，要求赏赐五千人，结果被应辰奏驳。在任权户部侍郎兼侍讲时，汪应辰提出"务节冗费"的建议，被皇帝采纳。有一次，帝发诏，要大家讨论在与金议和不战的局面下，如何实现足食足兵的策略。对此，汪应辰奏本说，将选任不当，兵再多也没有用，将缺德行，有才也不为用。臣之忧不在兵力不足，而在军政之不修。自讲和以来，将士骄傲且懒惰，不操练，不演习。一听说金兵来犯就望风逃遁，一旦金兵退去，又急于报功领赏，长此以往，怎能做到政令畅通？万一有急，谁能听命以赴国难？现在必须制定措施，善赏罚恶，使人革面洗心，以社稷为重。这样，才能号令必行。

汪应辰刚方正直，敢言不避，忠心耿耿。绍兴三十二年（1162）五六月，高宗让位于孝宗，自称太上皇。当时"孝宗欲每日一朝德寿宫，以修晨昏之礼，面奉太上皇帝圣谕"，一些大臣也纷纷附和。应辰却认为在国家多事之秋，没有必要做这种形式主义的事，他的这些观点是朝中许多大臣内侍都不赞许的，就连高宗也说"应辰素不乐吾"。应辰明白再待在朝廷难免和大家起冲突，便马上要求出任地方官，获准知福州。

应辰秉承做官一任，造福一方的为官之道，恪尽职守，务实亲民，深受百姓拥戴。乾道二年（1166），应辰以敷文阁直学士为四川制置使，知成都府。次年五月，帝令应辰主管宣抚司事、移司利州。六月，又令应辰权节制利州路屯御前军马。四川位于长江上游，远离南宋朝廷的政治中心，军事地位相当重要。汪应辰在任上着力保境安民，选良任贤。应辰发现，当时长江下游的大片良田，全被世豪之家所占。仅张俊一人就侵占十万亩农田。应辰上疏孝宗，指出权贵们抢占农民土地是农民起义的主要原因，希望孝宗命令权贵们交出所占的土地，归还原主。孝宗采纳了他的意见。权贵们见皇帝下旨，不得不交出部分强占的田地，其中张俊就两万亩。是年秋，四川大旱，应辰又上奏建议派官到丰收之地籴粮，以宽民力。帝认为应辰治蜀有政绩有民声，又十分留意民事，当支持，就赐制置司度牒四百，备为赈济，使全蜀受惠，功德无量。

乾道四年（1168）三月，应辰以敷文阁待制晁公武为四川抚制置使。十月，应辰入觐陛对，升任吏部尚书兼翰林学士并侍读。三进朝廷，政绩卓著。但是由于他敢讲真话，惹得许多人不高兴，见他升官有的人更是心存妒忌，总是找他的碴儿，终于弄得孝宗也对他失去信任。应辰知道京中已不可留也，便再次要求外放。

乾道六年（1170）四月，应辰以端明殿学士知平江府。大臣韩玉过此，因应辰招待不周，又在皇帝面前进谗言："臣所过州县，未见若平江之不治者。"应辰又因此被贬斥。应辰力辩无效，就请退隐，居衢州烂柯山超化寺。淳熙三年（1176）二月，汪应辰卧床不起，一代名臣结束了辉煌而悲怆的一生。卒后葬于常山县球川村口。

应辰官宦生涯四十余载，有过大红大紫，也有过大起大落。他为宋朝江山殚精竭虑，鞠躬尽瘁；他对芸芸众生，好贤乐善，温逊爱民。一生忠正尚义，中兴宋室。苍天无眼，天下忠臣，舍我其谁？

应辰子汪逵，字季路，登进士第，官至吏部尚书，端明殿学士。著有《淳化阁帖辨记》十卷。由于父子俩均为端明殿学士，世称"大小端明"。

水利泰斗何之泰

万里长江，浩浩荡荡，奔腾东去。在新中国治理长江的宏大画卷上，荆江分洪工程、丹江口工程、葛洲坝工程和三峡工程，光照日月，气壮山河，彪炳千古。但是我们不能忘记，这些伟大的工程，也凝聚着龙游儿子何之泰一生的心血和智慧。

何之泰（1902—1970），字叔通，龙游县詹家镇水亭圩人。小时候受教于本乡私塾。1918 年赴杭就读于杭州安定中学。1926 年毕业于南京河海工科专门学校。1930 年公费留学美国，获康奈尔大学土木工程硕士学位。1933 年，获美国爱荷华大学水利博士学位。回国后，曾任中央大学、北洋工学院教授。1937 年任浙江省水利局局长、建设厅技正，因不满官场腐败，不到一年即辞职从教。1938 年 7 月任湖南大学教授，后任系主任、工程院院长和代理校长，中国水利工程学会董事、长江分会会长，长江水利工程总局顾问等职。1950 年任武汉大学水利系主任，长江流域规划办公室副总工程师。1956 年 7 月，加入中国共产党。1957 年起，任长江水利水电科学研究院院长，全国政协第二、三、四届委员。

先生怀抱学业报国之理想，一生奋斗治水事业。早年留学美国，博士论文《河底流沙起动流速的确定》获学术界好评，为权威性的美国土木工程师学会吸收为会员。1934 年发表的《河底冲刷流速之测验》一书，提出水流起动流速与泥沙粒径和水深间经验关系公式，称"何氏公式"，为我国较早研究渠道治淤问题的专著，对水利工程中泥沙起动流速之研究做出重大贡献。他还在陆水水库主坝的趾墩修改中及时提出差动坝方案，收到消能抗蚀的效果。他又参加荆江分洪工程、汉江流域规划、杜家台分洪工程、丹江口枢纽、鸭河口枢纽、广东芦苞闸修复工程等的领导和技术指导。而他为家乡兴修水利之佳话，则流传半个多世纪。

《洞庭湖水利问题》是何之泰1947年在湖南大学水利工程学会所作的一篇学术讲演，对洞庭湖的治理提出了比较全面、系统的意见。他认为以洞庭湖及长江、汉江全流域为治理范围进行统筹治理是最佳选择。他全面分析了湖泊的拦洪作用，洞庭湖之过去、现在与将来，指出洞庭湖淤塞后的严重性。最后提出整治的方法，一面应设法减少淤塞以延长湖之寿命，一面应充分利用现有湖之容量，以增加其蓄洪功能。易言之，即应设法减少入湖沙量，并以蓄洪作用代替拦洪作用。他的观点，历史证明是正确的。

荆江分洪工程是新中国在长江流域兴建的第一个大型水利工程。荆江四口分流，自上而下依次为：松滋河的松滋口，虎渡河的太平口，藕池河的藕池口和华容河的调弦口。四口分泄荆江洪流注入洞庭湖，与湘资沅澧四水汇合后于城陵矶出长江。四口入湖泥沙的淤积，导致四口分流日益减少，从而逐年抬高荆江水位。荆江北岸有闻名遐迩的江汉平原，荆江南北两岸地面低于汛期水位达8—13米。涨水时，人在水下走，水在屋顶行，形似地上河。汛期洪水严重威胁荆江堤防，荆江北岸的荆江大堤首当其冲，形势十分险要，有"万里长江，险在荆江"之称。当地人民每年洪汛都在提心吊胆过日子，故有"荆沙不怕刀兵动，只怕南柯一梦中"的民谣。

何之泰担任荆江分洪工程总指挥部技术委员会主任，负责技术整体设计。他妥善解决了北闸的基础及闸下消能防冲问题和南线大堤穿越黄天湖的堤身沉陷问题。其中修一座设计流量8000立方米每秒的泄水闸，消能防冲问题极为关键，为保工程万无一失，他带领科技人员，攻关克艰，提前拿出技术方案。1952年荆江分洪工程正式开工，何之泰担任总工程师，修正南闸闸底板设计钢筋布置，为国家节约了大量钢材，并确保了工程的安全。他同人们同吃同住同劳动，在全体参建人员的努力下，主体工程仅用70多天便顺利竣工，比预定计划提前15天胜利建成。荆江分洪第一期主体工程，包括右岸沙市对面上游15公里处的虎渡河太平口进洪闸、黄山头东麓节制闸和分洪区南线大堤等主体工程。北闸是当时亚洲规模最大的泄水闸，该闸在 1954 年全流域型大洪水中三次动用，为保住危在旦夕的荆江大堤和武汉市的安全立下大功。

中华人民共和国成立初期，汉江流域开发治理是长江委工作的重点。为找到建设控制性工程的最佳坝址，何之泰和其他专家乘船勘察，历尽艰辛，进行了第一次汉江流域水利建设的实地查勘。根据地质、地形条件，比照水文资料分析及钻探岩芯成果，他们终于在当时均县的凤凰山地区找到了合适的坝址，丹江口工程的规划、设计也就此展开。1958 年丹江口工程正式开工后，因受冒进思想影响，一度出现严重的质量问题，不得不暂时停工。他及时组织有关专业技术力量对最关键的问题——混凝土施工质量进行抗裂性能和温度控制的调查研究，不但解决了大坝防裂问题，还提高了对混凝土温度裂缝规律的认识。

1957 年成立长江水利科学研究院，何之泰出任首届院长，具体组织、创建各专业的设置和制定发展目标，通过十多年辛勤劳动奠定了长科院的基础。他一心扑在全长江流域的规划治理上，在丹江口水利枢纽、葛洲坝工程、陆水蒲圻枢纽、鸭河口水库和广东芦苞闸修复等工程的科研方面做出了巨大的贡献。在下荆江河道整治和系统截弯规划与实施过程中，也起了主要的指导作用。

中华人民共和国成立后，三峡工程的建设热潮起起伏伏。他先后陪同毛泽东、周恩来、李先念等领导同志视察，讲解长江动态，提供技术咨询。何之泰对工程的拳拳赤子之心从没有动摇过。荆江分洪、丹江口、葛洲坝，是长江委科技进步的象征，也是摘下三峡明珠的一级级阶梯，何之泰顺着这些阶梯接近了他梦中的三峡工程。1954 年，三峡工程被提上议程，急需科研攻关成果。何之泰积极建立河流泥沙、岩基、抗震、土质等专业实验室，短短几年，长科院的队伍便由 400 多人增加到 600 多人，承担了三峡工程试验研究全部课题的 80%。1959 年，在全国范围内开展了三峡工程的科研大协作，长科院是主要参与单位之一。进入20 世纪 60 年代后，三峡工程一度进入低潮，但他始终没有放弃自己心中的三峡梦。在长江委的领导下，以丹江口、葛洲坝为实战准备，他带领长科院的同志进行了大量的、默默无闻的试验研究。通过研究，他不仅弄清了问题，还培养了队伍，而这支队伍，在以后三峡工程的实际建设中，发挥了巨大的作用。

先生最早领导的治江科研是 1951 年与武汉大学合作的荆江分洪工程的模型试验。在合作中，长江委第一批专业科研队伍开始出现，1954 年，他主持建成了水工、土工、材料三个试验室培养科研骨干人才，并为汉江杜家台工程提供试验成果，由此长江科学院的雏形开始形成。1956 年，何之泰加入了中国共产党。在入党仪式上，他庄严宣誓："是党给了我这个知识分子以用武之地，使我所学的知识派上了用场，我决心把自己的一切献给党。"他以自己的行动履行了入党的誓词。这一年为满足丹江口、葛洲坝、三峡工程和长江中下游河道整治需要，他主持筹建了九万方试验基地，并增设岩基、河流泥沙和爆破振动等专业，长江科学院就此成立。他与副院长李荣梦、杨贤溢组成了当时国内水利科研界豪华的"三驾马车"。他们领导开展了一系列在国内外具有影响力的水利工程试验研究。

何之泰毕生从事水利科学研究和工程技术管理，与水利学家张含英齐名，水利界誉为"南何北张"。先生治学严谨，其学术论文散见于国内外著名水利工程刊物，具有较高科学价值。除上述论文外，尚有《甘肃洮惠渠工程计划》《考察广西水利报告》《流水对砂砾的搬运作用》《防沙入渠方法之商榷》《十年来之浙江水利》《发展江西水利之我见》《洞庭湖水利问题》等著作。中华人民共和国成立初期即任长江水利委员会副总工程师，一级工程师；汉江治本委员会委员；汉江流域轮廓规划委员会副主任委员。兼任武汉科普执行委员、武汉科联常委、武汉市四届人民代表。从 1958 年开始，为长江流域规划、整治工程之设计施工提供大量科学依据。在高等院校执教多年，为我国水利事业培养大批骨干人才。

1970 年 3 月，何之泰积劳成疾，因脑出血在武汉不幸逝世，终年 68 岁。

文化贤达余绍宋

余绍宋（1883—1949），在民国时代，他在政法、书画、方志诸领域是一位卓有成就、名声显赫的人物。但在中华人民共和国成立后，很长一段时间内却很少人提及，似乎随着他的去世而淹没人间。金子总是金子，即被尘土淹没，拭去之后还是金光闪闪的，今天，我们重新审视他时，依旧会对他产生崇敬、尊重之心，效法他那种为国为民、勤于艺术事业的精神。

一

余绍宋于 1883 年十月初六生于衢州化龙巷，祖籍龙游，字越园，号寒柯。出身于世宦之家，七世以来，族人俱善书画诗文。曾祖父恩镂，是广东连州知州；祖父福溥，为江西特用知府；父庆椿，曾作龙游凤梧书院山长。他从小在这样知书识礼的家庭中长大，家庭环境对他思想的成长起着重要的熏陶作用。13 岁丧父，在母亲的抚教下，16 岁中秀才，因家境日渐贫困，他更加发奋勤学，博览群书，对史学尤为喜爱。常常为县学撰写文稿，并在家设馆教书，以所得赏金补家用日常开支，20 岁前后即以博学多才闻名桑梓。

1906 年，时年 24 岁的余绍宋与马叙伦等人共同执教于江山中学堂，因不满清政府的统治，发起组织"天足会"，其宗旨是革除妇女缠足的恶劣旧习，移风易俗，解放妇女，振兴国家。同时又一起剪去发辫，发起创办《新衢州杂志》，宣传民权平等思想，引起地方上保守势力的顽抗与敌视。恰好此时又发生"慈禧画片案"，为旧势力抓住把柄，迅即上告，学校遭停办，余、马二人为免不测，经人劝导，先后去日本留学。

到日本后，余绍宋入日本法政大学法律科学习法律。学成后于1910年归国，在司法界从政十多年，先后任外务部主事、浙江政法学校教务主任、众议院秘书、司法部次长等。主张清简、省刑、疏法，以法律武器与当时的军阀统治者展开了不调和的斗争。在"三一八"惨案中，余绍宋支持学生的爱国斗争，主持公道，以反对段祺瑞执政时制造的在国务院门前枪杀学生的惨案；不久"金佛郎案"起，他主持正义，不满当局的媚外和对爱国学生的镇压，1926年12月愤而辞职，以示抗议。从此结束官游生涯。

1927年1月北京成立司法储才馆，以培养国家司法人才。梁启超任馆长，商请余绍宋出任学长兼教务长。培养司法人才与修订法律是梁启超关心国家法治建设的两件大事。在1926年9月《给孩子们的书》中就提到："……现在为切实预备计，立刻要办两件事：一是继续修订法律，赶紧颁布；二是培养司法人才，预备审'洋鬼子'。第二件事要我担任……"从预备"审洋鬼子"一词中，可见他要以法律为武器，不仅保护人民群众的利益，同时也要维护国家的尊严与利益。赤诚爱国爱民之心，跃然纸上。

1913年至1928年间，余绍宋在北京时曾先后兼任北京大学、清华大学、法政大学、师范大学、北京艺术专科学校等校教授。1928年8月，辞去一切职务，南归定居杭州，侍奉母亲，并潜心著述，以书画自娱、自给，过着无拘无束的自在生活。同时，也时常关心国家安危、人民群众的疾苦，常以书画义卖所集润金，全数充作赈灾之用。如1931年，水灾遍及各省，9月他捐赠书画作品一百件给上海筹募各省水灾急赈会，以所得款全数助赈。同年12月，又写对联40余副，画竹10幅，以所得润金，全数充作龙游县赈灾之用。

1937年7月7日卢沟桥事变，抗日战争全面爆发，打破了他宁静的生活，开始了颠沛流离的八年岁月。为了避免日寇的威逼利用，是年秋携眷避居故乡龙游县沐尘村，旋又移居云和、永康、遂昌、龙泉等地。虽生活在山村，但念念不忘关心抗战，常以撰文、演讲唤起抗战决心，以书画援助、支援前线，以诗文述志，坚信必胜信念。又向龙游县抗敌后援会赠送书画作品多件，以所得款项支援抗战前线。不久又与吕公望、马寅初等人发起征集"阮公荀伯法学奖学金"，以纪念这位爱国抗日志士。同时他对日寇铁蹄子践踏、半壁江山沦陷、人民流离失所，深感悲愤，渐多吟咏爱国诗篇。

> 半幅山河破，全军壁垒新。一成终复夏，三户必亡秦。
> 战国遗风起，春秋大义伸。要令新七夕，以此作良辰。

> （《新七夕》三首之一）

由此可见他对战胜日本帝国主义还是具有必胜之信心。同年 12 月又有诗《出征九首僭次杜工部出塞诗韵》，其中一首云：

> 奇勋宁所望，且尽我所长。振我大夏威，惩彼夜郎王。
> 汉贼不两立，誓复我故疆。梦中告所亲，虽死莫悲伤。

可见他念念不忘祖国的心态，由此根据他年迈之躯，力所能及地为国家为人民做一些事。如为方岩寿山公园建立《浙江省抗战阵亡将士纪念碑》的书丹，1940 年 7 月撰并书《第十集团军抗日阵亡纪念碑》，被公众先后选为浙江省第一届临时参议会参议员、第二届临时参议会副议长、浙江通志馆馆长等职，他不再推辞，而乐于受命，并积极工作。在当时战争情况下，人力、物力、财力都十分困难，到 1949 年基本上完成重修《浙江通志》的任务。

抗战胜利后，七月即返回杭州，继续通志馆的工作，11 月他以副议长身份在省行政会议上致辞，提出三点期望：第一，积极扩展救济工作；第二，调整各项税收；第三，确保地方治安。并勉励各专员县长，"要以父母之心对待民众，'公仆'也须有父母官的态度"。1949 年元月，被公推为浙江省人民促进和平委员会主任委员。6 月 30 日因败血症在杭病逝。

二

余绍宋先生认为，个人书画风格再变化也仍有一些不变的东西，绝不如众人的风格那样丰富多彩，因此生前未开过个人画展，出版过个人书画集。但书画艺术确名誉中外。时人称他与齐白石、黄宾虹、张大千诸大家为"后画中九友"。近代著名金石书画鉴赏家陈伯衡尝谓："以文人画而论，吴昌硕、余绍宋、陈师曾三鼎甲。"又说："当代二大书法家，吴昌硕得力于碑，余绍宋得力于帖，各有千秋。"他的《晚秋》山水轴，20世纪20年代曾在莫斯科、柏林、巴黎展出，声誉大振。之外亦常作兰竹动物等图画，由于有深厚的学问与书法功力，信手写成很少渲染，寻丈巨幅，大气磅礴，颇具独特的个人风格。生前自以为书第一，竹次之。

余绍宋是一位学者，但他对书法不像一般学者那样，只求在做学问之余以抒发个人性灵而无意于点画的经营。而他幼承庭训，从颜鲁公入手。及长，在乡里已小有名气。稍晚则攻北海、虔礼、仲温诸家；隶书宗秀丽一路的《乙瑛》《孔宙》《礼器》诸碑；篆从少温入手，上法李斯，再及钟鼎铭文。自日本归国后，侨居北京，更以广交名流，遍览古今名迹，书艺乃大进。中年致力于北碑，间习章草，几乎无碑不临；南归后又倾心于帖学，宗法"二王"，又遍取各家之长，形成刚柔并济、隽秀劲健的书风。先生最擅行草及章草，篆、隶、楷各体也颇具功力，信手可成，而意趣盎然。

我们现在能见到他遗留传世作品，署年最早的是壬戌年（1922）的集周颂敦字八言联："新录既生即唯三月；黄用始寿永万年。"这年他正39岁，是为石姻长兄所书，其结体优雅圆润，但在用笔上不全似原字，而是稍变增长，故能全局气势贯串，加之运笔沉着自然，气息淳古，其粗处显得浑厚朴重，其细处尚劲健，更显精神。由此可见他篆书的功力。

他的楷书，我能见到的有三件，均为癸酉年（1933）闰5月所临《赵孟𫖯松江宝云寺记》，是行楷，字大约寸余。因有"二王"基础，用笔颇能得赵氏妍媚舒展之态，峭拔秀丽之质，但有的笔画如撇、钩等处，则稍嫌软弱。但在小楷中这种不足之处则消失。如是年夏所书《归砚楼记》和为孙伯兰所书《故内务部总长孙公墓志铭》中可见，他曾对王羲之的

《黄庭经》《乐毅论》与北魏墓志下过坚实的功夫，其笔致清劲和穆，结体端秀雍容，其起笔收笔处，时露墓志浑劲，撇敛捺放，以侧取势，稳重中又有几分潇洒，极为生动多姿。

余绍宋先生诸体书法中，写得最多最好的是行草书。他的日记、手札、诗稿、读书笔记等，都是以行草书随意写成，却充溢着一气贯注的笔情墨趣。如他写给宾虹老以及国华、湖帆、仲恕等先生的几件信札，信中所述皆为生活中往来琐事，心情自在，悠悠道来，犹如一道清泉，缓缓流过，从头至尾毫无懈怠之意。用笔线条饱满、挺拔有力，许多字虽单字独立而笔意连属，提按有致，翻折自如，以中锋为主，中侧并用。偶出侧笔，以求飘逸，潇洒自如，深得"二王"用笔精髓。也可以看出这种自然情态下，毫无雕琢粉饰之意，虽是尺幅小笺，由于笔随情意，字时大时小，行草兼用，其俯仰、斜正牵连自如，行气贯注，颇有寻丈之势，正表现了"无意于佳乃佳"的境界。这也正是他过去对碑帖反复临写、观赏、磨炼、融合的结果。也是融合古人与自己、主观与客观、思想与感情交流的纯真的表露。

其独幅应酬之作，亦平和隽逸，笔墨生动而浑朴，如《重九雨中对菊》诗轴，是书奉云从先生的。行笔较快，形色飞动，但笔墨沉实，力争笔笔送到而不虚空，诗文流畅沉郁，书写时一气呵成，飘逸飞动，而又肃穆劲健，正是诗与书、文珠联璧合的范例。

他偶作章草，亦见别趣，所书《述书赋》《书与国华吾兄》册页，以及己卯年（1939）夏书《与慈溪陈屺怀先生以为纪念的诗序》等作品中可见，既有索靖《月仪帖》的苍劲与妍润，又兼有王羲之《十七帖》和《姨母帖》的阳刚与阴柔，笔势遒劲显古朴之美，字字独立，很少牵丝之形，也不做过分夸张之态，极尽含蓄蕴藉之意。整篇能上下连贯，首尾呼应，法质严谨，珠圆玉润，朴拙中含几分韵致。也体现了他书法中，多种书体的功力和深厚学问根基流露出的爽朗的神韵和意趣。

婺剧表演艺术家周越先

　　周越先（1928—2011），原名周月仙，龙游县龙州街道后田铺村人。著名婺剧表演艺术家，国家一级演员，原浙江婺剧团团长，中共党员。在数十年的舞台生涯中，对婺剧传统的发掘、改革、传授都做出了贡献。

　　周越先八岁学戏，是他父亲周春生戏班里的小演员。不久，她父亲创办了越剧科班——月仙舞台，就是以她的名字命名的，周越先和她妹妹周越桂、周越芎成为主要演员。周春生出身于船工家庭，以务农为生。因酷爱唱戏，1922年毅然告贷，以200银圆的价格将陈春聚戏班的行头买下，创办了周春聚戏班。他富有经营头脑，推出了越剧和婺剧"三折一本"并台演出（即每场先演3个越剧折子戏，再演一本婺剧大戏）的举措，最后发展成婺剧的男女合演，这在当时来说都是顺应时代潮流的大胆举措。

　　婺剧是浙江省主要剧种之一，已有400多年历史，在龙游及金衢一带及江西东部地区流传。婺剧历史悠久，形成一套独特的表演艺术和服饰脸谱，具有完整的音乐唱腔和锣鼓曲牌。作为一种古老的民间艺术，婺剧在龙游有多方面的体现，许多龙游明清古建筑中，完好地保留着多种类、艺术价值高的婺剧戏曲砖雕、木雕及古戏台。如建于清道光二十四年的龙游石佛乡三门源村的叶氏建筑群古戏曲砖雕，装饰着《刘备招亲》《尉迟恭救驾》《单刀赴会》《虹霓关》《临江会》等精美绝伦的戏曲砖雕图案。婺剧在龙游有着广泛的群众基础，很多地方还留有古戏台。如横山镇东坞村绍衣堂戏台、卸厅村雍睦堂戏台、儒大门村三槐堂戏台和马氏宗祠戏台等。周越先就是在这样的环境中成长起来并最后成为一代婺剧名伶。

　　1949年初，周越先还是在周春聚戏班做演员，一天演出途中路过兰溪市游埠的一个凉亭，看见一个乞丐般的老人正独坐那里，在咿咿呀呀地唱戏。她一听，老人唱的是很地道的西吴高腔，就上前与其攀谈起来。老人自称叫江和义，说自己曾在戏班里做过几十年演员，是个总纲先生，在戏班中集导演、编剧、演员于一身的人。因为年纪大离开了戏班，现在孤身一人，只能靠乞讨度残生。周越先问他会唱几本戏，他答21本西吴高腔的戏、24本西安高腔的戏都会唱。周越先心想，这些高腔曲目几乎在民间失传了，这位老人是难得的人才。于是把他带回周春聚班社，通过老人传唱，将不少几近失传的西吴高腔、西安高腔曲目保留下来。后来，周越先调到新成立的浙江婺剧团工作，把江和义老人也带了过去。指定专人记录他的演唱方式，将留在老人脑海中的乐谱、剧目整理出来，为此花了5年多时间。她拜江和义为师，还动员全团向他学习。因为暂无编制，周越先便把自己的一半工资给他。这样，不仅救了一位老艺人，而且还把一大批快要湮没的传统剧目抢救出来，继承下去，发扬光大。这件事成为戏曲史上的一段佳话。人们说："这是周越先为婺剧立下的一大功劳。"

1950年11月，周春聚戏班在衢州地区文教部门的直接领导下，改组为衢州实验婺剧团，周越先担任团长。濒临失传的古老婺剧，犹似枯木逢春，在党的关怀指引下，恢复了生机。在参加华东戏曲改革工作干部会议回来后，周越先满心喜悦。她认为，要办好一个剧团，第一是积累剧目，第二是提高艺术质量，第三是重视培养青年演员。这三条，后来成为周越先从艺的宗旨。不久，龙游农村普遍进行土改，周越先积极参加，并带头上演《刘胡兰》《父子争先》等现代戏。1956年，周越先又担任了浙江婺剧团团长，除了承担行政事务和演出任务外，她在婺剧艺术的创新和传承上倾注了更多的精力。

《哑背疯》在昆剧里原名《济贫》，内容本来很简单：一个员外救济穷人，聋哑的丈夫背着瘫痪的妻子前去受布施。1952年剧团要下乡演出，周越先对原来的演出剧本做了较大的改动，把雇农向地主讨工钱的情节，改为在财主剥削压迫下失去了土地的流浪汉，为了求生，只得四处奔波……这样，情节更单纯，主题更突出，并且删去员外、樵夫等人物，成为一个单人表演的歌舞剧，并改名为《雪里梅》。又把昆剧的曲牌改为乱弹，更适合婺剧的演出。对人物塑造也做了必要的美化。老人的形象更真实，女孩的腿由交叉在前面移到后面，服装上采用了鲜明、强烈的色彩，具有婺剧的特色。

周越先体会到，正确地理解人物，是演好这出戏的关键。这一对父女实在可怜，穷困潦倒，而且"父不能讲话女代讲，女不能走路父代走"。他们失去了土地，没有家，浪迹天涯，过着乞讨生活。老头耳聋不能听，口哑不能言，骂他他不知，叫他他不应，劳动了一辈子，最后连个家也没有，他是一个被压迫的劳动人民的典型，具有忠厚、善良、勤恳、坚韧的品质，虽然年老了，但生命力并没有衰竭，还能够背着十几岁的女儿，爬山涉水，流浪乞讨。从这个人物身上所体现出来的，不应该只是让人怜悯，还应该给观众以积极的影响。但是，老头上半身是个假形，它本身不会做动作，他的感情活动，依靠演员的腹部动作来表现，如果女儿与父亲没有"交流"，假形只能是假的，不能把他演活。周越先认为集两个人物于一身，随时随地要记住两个人物的思想感情，忘了哪一个都不行。如果只注意姑娘而忘了老人，脚下就可能走出花旦的步子来；如果只记住老人而忘了姑娘，头部就可能不活泼而像个老生了。

《雪里梅》这出戏，后来成为招待外宾经常演出的剧目。有一次给外宾演出时，外宾给她献了两束鲜花，一束给哑巴老翁，一束送给瘫痪的小姑娘，因为当时外宾还以为是两个演员呢！当有人告诉外宾这原是一个人扮演时，他们啧啧称奇。

1953 年 3 月，华东局文化部在上海举办华东民间音乐舞蹈会演，周越先主演的《雪里梅》引起轰动，一片喝彩，后进北京参加全国会演。1954 年国庆节前夕，华东戏曲观摩演出大会在上海举行，周越先主演的讽刺剧《双按院》又获成功。在这次会演中，她获得演员一等奖。1960 年秋，浙江婺剧团带了优秀剧目《三请梨花》《凉亭会》《断桥》进京汇报演出，得到首都戏剧界好评。全国上百个地方剧种，唯有婺剧的音乐保留得最完整、最原始。至今，婺剧六种声腔留存下来 2000 多个曲牌。这一切都和周越先的努力密不可分。2008 年 11 月，中共金华市委、金华市人民政府授予周越先"婺剧艺术贡献奖"荣誉称号。

2011 年 12 月，周越先去世，享年 83 岁。周越先的三个女儿为了圆母亲生前"落叶归根"的遗愿，将她的骨灰安放在老家龙游，并将其部分戏装道具捐给龙游县文保单位。

状元刘章

刘章（1102—1181），字文孺，龙游县溪口镇寺下村人。宋高宗绍兴十五年（1145）乙丑科状元及第。

刘章少年时，聪颖异于常人，在村边延和寺攻读，勤奋好学。寺下村邻近灵山古镇，历来耕读传家，吟诗诵书，文风鼎盛，屡有文人名盛于世，乡贤咸集。齐有徐伯珍箬叶学书，唐有徐安贞清才特达，刘章深受其熏陶，耳濡目染，遂胸怀大志，潜心攻读，鞠躬圣哲，寒窗十年，学业有成。《宋史·刘章传》载："每日诵数千言，通《小戴礼》，四冠乡举。"

绍兴十五年，刘章进京应对，考官阅卷后定为第三，皇帝面试时，擢为第一。中状元后，刘章任镇东军签判。不久，入为秘书省正字。绍兴十六年（1146），迁秘书省兼普安、恩平两王府教授。执教四年中，专以经义文学启迪教导，竭尽忠诚。升任著作佐郎，自此受知于孝宗。

秦桧专权，恨刘章不依附自己，将其赶出朝廷，任职筠州。秦桧死后，刘章被召为司封员外郎，擢秘书省少监起居郎，曾为高宗制订郊祀仪式。使金回来后，代理工部侍郎、兼吏部。后升吏部员外郎，因未满足手下胥吏私欲，被其诬告，刚到任即遭御史弹劾，贬为崇道观提举，举朝为之惋惜。起居郎王佐为其言冤，亦遭贬谪。重新起用后，刘章任信州知州。

刘章容貌魁硕，出入两朝，以周密自守，从未泄露过宫禁机密，且生活俭朴，曾对孝宗言："晏婴一狐裘三十年不易，人以为难，臣以为易。"为时人称颂。

孝宗即位（1163），刘章知漳州。感于师生情谊，召其进京，任秘阁修撰，敷文阁待制，提举佑神观兼侍读后，被拜为礼部侍郎。任内禁止淫祀，删去《三朝史》道佛符瑞内容。为人忠厚，处事谨慎。朝廷商讨经略中原，孝宗夜问刘章："闻卿监中有笑朕者？"刘章从容回答："圣主所为，人焉敢笑，若议论不同或有之。"意即孝宗说有人讥笑自己，刘章以圣主无人敢讥笑，只是看法不同相劝，使孝宗疑虑顿释。朝臣盛赞刘章，孝宗也更信任，亲自撰文赐他。淳熙四年（1177），刘章上表告老，以资政殿学士身份退休。

刘章退休回乡后，仍手不释卷，读书写字，散步田园，吟诗自乐。据说《水竹居》一首即为此时所作。诗云：

森然几竿竹，密密茂成林。半室生清兴，一窗留晚阴。俗物不到眼，好书还上心。底事急机侣，此君同此襟。

淳熙九年（1182），刘章逝于家中，享年八十遐龄。朝廷追赠光禄大夫，谥"文靖"。是年三月葬寺下村大安山。因墓左侧坡上建有刘文靖公祠宇，以奉香火，村人称祠为大庵，故亦名大庵山。

刘章有文名，作《偃王庙》一诗："造化留神迹，山川妥地灵。一时捐玉几，千古享彤庭。仁义终难泯，丹心照汗青。"著有《补过斋拙稿》若干卷，《非〈非国语〉》《刺〈刺孟〉》各一卷。以上著作元代时尚存，后佚。《宋史》有传。清朱彝尊《经义考》《两浙名贤录》，民国《龙游县志》等均记载刘章事迹。

在龙游当地，流传着不少状元刘章的传说。其中，寺下村村口那座古石桥与"状元还愿"的故事，最为当地百姓所津津乐道。

童稚时候，刘章去读书时要经过村中的灵山河。江南多雨，灵山河经常发大水，每到这时村人的出行便成了问题，刘章也因此常被困在对岸，不能上学。对着滔滔河水，年幼的刘章默默许下心愿：有朝一日蟾宫折桂，必将修桥以利行旅，造福村人！果然，愿随人意。刘章高中榜首，衣锦还乡。他要做的第一件事就是修桥，造福百姓，报效桑梓。可是，他已把自己的俸禄都捐赠给贫苦的乡人了。他回到家时，母亲大人正打算用祝寿时积攒的礼金给他造一栋状元楼。刘章便劝说母亲，改变主意，将这笔钱用于修建村中石桥。刘母点头许可。因为刘章与其母生肖皆属羊，村人为了铭记他们的恩德，就将这座桥取名为"贺羊桥"。贺羊桥原为三孔石桥，光绪年间重修。至今，古桥依旧，仍可供人通行。20世纪80年代列入龙游县重点文物保护单位。

2013年3月，福建永安刘氏36名族人，来到龙游参加寺下村第五届状元文化节。《永安姓氏志》记载，他们皆源于祁姓之刘，尊刘累为远祖，郡望彭城。刘章生于1097年，卒于1200年，谥文靖，南宋绍兴十五年（1145）状元，曾任礼部尚书兼给事中，寿高103岁。宋绍兴年间（1177）由沙县城头迁徙至二十七都（今永安市大湖岭后）定居，为永安刘氏开基始祖。

福建永安《刘氏宗谱》记载，刘章80岁举家迁徙福建，5个儿子都改了名字，依次叫潮、桃、铜、琳、銮。这些名字里大有讲"潮"谐"朝"音，寓指朝廷；"桃"谐"逃"音，寓指刘章迁居福建实为出逃；"铜"谐"同"音，寓指刘氏族人一同迁居；"琳"谐"林"音，寓指刘氏一家迁居山林。永安市卫方村保留着刘氏祖居"兴山堂"。最小的儿子名字中带"銮"字，则寓指金銮殿，昭示着这位白发状元心中依然存留的拳拳报国之心。当地保留有刘章"状元墓"，墓口有一拳头大小的缝隙。刘章曾留下遗言，只有当后代有人中了状元，墓口之洞才可以封上。

在南宋短短一百五十余年的历史中，居然出现两个都叫"刘章"的状元？惑也，怪也。

细细探究，此事至少有三种可能，一是同名同姓，时有两个刘章，此刘章非彼刘章也；二是刘氏后裔一族当年从龙游迁入福建永安，为祭祀其祖，建刘章墓以彰显祖业激励后辈；三是附会攀枝，系修撰家谱者所为。为抬高其祖宗身份，随意从同姓名人中择其一奉为祖的个例颇多，如姓包的都奉包公为祖，姓岳的都是岳飞的后裔，等等，不足为奇。依笔者所见，福建永安刘章另有其人。有人把龙游的刘章嫁接到永安的刘章头上，让龙游的刘章多活了20多年。

院士杨小牛

杨小牛，龙游县湖镇人氏。中国工程院院士、中国电科首席科学家。4 次踏上人民大会堂领奖台，5 次受到党和国家领导人的亲切接见。

在我国军工领域，杨小牛首次提出并成功研制国内第一台宽带数字接收机，首次提出低截获概率信号拼接解调方案，首次提出离散梳状谱干扰理论及其峰平比优化算法，首次提出软件无线电中的带通采样和盲区采样定理……

2014 年 8 月 6 日，中共中央政治局常委、中央书记处书记刘云山在北戴河看望慰问暑期休假专家并与专家座谈。中国工程院院士杨小牛作了发言。他是这样说的："我来自军工行业，所在单位是我国从事通信信息控制技术和装备研制的国家一类专业研究所，是通信信息控制领域的骨干研究所和总体单位，三十多年来一直引领专业技术方向，为国防现代化建设做出了应有的贡献。"

杨小牛出生于 1961 年，1978 年 7 月毕业于湖镇中学；1982 年毕业于西北电讯工程学院（西安电子科技大学前身）无线电通讯专业，获学士学位；1988 年，获西北电讯工程学院通信与电子系统专业硕士学位。现任中国电子科技集团首席科学家，中国电子科技集团第三十六研究所常务副所长，中国电子学会电子对抗分会副主任委员、解放军总装备部电子对抗专业组专家成员、解放军总装备部科技委兼职委员、通信信息控制和安全技术重点实验室学术委员会主任委员、电子信息控制重点实验室学术委员会委员、中国电子学会会士。主要从事通信信号处理与分析、软件无线电等科研工作，主要著作有《软件无线电原理与应用》等。

　　杨小牛还是清华大学、北京理工大学、杭州电子科技大学等多所高校的客座教授，并且还反哺母校，成为西安电子科技大学的博士生导师。

　　杨小牛是龙游年轻才俊的杰出代表，他先后获得国家科技进步奖一等奖、二等奖，第三届国防科技工业杰出人才奖，部级科技进步奖一、二等奖，光华科技基金三等奖等国家级荣誉。

　　这些荣誉的背后，是杨小牛一直坚守的国防梦。他 30 年前大学毕业参加工作时，我国在通信信息控制领域的研究刚刚起步，比发达国家迟了整整 30 年。高精尖技术是国家核心竞争力的博弈，核心技术买不来，单纯模仿走不远，依赖引进行不通。"外国人能干的，我们中国人也一定能干！"凭着这股不服输的韧劲，杨小牛下定决心做出一番事业，为国家争口气。通过自主创新实现专业技术和装备的跨越式发展，努力赶超国际先进水平，就成了他的梦想和追求。

　　"说说很容易，但搞科研真的很苦。"为了研发，杨小牛几乎废寝忘食，没日没夜地干。有一次，为了对一项新技术进行检测，他一直忙碌到凌晨，爱人到处找他都找不到，最后是在车里找到了他。杨小牛说，他睡眠质量很差，经常躺在床上半天睡不着，如果碰到科研任务，就更睡不着了。只要眼睛一睁，满脑子都是研发的事。有时连续三四个晚上睡不着觉，最后只好服用安眠药。

　　正是这样的执着，让一个个传奇在杨小牛身上诞生。他首次提出并成功研制出国内第一台宽带数字接收机；首次提出低截获概率信号拼接解调解决方案；首次提出基于软件无线电思想的新一代体系结构和"软件星"概念；首次提出"信号战""比特战"思想……

　　要抢占科技发展制高点，就必须坚持创新。"要喜欢干别人不喜欢干的事，干别人干不了的事。"杨小牛说，创新很难，特别是国外都没有干的事，我要干，很多人就不认同。他撰写的国内第一本软件无线电专著《软件无线电原理与应用》，被引用 3000 多次，这在行业内罕见。但他刚开始提出软件无线电的理论时，不少国内外专家就不看好。"科研是我最热爱的工作，希望自己能在这条路上越走越远，让梦想不断向前延伸。"1982 年，杨小牛刚从西北电讯工程学院毕业，来到中国电科三十六所从事特种通信技术的科研工作。

　　"只有不断追赶，才能缩短与世界发达国家的差距。"杨小牛拿出牛一般的韧劲，开始摸索单片机的应用开发，短时间内就成功提出高速数字信号处理算法、研制 TMS320C25C30 信号处理开发、攻克低截获概率信号接收的重大技术难题。

之后，杨小牛取得一系列重大成就：我国首次研制成功宽带数字接收机，所采用的多信道并行快速傅里叶变换 FFT 处理技术达到国际领先水平；在此基础上研制的某国防电子信息系统获 2000 年度国家科技进步一等奖；2003 年 12 月 30 日，一个由多种站型、数十辆迷彩车和数架无人机组成的某国防重点工程项目顺利完成大系统联试和设计定型试验后接受检阅，该项目获 2005 年国防科技工业武器装备型号研制银质奖、2006 年国家科技进步二等奖，杨小牛荣立个人一等功。在科研和创新的道路上，杨小牛永不停步。"电子情报侦察大数据架构"是杨小牛最新提出的创新技术。2014 年，他带领院士创新团队攻关，"早上 8 点前到办公室，中午在食堂吃个盒饭后接着干。晚上回家吃完饭还要回所里加班"。

"每当要攻克一项技术，他就变得食不甘味，心思全部放在破题上，满脑子想的都是技术方面的事情。"妻子俞书峰对此已是见怪不怪。杨小牛认为，作为创新性研究，最重要的是培养团队队员对科研的热爱和钻研精神。由他策划并发起的专家学术报告会，已成为中国电科三十六所的文化品牌。不少技术专家积极参与，青年技术人员踊跃聆听，了解学科最前沿的技术理论，拓展学术视野，越来越多的年轻技术骨干茁壮成长。经他言传身教和悉心培养，2 名骨干进入所级领导岗位，3 名骨干成为集团首席专家，10 多名骨干挑起大项目总设计师大梁，培养硕士、博士（后）30 余名。

这些年来，杨小牛带领他的团队，奋勇拼搏，忠诚奉献，从消化、吸收到创新，我国通信信息控制领域与发达国家的差距大幅缩短，实现了从单机到系统、从常规系统到非常规系统、从单一系统到综合系统的重要跨越，装备平台也扩展到了陆海空天，并向一体化系统方向发展。20 世纪 80 年代，中国电科三十六所研制的装备首次投入实战应用并取得成功，获得部队嘉奖；今天，电子信息装备成为现代化战争不可或缺的重要手段，他的自信不断增强，他的决心也不断坚定。看到自己的一项项研究成果填补国内空白，达到国际先进水平，看到自己研制的装备在陆海空天各个平台上扮演着"千里眼""顺风耳"的重要角色，在国防一线发挥着重要作用，所有的辛劳和付出都是非常值得的。

杨小牛所从事的行业，涉及国家的绝对机密，所以他很不自由，比如很少用手机，很少出国；他不能上报纸，不能上电视，一句话，统统不许宣传。所以他的名气，他的成就，我们知之甚少。他为共和国安宁付出多少心血，我们也根本无法用文字进行描述。他耐住寂寞，淡泊名利，用实际行动诠释爱国、敬业和国家利益高于一切的核心价值观。

于是我们有一句话可以牢牢记住，他是我国军工行业的一头老黄牛，杨小牛真的很牛。

杨小牛是在湖镇镇原种场出生长大的，这是个事业性质的国有农场，主要从事农、牧业的优良品种培育工作，属金华地区管辖，行政县处级单位。农工待遇也不低，与金华居民一样，发粮票、糖票、烟票、煤饼票，每月还上可以看上几场电影，子女包分配。在小牛读一年级的时候，他经常用玉米粒排列着学汉字，"毛主席万岁"几个字摆得非常工整。在小学阶段，杨小牛几乎每个学期都被评为"三好学生"。上高中时，杨小牛当班长，家离湖镇中学比较近，每天，他都会在学校里完成作业才回家，还要做些班务，所以总是比同学要迟一步放学。这段时间，杨小牛的父母种着十几亩稻田，劳动强度很大。农忙季节，杨小牛在完成作业之后，抽空就帮着家里干农活，插秧、割稻，干得像模像样，邻居都说这孩子懂事。

在师长同学眼里，杨小牛重情谊，品行好。在上高中时，他的姑姑杨云英身体一直不好，杨小牛经常去帮姑姑干活，由此认识了村里一个叫友富的小伙伴，他经常帮着杨小牛打猪草、挑水照顾姑姑，两人关系很要好。前不久友富的儿子结婚了，专门邀请杨小牛来赴宴，没想到小牛在百忙之中真的赶来了。那天下午，他还专门回母校看望老师。杨小牛常年辗转于北京、西安、杭州三地，平时工作非常忙。他能回来看望老师和朋友真的很不容易，说明杨小牛是一个很念旧情的人。

杨小牛情系家乡。2014年7月，他率领中国电子科技集团公司第三十六所专家团队来到龙游，为电子产业发展问诊把脉，并举行"浙江龙游公任电子有限公司院士专家工作站"授牌仪式。这是龙游第二家院士专家工作站。他表示要借助院士专家工作站这一平台，将三十六所的科研技术尽快实现市场化应用，实现产学研一体融合发展。他和团队成员将全身心投入，为建设一流的院士专家工作站而努力，为家乡经济特别是电子行业发展贡献力量。

杨小牛坦言，实现中华民族伟大复兴的中国梦，坚强的国防是后盾，现代化的武器装备是基石。我们不仅需要强大的国力，更需要固若金汤的国防。在他心中，自主创新才能富国强军。在以能打仗，打胜仗为聚焦点的军事斗争准备中，我们的任务更紧迫，责任更重大。

仰望华岗

　　1903 年 6 月 9 日，华岗出生在龙游庙下村一个普通农家，因家境贫困，11 岁才入村小学读书。1920 年高小毕业后，考入衢州浙江第八师范学校。在五四新文化运动的浪潮中，华岗站在学生运动的前列，不久遭学校当局的蛮横干涉，辍学返乡。1924 年 2 月，华岗改名少峰，转入宁波浙江第四中学学习。当时宁波的革命活动比较活跃，四中校长经亨颐聘请革命人士恽代英、陈望道等来校演讲。由此，华岗开始接受马克思主义，积极参加学生运动。是年秋，他加入了中国社会主义青年团，不久即任团宁波地委宣传部长。第二年因参加革命活动被校方开除，8 月，被组织派任团南京地委书记，9 月加入中国共产党。为了革命的需要，华岗毅然中断学业，开始了职业革命的生涯。

　　华岗在南京工作近半年即调往上海，任中共沪西区委书记，后任中共上海区委宣传部部长，经常奔波于宁、杭等地，指导工作。大革命失败后，先后任团浙江省委第一任书记、团江苏省委书记、中共江苏省委秘书长、团顺直省委书记。1928 年，他作为团中央代表，出席了在莫斯科召开的中共"六大"和中国共产主义青年团"五大"，当选为团中央委员兼宣传部长，还出席了共产国际"六大"和少共国际"五大"。

　　这年 10 月，华岗从莫斯科参加中共"六大"回国之后，便开始着手翻译马克思、恩格斯合著的《共产党宣言》。在此之前，他曾读过陈望道的译本，但他认为，陈的译本时间较早，有许多不尽如人意之处。所以，他决心把自己对马克思主义的理解和体会融于自己的译作之中，使广大革命群众对马克思主义的认识更为深刻准确。经过一段时间努力，

《共产党宣言》的翻译工作顺利完成。1930年，该书由中共党组织在上海创办的华兴书局首次出版，时年，华岗27岁。华岗以他长期参加革命斗争的亲身实践及革命理论，对《共产党宣言》做了更为准确的诠释。在这本译著的结尾处，他第一次喊出了"全世界无产阶级联合起来"这一震撼人心的口号，与陈望道译本的"万国劳动者团结起来"有明显的区别。同时，华岗译本增加了马克思、恩格斯不同时期的三个序言，内容上更加完整。

华岗曾长期在周恩来领导下做隐蔽战线和高层人士的统战工作。在重庆、雅安、昆明、上海、南京都留下他机敏干练的身影。

1941年1月，蒋介石发动了震惊中外的皖南事变，形势陷入异常严峻的局面。中共中央决定采取"隐蔽精干"的政策。周恩来派华岗去西康做当地上层人士的统战工作。初春3月，华岗从重庆出发，踏上了崎岖的西行之路。刘文辉是个盘踞大半个四川的地方军阀，与蒋介石有矛盾，也有一定的抗日要求，希望与中共保持一定联系。华岗到达雅安后，以雅安中学历史教员的身份做掩护，又以中共代表的身份经常与刘文辉会晤交谈，给他分析国内国际形势，指明抗日救国的道路，阐述中共的抗日主张，希望刘能为促进整个西南地方力量的团结、反对和抵制蒋介石的反动政策做贡献。华岗的精辟见解，深为刘文辉赞赏，遂安排他到自己的军官训练班当政治教官。刘文辉的女婿在雅安办了一张《健康日报》，华岗与之结识，并在这张报纸上以化名发表宣传抗日的文章。经过一年多的工作，刘文辉已从与共产党的一般联系进入实际配合阶段，他提出了建立电台保持上层联系的措施。1942年2月，周恩来在重庆会见了刘文辉。5月，华岗调回重庆参加整风运动。

1942年冬天，为配合国际反法西斯战争形势的大转变，党需要广泛开展国统区的统一战线工作。1943年初夏，周恩来又派华岗奔赴大西南的重要城市昆明。

昆明是学者、教授、文化人士荟萃之地，是抗战时期大后方的重要文化中心和民主堡垒。华岗和中共云南工委一起，为构筑这座堡垒付出了大量心血。他针对昆明复杂的政治情况和知识分子间的歧见，在各种场合呼吁大家在抗日、民主、进步的旗帜下团结起来。他主动结识了吴晗、费孝通等进步教授，逐步扩大圈子，倡导成立了"西南文化研究会"，把昆明文化教育界的一批人组织起来，每周集会一次。开始时座谈学术问题较多，后来则着重现实政治的讨论。华岗在座谈会上多次作时事报告，宣传中共的主张，解答大家的问题。由于取得了龙云的支持，国民党特务对这些活动只能搞些探听，未敢轻举妄动。

关于华岗在统战工作中做出的贡献，在其夫人谈滨若和幼子华山青所作《华岗年表》中有详细记载，节录部分如下：

1943 年，40 岁。

时任中共中央南方局宣传部长。

春，南方局派华岗去昆明做当地实力派龙云的工作。

8 月，龙云请民盟中央委员罗隆基设法邀请周恩来来滇共商国事。董必武代表南方局通知，决定派华岗为代表。

12 月，与龙云第一次见面，华岗向他介绍了中共中央关于抗日救国的政策和方针，阐明支持抗战，支持民主运动，反对内战，反对一党专制的意义。龙云的政治态度有了明显转变，答应全力与中共配合，设电台直接与南方局和延安联系，对民主运动采取保护措施。

1944 年，41 岁。

2 月前后，在昆明结识李公朴、吴晗、费孝通、罗隆基、张奚若等，与周新民倡导成立"西南文化研究会"

5 月，与省工委研究决定，由西南联大历史学会举办了纪念"五四"运动的座谈会，中心议题是争民主、反独裁。

12 月，龙云约请华岗谈话，商讨与川军将领刘文辉、邓锡侯等联合与蒋介石抗衡的问题，华岗就此事和其他工作回重庆向南方局汇报。

1945 年，42 岁。

5 月，为配合"七大"的胜利召开，华岗安排了五四纪念周活动：1 日晚在云南大学至公堂举行音乐晚会，3 日在西南联大饭厅召开青年座谈会，4 日在云大操场举行万人纪念大会。

中共中央南方局改称重庆局（对外称中共代表团），华岗仍任宣传部长。适逢毛泽东已于 8 月从延安飞抵重庆进行国共和平谈判，华岗向他和周恩来汇报工作，受到肯定和表扬，并被委派担任中共代表团顾问，参加谈判工作。

10 月上旬，毛泽东在重庆红岩咀八路军办事处宴请许德珩夫妇，华岗作陪。

1946 年，43 岁。

1 月 10 日，国共双方签订《关于停止国内军事冲突的协定》；同日政协会议在重庆开幕。中共派出周恩来等 7 人组成的代表团，张友渔、章汉夫、华岗和许涤新任中共代表团顾问，协助周恩来起草《和平建国纲领》。

3 月，潘梓年与华岗、许涤新、龚澎、乔冠华等到达上海，华岗以政协中共代表团顾问的公开身份开展活动。

5 月，任中共南京局上海工委书记，并主持中共代表团驻沪办事处的工作。其公开身份仍为政协中共代表团顾问，继续参加国共谈判。

6 月 17 日，由 52 个人民团体组成的"上海人民团体联合会"发表《反内战宣言》。华岗在上海工委举行的会议上建议，由上海市人民选派代表团，赴南京进行呼吁和平、反对内战的请愿，报周恩来同意。周恩来、华岗与马叙伦进行商谈。

8 月 7 日，南京局就上海工委调整问题请示中共中央。11 日，中央批示，华岗仍任书记，章汉夫担任副书记，肖贤法担任秘书长。

10 月 19 日，周恩来等在海格路望庐吴铁城公馆出席第二次非正式商谈会，周恩来说明中共渴望和平的诚意并接受 21 日赴宁的邀请，华岗在会上提出《群众》周刊遭禁及没收的情况。

9 月底至 12 月底，根据周恩来指示，上海工委委员大部分撤离上海，留华岗、潘梓年、陈家康、胡绳四人坚持工作。

1947 年，44 岁。

2 月 17 日，董必武、华岗访晤民盟主席张澜以及黄炎培、张东荪。

3 月 5 日晨，中共代表团上海联络处最后一批工作人员 13 人，被迫乘火车离沪赴宁。有华岗、潘梓年、陈家康等。

3 月 7 日上午 8 时，董必武、华岗、潘梓年、钱之光等中共 74 人由南京飞抵延安。周恩来、刘少奇、朱德等中央负责同志赴机场迎接。

3月11日，参加延安各界保卫边区、保卫延安的动员大会。

因骑马行军时不慎摔下，经医生诊断患脑震荡和肠出血，经中央批准，由城市工作部通知西北局，安排交通送往天津治疗。

1948年，45岁。

春天，通过秘密交通渠道，到上海住进台湾医院治病。病情有所好转，经上级批准秘密赴香港。

5月以后，多次应邀为民主人士和无党派人士作报告，讲解解放区的形势、战争的进展和中共的方针政策，配合香港工委进行宣传、统战工作。

10月以后，与许涤新一起，应聘到李济深任董事长的达德学院讲学。

1949年，46岁。

5月，按照党的要求，协助香港工委积极争取和组织民主党派领导人和知名人士，分批离港赴东北解放区转往北京，与中共共同筹备新的政治协商会议。正当准备与党组织派来接他的王德宝同志一起去北京参加新政治协商会议时，却旧病复发，不得不暂时留港治病。

8月下旬，结束在香港的治疗和工作，乘洪都拉斯籍轮船"科隆"号离港赴京。原定目的地是上海，临近时得知国民党飞机正在轰炸上海港，继续向北行驶，开往青岛。

9月2日，船抵青岛大港码头。华岗肠出血病正在发作，青岛市军管会主任向明热情挽留。

秋天，中央同意华岗留在青岛养病。

11月，山东大学请华岗讲授《社会发展史》和《共同纲领》。

当年出版专著《太平天国革命战争史》和《五四运动史》。

华岗是一位"以天下为己任"的中国知识分子优秀代表，他在几十年波澜壮阔的革命生涯中，潜心学问，给后人留下了一笔宝贵的精神财富。无论在多么恶劣的环境下，他始终保持着中国传统知识分子正直的心性，宁折不弯的耿直品格。这一点尤其令人产生敬意。华岗晚年的厄运，可以说与他个性品质有着无法割裂的关联。

从 1930 年开始，华岗专门从事党的宣传和组织领导工作，先后任中共湖北省委宣传部长，中共中央长江局总行动委员会委员，回沪任中共中央组织部宣传部长。由于长期紧张艰苦的工作，他病倒了。但在病中他又完成了一项重要工作，就是补充修改了自大革命失败后一直在筹写的《1925—1927 中国大革命史》。该书在鲁迅的帮助下，1931 年由上海春耕书店出版。发行后立即在党内和社会上广泛流传，许多革命者都从中受到教益。

抗日战争和解放战争时期，华岗主要从事党的新闻、宣传和统战工作。首任《新华日报》总编辑兼《群众》周刊主编，后任中共南方局宣传部长、国共谈判及出席政协会议中共代表团顾问等。

1955 年，华岗遭诬陷而身陷囹圄，在蒙冤受辱的恶劣环境下，华岗还写成了近百万字的文稿，其中《美学论要》和《规律论》已分别于1981 年和 1982 年由人民出版社出版。其他还有《自然科学发展史略》《科学的分类》《列宁表述"辩证法十六个要素"试释》《记老子哲学的伟大成就及其消极面和局限性》等，这些文稿思考精深，见解独特，是他晚年心血的结晶。

"双膝未瘝当知足，可酬热血换文章"，悲壮的诗句如实反映了华岗当时内心的世界。

1951 年 3 月，华岗担任山东大学首任校长兼党委书记。主持工作的六年间，山东大学一派生机蓬勃。著名学者李希凡回忆："为培养新中国人才，华岗校长经常给学生上大课、讲时事，那种热气腾腾的景象，永存在我的脑际。"华岗讲课时的声音并不高，也不大使用激烈的言辞，一派学者风度，尽管他只是拿着几张卡片，并无讲稿，却循循善诱，深入浅出，说理透彻，不只是学生爱听，教师们也爱听。在山东大学他有很高的威信，师生们都很爱戴他，在师生们的心目中，自己的校长就应该是这样一位既有革命经历而又知识渊博的专家学者。

华岗在山东大学的业绩，不能不提到至今在全国有着广泛影响力的山东大学学报《文史哲》。当时国内社会科学的学术刊物还不多，华岗亲自创办《文史哲》，并兼社长。在中华人民共和国成立初期就创办这样高水平的学术刊物，对发展和繁荣社会科学具有重要意义。《文史哲》

从创刊开始就提倡学术民主、百家争鸣的活跃气氛，培育了一大批青年学子，引起全国学术界以至毛泽东同志的注意。

华岗是一座高山，学养人望，后辈敬仰；华岗是一棵劲松，木秀于林，风搏击之；华岗是战士，是学者，是校长，行高于人，众向往之。

华岗终年 69 岁。从 1925 年参加革命到 1972 年瘐死狱中，他一生中两次被捕入狱。第一次在国民党监狱，长达 5 年；而后一次则在 1955 年，一位共产主义的忠诚战士，被无情的朱笔圈点成罪犯，挥洒出百万雄著的妙手被锁上冰冷的手铐，于是他的瘦弱的肩膀不得不扛起无尽的耻辱，一关便是整整 17 年，这是历史的悲剧。

1980 年 3 月 28 日，中共中央批准，为华岗彻底平反，恢复一切名誉，推倒一切诬陷不实之词。历史，终于还给人民一个真实的华岗，一个久经考验的无产阶级革命家的华岗。

2003 年 6 月，中共中央政治局原常委宋平同志撰文："华岗同志是我党早期党员，他长期从事党的地下工作、统战工作、新闻工作和教育工作，为党和人民的事业作出了重要贡献。……时间已过去半个多世纪了，仍然记忆犹新，引发我对华岗同志的怀念"。

长沟流月去无声（代后记）

在老家的日子，往来轻松，身心闲逸。盼着流云，静候乡愁。甚喜的还是暮色炊烟时分，绿芜疏影，晚霞蔚蔚。我无忧无虑，走在衢江边的石子路上，散步散心，看江水漾漾，闻四野芬芳，送夕阳西下，吟长沟流月，真好。

长沟流月去无声。是啊，月光轻轻洒在江面，随寒水悄悄地流逝。诗一般的意境里，既可安逸赏景，更可回忆往事。

许多年前，只是个简单稀疏的老村子，如今倒也是新楼林立。《余氏宗谱》有载，此地古称上浦，筑村于唐。繁衍后裔，香火绵延。今称沙溪。在这片土地上土生土长，我是它这一代的旁观者之一，见证它的兴废变迁，辞世新生。而它亦是我的旁观者，看着我出生，从垂髫孩童长成今日迂腐老叟。说不出它到底哪里好，但自己就是深爱着这片土地。虽然自知这个地方不是永远属于自己的。出门悠闲走走，总觉一树一花亲切至极。小鸡结伴出来觅食，小狗独自在外玩耍散步，鸟儿们自由地飞来飞去，声声不息。风吹草动，孩童嬉戏，寻常日子里，随处可见农家生活的可爱。暮晚天色，又见荷锄归樵，炊烟四散，黄昏微风，一日的辛劳农活，也结束了。

余氏祖祠，前几年复兴修葺，我自然要表达心意。每逢过年前必然要去祠堂拜祖和烧些纸钱。传恩祖祠原是明嘉靖年间中了进士的祖先所建，每每走进这近六百年历史的自家祠堂，心中几分喟叹。前辈们一直把它看作寻常宗祠一样，而我却很想从里面挖掘出那个年代的风云。想必当时初建成，一定是很有风采的，如今荣华如云烟，留下的是无尽的沧桑。百年故梦，湮没其中。一砖一瓦，已然苍老。雕梁画栋，遍布疮痍。高墙上的字迹，也被光阴洗得斑驳褪色。剩下那屋檐上的天空，无论何时，还是那般的湛蓝。

走进祠堂，仿佛听到先人说过的家常话和熟悉的脚步声，他们的喜怒哀乐甚至他们的心跳呼吸之声，散布在祠堂的每个角落里，这一切充满了家的味道。抬起头，一股股草木的清香随风入窗。在这里，品质和德行是最要紧的，比什么都重要。需要一种传承，更期待一种希望。一直以来，耕读传家，清白明世，都是大家必须谨遵的家训和深刻领会的要义。

祠堂中，我迷恋于一种生活的气息。孩童时代最初的朦胧记忆在祠堂里显现，在偌大的祠堂里跳房、玩耍、捉迷藏，在青石板、鹅卵石铺就的小径上蹦蹦跳跳，在焚烧香烛的袅袅烟雾中想入非非，却装作和大人们一般正襟危坐，从祖宗的牌位上一排排看过去，仿佛看到祖先们依长幼次序端坐在神龛上。

在这里，我还迷恋于一种木头的香味，祠堂里上了年纪的木头发出的清香。在祠堂厚厚的木门上，黑褐色的板壁上，在檐头横梁上，在楼栏廊柱之上，在花格漏窗之间，总缠绕着一种木香，如水流般漫溢，缓缓流淌，久久地在祠堂上空盘桓不散，挥之不去。这种木香，是一种清香，悠长绵延而又含蓄、内敛、深沉，仿佛与生俱来，如母亲的棉布，舒缓，温暖，软和，亲切，是亲人和乡邻的气息，是平淡生活的味道。四时八节，祭祀不断。在我心里，总是认为这是祖先在冥冥之中保佑着家族的兴旺，子孙的繁衍。其实，亲人们已把祠堂祭祖，视为血脉汇聚、精神认同的家族功课，又是不忘根系、感恩修德的人生功课。

今天去老屋里翻照片。几十年前的照片，小时候的自己，稚气未脱的小孩，总觉有点好笑，也有点失望。还有几张全家福，到底是几岁时候的事自己全然没有印象了。看着照片里已故的爷爷奶奶，犹觉还如幼时那样亲切。看完照片，将相册放回原处。却又瞥到房间角落里装的那一大袋子旧课本、旧作业本，还有证书奖状什么的。上次兄长就叫我拿去扔掉，我是不舍也不愿。就算是十几年前别人送的一块石头，留至今日也不愿扔掉。对自己而言，不愿丢舍的，是那些美好的回忆和真挚的友谊。童岁里最干净的情感，都藏在那些老旧物件里面了。

饭后时间，又去了一趟奶娘家。简陋老旧的住宅，奶娘一人安居于此。我每次来看她，问的第一句话总是，"奶娘，还记得我是谁吗？"奶娘倒也没让我失望，笑眯眯地回答，她还是记得的。家母生我那年，已是36岁的年龄，奶水甚少，填不饱我的小肚子。奶娘住我家隔壁，刚产下一女，便尽力挤点奶水救济我，也成就了我的生命。我的血液里流动着奶娘的血汁。

和奶娘聊天，她脸上的皱纹显目可见，一双眼睛里看不出任何波澜。从民国时代的小姑娘，历经坎坷，到如今洗尽铅华，儿孙满堂，高枕无忧，苦尽甘来应该算是最能形容她人生的一个词了。她总会和我聊起她已故丈夫和太公的老故事，我也愿意听。太公生前与他们夫妻俩交好，这份情谊留到今日，由她替他延续。一个人能幸运活到九十几岁，算是长寿的了。像奶娘这般的安身立命，正如自己之前想过的那个样子。从容面对生离死别，好好活着，就是对自己及爱自己的人最好的交代。可奶娘终究是奶娘，而我是我，我们都是在以自己的方式过着自己的人生，品着各自的酸甜苦辣。

过年的那几天，带着晚辈去给外婆上坟烧香。我永远怀念年高德昭的外婆。外婆在我人生经历中留下的印记是如此深刻，以至于每每想到她的离去，我心里总是愀然作痛。我许多的童年记忆都是和外婆布满皱纹的慈祥面容融为一体的。而且在我经历磨难的成长过程中，外婆那里是我唯一的家。回家这个词所包含的温暖、亲情和安全感等内涵，正是通过外婆具体而微细的一言一行，深深镌刻在我幼小的心灵上。在她的身上，总让我看到许多智慧的影子，自己也能早明白一些道理。正因为外婆的勤劳、节俭与洞察世道人心的睿智，让我学会自律，并且永远用善良的眼睛看着这个世界，如此才能对人性的善良和人间的美好，始终充满着信心。

"长沟流月去无声"。六十余年如一梦，吾心恬淡归隐，已随月光悄然远逝。天道往返，唯有亲情永驻心间。

图书在版编目（CIP）数据

龙游抒怀／余怀根著．—杭州：浙江工商大学出版社，2020.12

（龙游文库．2019）

ISBN 978-7-5178-4212-5

Ⅰ．①龙… Ⅱ．①余… Ⅲ．①散文集－中国－当代 Ⅳ．①I267

中国版本图书馆 CIP 数据核字（2020）第 259229 号

龙游抒怀
LONGYOUSHUHUAI

余怀根 著

责任编辑	沈明珠	
封面设计	天　昊	
责任印制	包建辉	
出版发行	浙江工商大学出版社	
	（杭州市教工路 198 号　邮政编码 310012）	
	（E-mail:zjgsupress@163.com）	
	（网址:http://www.zjgsupress.com）	
	电话:0571-88904980,88831806(传真)	
排　　版	杭州天昊文化艺术有限公司	
印　　刷	浙江千叶印刷有限公司	
开　　本	710mm×1000mm　1/16	
印　　张	128	
字　　数	1860 千	
版 印 次	2020 年 12 月第 1 版　2020 年 12 月第 1 次印刷	
书　　号	ISBN 978-7-5178-4212-5	
定　　价	298.00 元（全九册）	

浙江工商大学出版社营销部邮购电话　0571-88904970